AF535396

Uta Pohl-Patalong

Kirche gestalten

Wie die Zukunft gelingen kann

Penguin Random House Verlagsgruppe FSC® N001967

3. Auflage, 2022

Druck und Bindung: CPI books GmbH, Leck
Printed in Germany
ISBN 978-3-579-06536-6
www.gtvh.de

Inhalt

Kapitel 7

Kapitel 8

Ein Wort vorweg:
Wie dieses Buch entstanden ist

Wie soll die Kirche der Zukunft aussehen? Mit diversen Varianten dieser zentralen Frage bin ich in den vergangenen 20 Jahren in der Kirche unterwegs gewesen. Eingeladen haben mich Kirchengemeinderäte, Pfarrkonvente, Kirchenkreis- oder Landessynoden und andere kirchliche Gremien. Sie waren in unterschiedlicher Weise und auf unterschiedlichen Wegen mit Überlegungen zu einer Veränderung der Kirche beschäftigt und erhofften sich von mir als Wissenschaftlerin mit einem besonderen Interesse für den Bereich der Kirchentheorie Impulse und Anregungen. Ich war und bin ausgesprochen gerne mit ihnen im Gespräch, weil ich mein Fach, die Praktische Theologie, in engem Kontakt mit der kirchlichen Praxis verstehe: Sie lässt sich Fragen und Themen aus der kirchlichen Praxis geben, denkt über diese in Verbindung mit wissenschaftlichen Theorien nach und spielt die Ergebnisse wieder in die Praxis zurück. Wie die Praxis mit diesen Impulsen umgeht, bleibt ihr dabei überlassen. Als Wissenschaftlerin nehme ich keine Entscheidungen vorweg, sondern biete bestimmte Perspektiven an, die bei Entscheidungen helfen können: z.B. die aktuellen Herausforderungen in historischer oder theologischer Perspektive zu betrachten, Hintergrundwissen dazu zu liefern oder die konkreten Fragen in einen größeren Zusammenhang einzuordnen. Damit sind Impulse verbunden, wie die künftige Gestalt der Kirche aussehen könnte, die von den kirchlichen Entscheidungsgremien aufgenommen werden können, wenn sie sie als sinnvoll erachten. Gleichzeitig habe ich als Kirchenmitglied, als das ich meiner Kirche persönlich sehr verbunden bin, natürlich auch eine eigene Position und ein Interesse an der Zukunft der Kirche, was erkennbar werden darf.

Auch wenn es immer unterschiedliche Kontexte, unterschiedliche Fragestellungen und Schwerpunkte waren, zu denen ich eingeladen wurde, zeichneten sich doch bestimmte Themen ab, die offensichtlich viele Menschen in der Kirche und vor allem in kirchlichen Gremien beschäftigen. So entstand die Idee, meine Überlegungen und Anregungen zur Zukunft der Kirche über meine Vortragstätigkeit hinaus zugänglich zu machen. Da Vorträge in schriftlicher Form häufig nicht sehr attraktiv sind, habe ich sie vollständig umgearbeitet in Kapitel eines Buches. Jedes Kapitel ist identisch aufgebaut und an den Fragen der kirchlichen Praxis orientiert: Es beginnt mit einigen idealtypischen Szenarien, in denen deutlich wird, wo das Thema des Kapitels in der Praxis wichtig wird. Dann wird die jeweilige Herausforderung im Blick auf die Zukunft der Kirche formuliert. Anschließend wird Hintergrundwissen angeboten, mit dem man das Thema und die Problemlage besser verstehen kann. Daraus folgen mögliche Alternativen, für die sich in den aktuellen Problemstellungen Gremien entscheiden könnten. Anschließend gibt es Anregungen zur Weiterarbeit: Einige Fragen können helfen, die eigene Position zu klären. Ein biblischer Impuls zeigt die geistliche Dimension der Fragestellung auf und kann als Gesprächsgrundlage dienen. Er ist von der Herangehensweise des Bibliologs an die Texte geprägt, der »zwischen den Zeilen liest« und mit phantasievollen Deutungsmöglichkeiten in der Perspektive der biblischen Gestalten die Texte neu entdeckt. (Wer sich für den Bibliolog näher interessiert, findet dazu viel in meinem Buch: Bibliolog. Impulse für Gottesdienst, Gemeinde und Schule. Band 1: Grundformen, Stuttgart ^{3}2013.) Die Textgrundlage dafür ist die Lutherübersetzung aus dem Jahr 2017. Schließlich schlage ich eine Methode vor, wie man in einem Gremium oder einer Gruppe z.B. im Rahmen einer Gemeindeberatung oder einer Klausurtagung (idealerweise, aber nicht notwendig nach der Lektüre des Buches) an der jeweiligen Frage weiterarbeiten kann. Dabei ist nicht jede Methode auf das jeweilige Thema beschränkt, manchmal können sie auch für ein anderes verwendet werden.

Gleichzeitig ist das Buch quasi der zweite Band einer Trilogie. Das gemeinsam mit Eberhard Hauschildt verfasste Buch »Kirche verstehen« (2020 in neuer Auflage erschienen) führt in die Entstehung und Entwicklung der heutigen Gestalt der Kirche ein und erläutert ihre komplexen und manchmal auch durchaus komplizierten Strukturen. Ist es sein vorrangiges Ziel, zum Verständnis der gegenwärtigen Gestalt von Kirche beizutragen, richtet sich dieser zweite Band auf die Zukunft der Kirche und ihre künftige Gestalt. Im nächsten Jahr soll ein dritter Band »Gemeinde gestalten« kleinteiliger die konkreten Handlungsformen wie Gottesdienst, Jugendarbeit, Konfi-Zeit etc. in den Blick nehmen und nach gelingenden Varianten unter den künftigen Bedingungen fragen.

Als Zielgruppe dieser Trilogie sind vor allem Mitglieder kirchlicher Gremien auf allen Ebenen im Blick, die heute häufig weitreichende Entscheidungen treffen müssen und dafür fundiertes Hintergrundwissen benötigen. Aber auch für sonstige an der Zukunft der Kirche interessierte Menschen bildet das Buch eine Möglichkeit, sich mit den Fragen nach der künftigen Gestaltung der Kirche eingehender zu beschäftigen. Das literarische Genre, wissenschaftliche Inhalte praxisorientiert und (hoffentlich) allgemeinverständlich darzustellen, gibt es insgesamt im deutschsprachigen Raum seltener als z.B. im angloamerikanischen und auch im Bereich der Praktischen Theologie nur vereinzelt – zu dessen Verbreitung möchte ich mit dem Buch gerne beitragen.

Das Buch ist aus evangelisch-lutherischer Perspektive geschrieben. Dies ist nicht nur in den Analysen und Beispielen, sondern auch in den Denkfiguren und Vorschlägen spürbar. Angehörige anderer Traditionen und Kirchen mögen prüfen, was ihnen für ihren Kontext einleuchtend erscheint und wo sie andere Wege gehen. Besonders die katholischen Bistümer in Deutschland stehen vor ähnlichen Herausforderungen und entwickeln Strategien und Lösungsansätze, die Schnittmengen zu Analysen, Thesen und Vorschlägen dieses Buches aufweisen. Die ökumenische Dimension ist daher in den Diskussionen um die Zukunft der Kirche von großer Bedeutung und würde sich eigentlich auch in diesem Buch nahelegen. Die Geschichte und die strukturellen Rahmenbedingungen für die Veränderungsprozesse sind jedoch wiederum so unterschiedlich, dass Fragen von Gemeinsamkeiten und Unterschieden zwischen den beiden großen Kirchen in Deutschland ein eigenes Thema wären, das die komplexen Fragen nach der Zukunft der Kirche noch komplexer machen würde.

Gleichwohl spreche ich immer wieder von »der Kirche«. Damit ist die weltweite Kirche Jesu Christi gemeint, die sich in eine Vielzahl von historischen Formen von Kirche konkretisiert. Bei allen Unterschieden zwischen den christlichen Konfessionen und Kirchen werden sie durch den gemeinsamen Auftrag vereint, das Evangelium zu kommunizieren, und können als unterschiedliche Wege verstanden werden, dies zu tun.

Das Buch hat von der Lektüre und den Rückmeldungen mehrerer kritischer Erstleser*innen aus unterschiedlichen Perspektiven und ihrem jeweiligen Erfahrungsschatz sehr profitiert. Ich bedanke mich dafür sehr herzlich bei Philipp Elhaus, Miriam Goldammer, Ursula Kranefuß, Maike Lauther-Pohl, Dr. Antonia Lüdtke, Dr. Gabriela Muhl, Inke Pohl,

Stephan Pohl-Patalong und Thomas Steinke. Zum Aufbau und Charakter des Buches hat besonders Philipp Elhaus wertvolle Hinweise gegeben und auch manche methodische Idee beigesteuert – nach langjähriger Tätigkeit im Bereich von Gemeinde- und Kirchenentwicklung im Rahmen einer landeskirchlichen Einrichtung hat er gerade rechtzeitig dafür als wissenschaftlicher Mitarbeiter in meinem Team begonnen. Gedankt sei auch Diedrich Steen vom Gütersloher Verlagshaus, der die Idee für dieses Buch sofort aufgegriffen und seine Umsetzung freundlich begleitet hat. Mein Dank gilt schließlich allen, die meine Vorträge angefragt, gehört und mit mir über sie – durchaus auch kontrovers – diskutiert haben. Ich lerne von diesen Dialogen zwischen Wissenschaft und Kirche ausgesprochen viel und hoffe, dass dieser Dialog mit diesem Buch produktiv weitergeführt wird.

Kronshagen, im Januar 2021
Uta Pohl-Patalong

Prolog: »Kommunikation des Evangeliums« – die Kirche und ihr Auftrag

Wenn es in den folgenden Kapiteln um die künftige Gestalt der Kirche geht, dann muss vorweg die Frage gestellt werden, auf welcher theologischen Basis diese Überlegungen erfolgen. Denn jedem Nachdenken über die Kirche liegt eine Vorstellung zugrunde, was Kirche ist, wozu sie da ist und an welchen Kriterien sich ihre Gestalt orientieren sollte. Für dieses Buch ist die zentrale Leitidee die Überzeugung, dass sich der Sinn und der grundlegende Auftrag der Kirche als »Kommunikation des Evangeliums« beschreiben lassen. Was ist damit gemeint?

Die Kirche entstand in der zweiten und dritten Generation der Christenheit, als deutlich wurde, dass das Reich Gottes vermutlich doch noch eine Weile auf sich warten lassen würde. Viele der ersten Christ*innen waren aller Wahrscheinlichkeit nach davon ausgegangen, dass sie die Durchsetzung der Gottesherrschaft noch selbst erleben würden. Die Enttäuschung über das Ausbleiben des Reiches Gottes wurde dann zur Chance: Die geschenkte Zeit ließ sich nutzen, um die gute Nachricht, die frohe Botschaft – griechisch euangelion, Evangelium – an Menschen weiterzugeben, die Jesus von Nazareth nicht selbst erlebt hatten: die unermessliche und bedingungslose Liebe Gottes zu seiner Schöpfung und zu jedem einzelnen Menschen. Wenn wir dies als »Evangelium« verstehen, beruht dies bereits selbst schon auf Kommunikationsprozessen: Diese Überzeugung hat Jesus von Nazareth auf dem Boden seiner jüdischen Tradition und den Schriften der Hebräischen Bibel vertreten. Galt die Liebe Gottes hier zunächst in besonderem Maße seinem Volk Israel, so gibt es doch schon in der Hebräischen Bibel Ansätze dazu, die gesamte Menschheit in dieses besondere Gottesverhältnis einzuschließen. (Deswegen spreche ich auch nicht gerne vom »Alten Testament«, weil der Ausdruck ein Überholtsein durch das so genannte »Neue Testament« suggerieren kann). In den vier Evangelien und vor allem in den Briefen des Paulus wird die universale Reichweite der Liebe Gottes mit Jesus von Nazareth als dem Messias verbunden. Dies war die Wurzel des entstehenden Christentums und einer der wesentlichen Aspekte, an denen die allmähliche Abgrenzung zwischen Juden- und Christentum manifest wurde. Nach allem, was wir wissen, hat Jesus von dieser Liebe in Gleichnissen und Reden erzählt, sie gelebt und in seinen Heilungen, Dämonenaustreibungen und Totenauferweckungen symbolisch gezeigt. Als er in der politischen Konstellation seiner Zeit für sein Reden und Handeln gekreuzigt wurde, schien diese Botschaft an den Maßstäben und Regeln der Welt gescheitert. Die Erfahrung seiner Auferstehung zeigte jedoch, dass die Liebe Gottes stärker ist als Gewalt und Hass – und sogar stärker als der Tod. Sie veränderte das Lebensgefühl von Menschen, indem Leiden und Gewalt nicht das letzte Wort behielten und neue Perspektiven auf Leben und Tod deutlich wurden.

Nachdem seine Anhänger*innen dies erlebt hatten, waren sie überzeugt davon, dass diese frohe Botschaft und ihre Wirkung lebendig gehalten werden und möglichst viele Menschen erreichen sollte. Sie verbreiteten sie daher in ihrem persönlichen Umfeld und manche – wie der Apostel Paulus – taten dies auch weit darüber hinaus, indem sie in der damals bekannten Welt umherreisten und davon erzählten. Dabei entstand die Kirche, die (wie in der Pfingstgeschichte Apg 2 erzählt wird) als Wirken des Geistes verstanden wird. Sie wurde zu einem Raum, in dem Menschen die Wirkungen des Evangeliums erleben können, wie sich in den ersten Gemeinden zeigte. Gleichzeitig wurde die Kirche zur Unterstützerin der persönlichen Initiative und der individuellen Möglichkeiten der einzelnen Christ*innen, die Botschaft von der Liebe Gottes für alle Welt zu kommunizieren.

Damit ist auch gleichzeitig ihr Auftrag, ihre Funktion benannt: Kirche unterstützt die Kommunikation des Evangeliums. Um diesen Auftrag zu erfüllen, bildete sie Strukturen aus und schaffte organisatorische Rahmenbedingungen. Daraus entstanden im Laufe der Geschichte konkrete Kirchengestalten, heute z.B. die Landeskirchen, die Ortsgemeinden oder Formen wie Krankenhausseelsorge und Akademien. Das Evangelium würde es auch ohne diese kirchlichen Strukturen geben, und es würde sicher auch im persönlichen Leben erfahren und zwischen Menschen kommuniziert. Es wäre jedoch sehr viel mühsamer, sehr viel anstrengender und in der Wirkung ganz sicher nicht so weitreichend, wenn es diese Strukturen nicht gäbe. Dieser Kirche stehen ganz andere Möglichkeiten zur Verfügung, dass Menschen der unbedingten Liebe Gottes begegnen und sich damit Evangelium ereignet – weil sie Gebäude unterhält, in denen sich Menschen zur Kommunikation des Evangeliums versammeln, weil sie Sozialformen dafür anbietet, weil sie Menschen hauptberuflich dafür anstellt, weil sie Strukturen für ein ehrenamtliches Engagement zur Verfügung stellt etc. Man stelle sich vor, es gäbe diese Kirche nicht und wir seien rein auf unsere individuellen Möglichkeiten, die Wirkungen des Evangeliums zu erleben und sie anderen zu eröffnen, angewiesen: Die Kommunikation des Evangeliums bliebe weit hinter dem zurück, was mit der Kirche möglich ist.

Gilt der Auftrag zur »Kommunikation des Evangeliums« also von Anbeginn der Kirche an, ist die Formulierung erst wenige Jahrzehnte alt. Sie wurde von dem Praktischen Theologen Ernst Lange in den 1960er Jahren geprägt, wird aber erst in jüngster Zeit in der Praktischen Theologie häufig verwendet. Sie ist deshalb im Moment so beliebt, weil mit dieser Formulierung eine bestimmte Ausrichtung, wie die Kirche ihren Auftrag erfüllt, verbunden ist:

Während die früher oft gebrauchten Formulierung »Verkündigung des Evangeliums« stärker die Assoziation weckt, dass von einer Amtsperson das Wort »ausgerichtet« oder »weitergegeben« wird, sind bei dem Wort »Kommunikation« alle Beteiligten gleichberechtigt im Blick. Bei einem Kommunikationsvorgang ist es im Ergebnis ja nicht entscheidend, was jemand eigentlich sagen wollte, sondern was ankommt und was dies bewirkt. Diese Haltung kann sich auf reformatorische Wurzeln berufen. Martin Luther hat formuliert: »Denn auch wenn sich Christus tausendmal für uns gegeben hätte und gekreuzigt worden wäre, es wäre doch alles umsonst, wenn nicht das Wort Gottes käme, es austeilen und mir schenken würde und spräche: das soll dein sein, nimm hin und habe es als deines« (in der Schrift »Wider die himmlischen Propheten« von 1525, Weimarer Ausgabe 18, 62-214, hier 202,37-203,2). Das meint: Das Evangelium ist erst dann an seinem Ziel, wenn es bei den Menschen und in ihrem Leben angekommen ist.

Ein zweiter Vorteil des Kommunikationsbegriffs ist seine Weite. Kommuniziert wird mit Worten, mit Taten, mit Gesten, mit Symbolen oder mit Ritualen. Kommuniziert wird bewusst und unbewusst, absichtlich und nebenbei. »Kommunikation des Evangeliums« ist also nicht auf die Predigt und den Gottesdienst zu beschränken. Das Evangelium wird also auf ganz unterschiedlichen Wegen kommuniziert. Dies kann beispielsweise in der Zuwendung und der selbstlosen Hilfe in der Seelsorge und der Diakonie geschehen, in dem spirituellen Erleben bei einem Konfi-Camp, in einem Jugendevent, einer Meditation, im Morgenkreis der evangelischen Kita oder einem Kirchentagsgottesdienst, in dem gegenseitigen Verstehen Verschiedener im interreligiösen Dialog oder in der Versöhnung von Feind*innen, in Gemeinschaftserfahrungen im Senior*innenkreis, auf der Paddelfreizeit oder auf einer Akademietagung, beim Gottesdienst anlässlich einer Katastrophenerfahrung, zum Schulanfang oder an einem normalen Sonntag ... In allen diesen Formen können Menschen etwas von der bedingungslosen Liebe Gottes und damit dem Evangelium erleben. Dies kann sie berühren und etwas bei ihnen verändern: Es kann beispielsweise Hoffnung wecken entgegen den derzeitigen Umständen, Vergebung erfahren lassen oder eigene Vergebung ermöglichen, motivieren zum Einstehen gegen Unrecht oder zu einem anderen Umgang mit Menschen sowie der Umwelt und vielleicht das Wesentliche neu sehen lassen.

Dies darf allerdings nicht so missverstanden werden, als wäre das Evangelium so etwas wie eine Medizin, die verabreicht wird und dann ihre Wirkung quasi automatisch entfaltet. Die Begegnung zwischen Mensch und Evangelium ist ein komplexes Geschehen, in dem nach christlicher Überzeugung Gott selbst wirkt – traditionell beschrieben als Wehen des Geistes. Der weht jedoch, wie es im Johannesevangelium (Joh 3,8) heißt, wo er will. Das Bild macht deutlich, dass eine solche »Wirkung« der Kommunikation des Evangeliums nicht »gemacht« werden kann, sondern sie bleibt immer unverfügbar und auch unberechenbar. Kommunikation ist ein offenes Begegnungsangebot mit vielen möglichen Ausgängen. Oft genug ist diese auch nicht spürbar oder nur als ganz leise Ahnung. Nur ganz selten hat dies eine lebensverändernde »Bekehrung« zur Folge. Daher kann nicht von außen beurteilt werden, wo, wann und wie Menschen »Evangelium« erleben. Und wenn jemand von »Evangelium« spricht, ist das kein objektives Ereignis, sondern immer schon eine Deutung einer Erfahrung göttlicher Liebe und Annahme, die jemand anderes anders (oder auch gar nicht) erleben kann.

Dabei wird es natürlich auch von den Formen der Kommunikation geprägt, welche Erfahrungen gemacht werden, denn sie bieten ja bestimmte Möglichkeiten der Deutung und der Gemeinschaft an. Was Menschen genau erleben und was damit bei ihnen geschieht, ist bei den Einzelnen jedoch sehr unterschiedlich. Erst recht ist es unterschiedlich, ob und wie sie dies benennen können und wollen. Zumindest in den evangelischen Landeskirchen sind wir es wenig gewohnt und haben wenig Übung darin, Begegnungen mit dem Evangelium in Worte zu fassen und mit anderen darüber zu sprechen. Zu lange schien dies entweder selbstverständlich oder wurde von formelhafter theologischer Sprache dominiert. Auch in der praktisch-theologischen empirischen Forschung wurde bisher erst ansatzweise untersucht, was Menschen in verschiedenen Kontexten und Formen als Erleben des Evangeliums beschreiben und wie sie diese Erfahrung deuten. In meinen Augen bildet dies eine eklatante Forschungslücke, die wir in den nächsten Jahren füllen müssen.

Auf diesen Gedanken zur »Kommunikation des Evangeliums« als grundlegenden Auftrag der Kirche bauen die folgenden Kapitel auf.

Kapitel 1
Warum sich die Kirche verändern muss

Einstieg: Szenen aus der kirchlichen Praxis

Szenario 1:
*Die neu gewählte Synode eines ländlich geprägten Kirchenkreises tritt das erste Mal zusammen. Unmittelbar nach der Begrüßung hält die Synodalvorsitzende eine längere Rede, die deutlich macht: Die allseits bekannte Krise der Kirche wird in den nächsten fünf Jahren diesen Kirchenkreis besonders hart treffen. Mehrere große Firmen hätten nach der Coronakrise Insolvenz angemeldet. Gleichzeitig gingen überdurchschnittlich viele Pfarrer*innen in den Ruhestand und es kämen nur wenige* Jüngere nach. *Den neuen Synodalen* komme *daher die Aufgabe zu, weitreichende Entscheidungen zu treffen, die die Kirche radikal verändern würden.*

Auf einige von ihnen wirkt dies erschreckend: Natürlich war ihnen bewusst, dass die Kirche in Veränderungsprozessen steht, aber sie haben sich in erster Linie wählen lassen, weil sie die Kirche schätzen, so wie sie ist, und weil sie gebeten wurden, ihre Region gut zu vertreten. Darauf, sich verantwortlich an einem radikalen Umbau der Kirche zu beteiligen, waren sie nicht eingestellt. Woher sollen sie denn die Kompetenzen für solche wichtigen Entscheidungen nehmen? Und ist das überhaupt wirklich nötig, die Kirche radikal zu verändern, wenn Geld und Hauptamtliche weniger werden?

Szenario 2:
Auf der Klausurtagung des Kirchengemeinderates der Maria-Magdalena-Gemeinde sollen die Weichen für die Zu-

kunft der Gemeinde gestellt werden – und es geht dabei hoch her. Die Gemeinde ist erst vor drei Jahren aus der Fusion dreier kleinerer Gemeinden entstanden und eigentlich ist sie noch immer damit beschäftigt, sich als Gemeinde zu finden. Nachdem aber deutlich geworden ist, dass nicht nur der Haushalt in den nächsten Jahren kleiner werden wird, sondern von den bisherigen fünf Pfarrstellen dann nur noch zweieinhalb übriggeblieben sein werden, sehen einige einen grundlegenden Umbau der Gemeinde als unumgänglich an. Andere halten dagegen, dass man der Fusion doch gerade deshalb zugestimmt habe, um in größerem Rahmen möglichst viel des bisherigen Gemeindelebens erhalten zu können, und dafür viel Kraft investiert habe. Wieder andere sehen ein, dass größere Veränderungen notwendig sind, fragen sich aber, was das denn heißen kann. Und noch einmal andere Stimmen möchten nichts überstürzen, sondern die Fülle des Gemeindelebens reduzieren – bzw. möglichst viel davon ehrenamtlich weiterführen. Sie suchen nach Perspektiven, die in diesem Konflikt helfen können.

Szenario 3:
Seit die Landeskirche entschieden hat, zu »Erprobungsräumen« zu ermutigen und diese zu fördern, hat sich die kirchliche Landschaft in dieser Kirche verändert. Neben die Ortsgemeinden sind kleinere Gemeinden getreten, in denen sich Menschen mit einer bestimmten Frömmigkeit oder einem bestimmten Engagement zusammengeschlossen haben. Zusätzliche diakonische Aktivitäten sind entstanden, beispielsweise lädt eine Gruppe jeden Tag zu einem generationenübergreifenden Mittagstisch für Menschen ein, die lieber in Gemeinschaft als alleine essen. Es gibt einen kirchlichen Gemeinschaftsgarten, in dem jüngere und ältere Menschen

miteinander pflanzen und ernten. In einer nicht mehr genutzten Kirche gibt es ein Café mit christlichem Profil. Eine andere ist zu einer »Kirche für Stille und Meditation« geworden, in der Menschen ehrenamtlich Kurse anbieten und Schulklassen zu spirituellen Erfahrungen einladen.

Auf der Landessynode muss nun entschieden werden, wie mit diesen Projekten künftig finanziell und rechtlich verfahren werden soll. Sollen sie auch nach der Anschubfinanzierung auf Dauer finanziell unterstützt werden? Stehen ihnen hauptamtliche Stellen zu? Welcher Status soll ihnen zukommen? Und was hieße das für die Ortsgemeinden und auch die Dienste, Werke und Einrichtungen, die in den letzten Jahren sowieso schon beständig den Gürtel enger schnallen mussten? Wie kann mit möglichen Konkurrenzgefühlen umgegangen werden? Rasch wird deutlich: Hier stehen die grundsätzlichen Fragen auf der Tagesordnung, was »Kirche-sein« bedeutet und wie die Gestalt der Kirche künftig aussehen soll. Manchen der Synodalen sind die neuen Formen von Kirche näher, anderen die alten. An welchen Kriterien können sie sich für diese weitreichenden Entscheidungen für die gesamte Kirche orientieren?

1. Die Herausforderung

Dass sich die Kirche verändern muss, ist nicht nur in solchen Szenarien deutlich, sondern gegenwärtig überall zu hören und zu lesen. In der Öffentlichkeit geschieht dies häufig mit einem entweder warnenden oder auch triumphierenden Unterton, der in kirchenkritischer Haltung ausdrückt: »So wie bisher könnt ihr wirklich nicht weitermachen!« Von kirchenleitender

Seite wird die Notwendigkeit zu Veränderungen teils besorgt, teils mahnend kommuniziert: »Ihr müsst einsehen, dass wir uns bewegen müssen, es geht einfach nicht anders.« Sicherlich werden Veränderungen der Kirche manchmal auch in einer positiven Grundstimmung und mit Lust an der Suche und dem Experiment thematisiert. Häufig wird es aber mit einem Verlust begründet, warum sich die Kirche verändern muss: Der Rückgang der Kirchenmitglieder, der Kirchensteuermittel, der in Kirchengemeinden Engagierten und der Pfarrer*innen. Zumindest indirekt und manchmal auch ganz offen wird damit eine Haltung leitend, die eine Veränderung der kirchlichen Formen als durch die aktuellen Umstände aufgezwungene, unliebsame Anforderung sieht, die man einsichtig-resignativ ausführt: »Wenn unsere vertrauten Formen denn wirklich nicht mehr realistisch sind, müssen wir die Gestalt der Kirche eben den veränderten Verhältnissen anpassen.«

Wenn eine solche Haltung leitend ist, folgt daraus für die Perspektive, aus der heraus Veränderungen in der Kirche erfolgen:

- Die bisherigen Formen werden kaum inhaltlich hinterfragt.
- Es sind nur selten inhaltliche – theologische – Kriterien im Veränderungsprozess leitend.
- Die Veränderungen orientieren sich an den bisherigen Formen, von denen möglichst viel übernommen werden soll.
- Als Kriterium dient, welche Formen sich die Kirche (noch) leisten kann.
- Es gibt eine relativ geringe Bereitschaft zu Lernprozessen, die Offenheit und Bereitschaft zur Selbstkritik erfordern, bzw. diese haben schwierige Bedingungen.
- Es gibt wenig Lust und Motivation zur Entwicklung von und zum Experiment mit neuen Formen.

- Emotional sind oft stärker die bisherigen Formen von Kirche präsent (und damit das, vor dessen Verlust man sich fürchtet) als Bilder von einer künftigen attraktiven Kirche (und damit das, was wir zu gewinnen haben).
- Nur selten ist mit den Veränderungsprozessen eine geistliche Dimension verbunden, die fragt: Welche Wege können wir im Vertrauen auf Gottes Gegenwart und Begleitung gehen?

Nun ist es eine zutiefst menschliche Eigenschaft, dass man an den Formen hängt, die einem vertraut sind und die man als engagiertes Kirchenmitglied oder Hauptamtliche*r befürwortet – denn in der Regel hat die bisherige Gestalt der Kirche ja dazu motiviert, in ihr aktiv zu sein. Ob man sich in der Kirche wohl und zu Hause fühlt, hat eine zutiefst emotionale Ebene, und gerade diese Ebene wird in den bisherigen Strukturen mit ihrer Orientierung an menschlichem Kontakt und Gemeinschaftsgefühl noch einmal verstärkt. Es entspricht einem nachvollziehbaren Interesse, für sich persönlich möglichst viel von dem bewahren zu wollen, was man schätzt, oder zu trauern, wenn sich verändert, was einem bisher wichtig war.

Die wirklich herausfordernde Aufgabe für diejenigen, die kirchenleitende Verantwortung tragen, ist jedoch, sich in den Entscheidungsprozessen zur Zukunft der Kirche nicht von den eigenen Zugängen zur Kirche, den persönlichen Vorlieben und möglicherweise auch Verlustängsten dominieren zu lassen. Die synodalen Verfassungen der evangelischen Kirchen legen fest, dass die maßgeblichen Entscheidungsgremien über die Zukunft der gesamten Kirche mehrheitlich aus einer bestimmten Sozialform, nämlich der Ortsgemeinde, heraus delegiert werden. Für diese ja durchaus zeitintensive und verantwortungsvolle Aufgabe finden sich in der Regel

Menschen, die den jetzigen Formen sehr verbunden sind. Dies stellt in der Gegenwart hohe Anforderungen an die Entscheidungsträger*innen, gerade wenn Entscheidungen über die künftige(n) Gestalt(en) der Ortsgemeinde anstehen (klein oder groß, generalistisch oder mit Profil, stärker hauptamtlich oder stärker ehrenamtlich gestaltet ...?). Aus der Form von Kirche, mit der sie emotional verbunden sind, müssen sie innerlich einen ziemlich großen Schritt zurücktreten. Sie müssen aus dieser Distanz die Kirche als ganze sehen und eine neue Perspektive auf sie einnehmen. Statt möglichst viel von dem Bisherigen unter veränderten Bedingungen zu bewahren, ist es geboten zu fragen, welche Formen von Kirche inhaltlich sinnvoll und angemessen sind. Sie sind gefordert, die Perspektiven der Kirchenmitglieder, die sich nicht in den bisherigen Sozialformen engagieren, einzunehmen und zu fragen, was diesen (die die große Mehrheit der Kirchenmitglieder stellen) Kirche bedeutet oder in anderen Formen bedeuten könnte. Sie sind herausgefordert, sich mit neuen Bildern und Formen von Kirche zu befassen, auch mit einem Blick in andere Kirchen, die weltweite Ökumene und in manche Epochen der Kirchengeschichte. Und sie sollen diese nüchternen strukturellen Entscheidungen auch noch mit der geistlichen Dimension (also einer Orientierung an dem, was sie als Gottes Willen für die Kirche erkennen) verbinden.

Helfen kann dabei vielleicht die theologische Perspektive, dass der Gott, von dem die Bibel erzählt, auch ein Gott der Veränderung ist. In der Hebräischen Bibel, dem Ersten Testament, begleitet Gott Menschen auf sehr unterschiedlichen Lebenswegen und in sehr unterschiedlichen Lebensverhältnissen – und gerade auch dann, wenn sich diese vollständig verändern (wenn beispielsweise Abram und Sarai ihre Heimat verlassen [Gen 12, dazu unten mehr], Jakob aus seiner Heimat flieht [Gen

27-28], Josef nach Ägypten verschleppt wird [Gen 37-50], Israel Ägypten verlässt [Ex 12] und durch die Wüste zieht [Ex – Dtn] oder Naomi und Ruth von Moab nach Bethlehem auswandern und dort eine neue Heimat finden [Ruth 1-4]). Oft genug geschieht diese Veränderung der Lebensverhältnisse sogar auf Anweisung Gottes. In der Griechischen Bibel, dem Zweiten Testament, ruft Jesus von Nazareth Menschen dazu auf, ihre vertrauten Lebensverhältnisse zu verlassen und mit ihm ein anderes Leben zu führen – ebenfalls in der Begleitung Gottes, auch über seinen Tod hinaus. Gott zeigt sich darin als ein Gott, der zu Veränderungen auffordert und diese bewirkt, aber auch auf dem Weg dahin unterstützt und begleitet. Auch die neuen Verhältnisse sind Gottes Verhältnisse. Insofern ist Gott uns auch immer schon voraus in dem, was wir noch nicht kennen.

2. Hintergrundwissen

2.1 Warum sich die Kirche immer verändern muss

»Ecclesia semper reformanda« – die Kirche muss beständig reformiert werden – ist ein Grundsatz der evangelischen Kirche. Er folgt aus einer zentralen Einsicht Luthers und anderer Reformator*innen, die zum Grundimpuls der Reformation wurde: Die Kirche ist nicht dazu da, um bestimmte Formen zu pflegen, sondern es geht ihr um das Evangelium, um die Botschaft von der unermesslichen Liebe Gottes. Die jeweiligen Formen und Strukturen sollen dem Evangelium dienen und nicht umgekehrt. Wie genau sich die Kirche organisiert, wird dabei als Aufgabe der Menschen betrachtet – es ist nicht göttlich festgelegt, nicht heilig oder unantastbar. Theologisch wichtig ist hier die Unterscheidung zwischen »Gotteswerk« und »Menschenwerk«: Gott ist zwar der Grund der Kirche, aber ihre Ausgestaltung ist Sache der Menschen. Daher kann auch keine kirchliche Organisationsform von vornherein einen theologischen Vorrang für sich beanspruchen.

Gestützt wird diese Überzeugung durch die Erkenntnis, dass wir weder biblisch noch in den grundlegenden Schriften des Protestantismus klare Aussagen über die Gestalt der Kirche finden. In der Confessio Augustana, einer der wichtigsten Bekenntnisschriften der Reformation von 1530, heißt es im 7. Kapitel: Wort und Sakrament »sind genug« (lateinisch: »satis est«), um rechte Kirche zu sein. In welchen Formen dies erfolgen soll, dazu wird nichts gesagt. Deutlich wird jedoch: Die »Kirche«, in welcher Gestalt auch immer sie vor Augen steht, dient letztlich dem Evangelium. Die Barmer Theologische Erklärung der Bekennenden Kirche von 1934 formuliert zudem als Auftrag der Kirche, die Botschaft von der Gnade Gottes »allem Volk« auszurichten. Sie benennt damit die Aufgabe, Menschen nicht aufgrund bestimmter Formen und Strukturen den Zugang zum Evangelium zu erschweren.

Damit wird aber gleichzeitig ein wichtiges inhaltliches Kriterium für die Strukturen der Kirche genannt: Sie sollen so beschaffen sein, dass möglichst viele Menschen in ihnen dem Evangelium begegnen können. Strukturen, die entweder der Erfahrung der Liebe Gottes im Weg stehen oder diese auf bestimmte Menschen und Gruppen beschränken, entsprechen nicht dem Auftrag der Kirche. Das aber bedeutet: Wenn die äußeren Ordnungen dem Evangelium nicht gut dienen (wie die Reformator*innen es zu ihrer Zeit als gegeben sahen), dann dürfen sie nicht nur, sie müssen sogar verändert werden.

Zwar ist die Kommunikation des Evangeliums, wie im »Prolog« dargestellt, unverfügbar. Menschen und auch die

Kirche können nicht »machen« oder bewirken, dass das Evangelium Menschen erreicht und betrifft. Die Wahrscheinlichkeit, dass das Evangelium bei Menschen ankommt und dass Begegnungen mit ihm gelingen, wird jedoch deutlich größer, wenn es in leicht zugänglichen Formen kommuniziert wird. Schon deshalb lohnt sich viel Aufwand und Mühe dafür. Vor allem aber ist es schlicht der theologische Auftrag der Kirche, die Kommunikation möglichst gut zu gestalten und dem Evangelium nicht nur nicht im Weg zu stehen (was ja manchmal auch schon eine Herausforderung ist), sondern ihm Wege zu ebnen. Aufgabe der kirchenleitenden Gremien ist es damit, Formen zu schaffen, in denen die Kommunikation zwischen Menschen und Evangelium voraussichtlich – nach bestem Wissen und Gewissen – besonders gute Chancen hat zu gelingen.

Diese Formen können aus zwei Gründen nicht durch die Zeiten gleich bleiben: Zum einen verändern sich Menschen ständig und werden von Formen, die vor 2000, 200 und vielleicht auch noch vor 20 Jahren gut zugänglich waren, heute nicht mehr in gleicher Weise erreicht. Zum anderen wird nur die Bereitschaft zu permanenter Veränderung dem Charakter des »Menschenwerks« der kirchlichen Strukturen gerecht – denn diese sind selbstverständlich irrtumsfähig und bilden im Grunde immer nur experimentelle Versuche, der großen Aufgabe gerecht zu werden. Werden diese nicht beständig überprüft, reflektiert und potenziell verändert, wächst die Gefahr, dass sie selbst in die Nähe des göttlichen Evangeliums rücken, das Richtschnur und Kriterium bildet – und man sich in der Gestaltung der Kirche an Strukturen orientiert statt an deren Funktion für das Evangelium.

Insofern ist eine Veränderung der (Formen und Strukturen der) Kirche zu jeder Zeit und immer erforderlich und eine zentrale Aufgabe für alle, die in der Kirche Verantwortung tragen, sei es hauptberuflich oder ehrenamtlich, um immer neu möglichst gute Rahmenbedingungen für die Kommunikation des Evangeliums zu schaffen. Möglicherweise kann die Perspektive, an einer solchen Aufgabe mitwirken zu dürfen, noch einmal anders Motivation und Lust zu diesen Prozessen vermitteln als die Einsicht, dass äußere Gründe der Kirche Veränderungen aufzwingen.

Gilt der Reformbedarf der Kirche also grundsätzlich und zu allen Zeiten, stehen die großen Kirchen im deutschsprachigen Raum – und übrigens auch darüber hinaus in Europa und auch in großen Teilen anderer Kontinente – heute vor besonderen Herausforderungen, die die immer erforderlichen Reformen gleichzeitig dringender und schwieriger machen als in anderen Generationen.

2.2 *Warum in der Gegenwart besonders einschneidende Veränderungen anstehen*

In der heutigen Situation und für die jetzigen Generationen in kirchenleitender Verantwortung kommen gleich mehrere Herausforderungen in einer besonderen Kombination zusammen.

Der lange Schatten des »christlichen Mittelalters«

In der 2000-jährigen Geschichte der christlichen Kirche war das Christentum über lange Jahrhunderte die gesellschaftsprägende Religion in Europa. Seit sie im 4. Jh. zur Staatsreligion des Römischen Reiches geworden war, hatte die Kirche eine ausgeprägte gesellschaftliche und politische Machtposition erlangt, die das Mittelalter hindurch kaum hinterfragt weiterbestand.

Die Institution Kirche konnte über die Religion der Menschen und über ihre Teilnahme an den kirchlichen Handlungen bestimmen – wer sich dem widersetzte, riskierte Leib und Leben, und der Verlust des ewigen Heils wurde angedroht. Seit Beginn der Neuzeit wurde diese Rolle angefragt und nach und nach eingeschränkt. Es gab immer wieder Bemühungen, Kirche weniger aus der Machtposition der Institution und mehr als fragendes Gegenüber zu denken. So machte sich beispielsweise der Theologe Friedrich Schleiermacher (1768-1834) Anfang des 19. Jh. darüber Gedanken, wie man in der Predigt und der Seelsorge Menschen, die sich der Kirche entfremdet hatten, wieder erreichen könne. Die »religiösen Sozialisten« forderten Ende des 19. Jh. die Kirchenleitungen auf, nicht länger eine Kirche des Adels und des Bürgertums zu sein, sondern sich an der Seite der Arbeiter*innen für bessere Lebensbedingungen zu engagieren, um wieder für sie relevant zu werden. Anfang des 20. Jh. wurden in der Praktischen Theologie empirische Forschungen zur Religiosität von Menschen gefordert, um auf deren Sorgen und Bedürfnisse besser eingehen zu können. Seit den 1960er Jahren wurde die »Emigration der Kirche aus der Gesellschaft« (so ein Buchtitel von Joachim Matthes von 1964) beklagt und in der Kirchenreformbewegung begannen strukturelle Bemühungen, die evangelische Kirche für mehr Menschen attraktiv und lebensrelevant zu machen. Seit 1972 führt die EKD (die Evangelische Kirche in Deutschland) alle 10 Jahre eine groß angelegte Kirchenmitgliedschaftsuntersuchung durch, die die Perspektive der Kirchenmitglieder auf ihre Kirche (und mittlerweile auch die von Nichtkirchenmitgliedern) wissenschaftlich fundiert erhebt. Und dennoch: Nach wie vor wirft das lange »christliche Mittelalter« seine Schatten auf die Kirche der Gegenwart. Die genannten Bemühungen waren überwiegend daran orientiert zu analysieren, warum die Kirche an Bedeutung verloren hat, um diese dann doch wieder möglichst weit zurückzugewinnen. Und auch heute wird immer noch viel von »Bedeutungsverlust«, »Traditionsabbruch« und »Niedergang« gesprochen. Im Grunde hat man damit immer noch eine Kirche mit dominanter gesellschaftlicher Machtposition als Leitbild vor Augen, obwohl sie natürlich niemand mehr mit allen Konsequenzen bis hin zur Inquisition befürworten würde.

Das hat zur Konsequenz: Wir orientieren uns bis heute (zu) wenig an lebendigen und attraktiven Bildern von einer Kirche, die eine unterstützende Partnerin für das Leben und die Religion von Menschen ist und die christliche Botschaft klar profiliert in der Öffentlichkeit als eine Stimme neben anderen vertritt. Solche visionären Bilder wären jedoch in den gegenwärtigen Prozessen sehr hilfreich, statt sich Kirche vorrangig als Verlängerung des Bisherigen vorzustellen.

Die veränderte Bedeutung von Religion in der »Spätmoderne«

Damit zusammenhängend bildet die Veränderung der Gestalt von Religion in den vergangenen Jahrzehnten eine Herausforderung, auf die sich die Kirche erst allmählich einstellt. Nach der Machtposition im Mittelalter wurde die zunehmende Entfremdung vieler Menschen von Kirche, Christentum und religiöser Gesinnung als eine für das Zeitalter der Moderne typische »Säkularisierung« gedeutet. Folgt man der »Säkularisierungsthese«, nimmt Religion sozusagen unweigerlich mit der Modernisierung ab: Je moderner eine Gesellschaft ist, desto weniger religiös ist sie. Als Belege dafür lassen sich der Rückgang von Kirchenmitgliedschaft und Gottesdienstbesuch oder die Verweltlichung christlicher Feiertage (z.B. der Himmelfahrtstag als »Vatertag«) nennen. Spätestens seit den 1990er Jahren ist jedoch deutlich, dass diese Sicht nur dann plausibel ist, wenn man »Religion« auf die traditionellen kirchlichen und christlichen Formen beschränkt. Empirische Untersuchungen mit einem weiten Religionsbegriff belegen gerade in den jüngeren Generationen eine zunehmende – oft diffuse – Offenheit für eine göttliche Dimension. Die Teilnahme an besonderen Gottesdiensten (ob Weihnachten, Schulanfang, nach aufwühlenden Ereignissen oder an Open-Air-Gottesdiensten) nimmt beständig zu und religiös-ethische Expertise ist gesellschaftlich gefragt. Dies spricht für die »Pluralisierungsthese« oder »Transformationsthese«, die meint: Religion wird in der Spätmoderne nicht weniger, sondern sie verändert ihre Formen. Diese Formen sind diffuser und vor allem individueller als die traditionellen kirchlichen. Sie werden nicht auf der Grundlage kirchlicher Vorgaben gelebt, sondern weil und insofern sie Menschen überzeugen und sich in ihrem Alltag als hilfreich erweisen. Kriterium für religiöse Orientierungen (Überzeugungen) und Praktiken (beten, Gottesdienste besuchen, religiöse Gespräche führen etc.) sind in der Gegenwart ihre Überzeugungskraft und ihre Lebensdienlichkeit. Menschen halten für wahr, was ihnen einleuchtet und was sie in ihrem Leben unterstützt. Dabei spielen christliche Gehalte immer noch eine wichtige Rolle, aber sie werden nicht selten mit den Inhalten anderer Religionen und Philosophien kombiniert, beispielsweise mit einem Glauben an die Unsterblichkeit der Seele (die oft für originär christlich gehalten wird, während die biblische Tradition überwiegend davon ausgeht, dass der ganze Mensch von Gott auferweckt wird) oder die Wiedergeburt.

Diese neue Phase von »Religion« bildet für die Kirche eine große Herausforderung. Sie hat bislang noch wenig Übung darin, mit ihren Inhalten und ihrem Handeln zu überzeugen und sich daran zu orientieren, was Menschen im Alltag davon haben. Zudem gibt es auch eine theologische Abwehr gegen die (besonders von Jugendlichen ja durchaus provokativ gestellte) Frage, was einem der christliche Glaube oder die Kirche »bringt«. Wenn diese Haltung als allzu pragmatisch kritisiert wird, ist daran richtig, dass mit dieser Frage selbstverständlich nicht die gesamte Wirklichkeit des Glaubens oder gar des Göttlichen erfasst wird – denn diese Dimension ist immer größer als das, was wir mit unseren menschlichen Möglichkeiten im Moment wahrnehmen können. Andererseits hat der christliche Glaube durchaus den Anspruch, sich als hilfreich, relevant und unterstützend im alltäglichen Leben zu erweisen. Blicken wir zurück in die urchristliche Zeit, so ist die erstaunliche Verbreitung des Glaubens an den auferstandenen Jesus Christus kaum vorstellbar, wenn dieser sich nicht als bedeutungsvoll und hilfreich erwiesen hätte. Die Bibel zeigt in ihren beiden Testamenten, dass und wie Menschen den Kontakt mit Gott und Jesus von Nazareth als lebensrelevant erfahren haben. Insofern ist die Frage nach der Bedeutung des Evangeliums im Alltagsleben durchaus legitim und lässt sich als Anspruch, aber auch als Hoffnung verstehen, christliche Religion könnte sich als sinnhaft und hilfreich für das alltägliche Leben erweisen. Und: Wenn diese Frage positiv beantwortet wird, dann wird es wahrscheinlich, dass sich der »Mehrwert« des christlichen Glaubens über das hinaus, was unmittelbar hier und heute überzeugend ist, nach und nach erschließt.

Damit aber ist eine grundlegende Umorientierung des kirchlichen Handelns gefordert, die vielleicht am ehesten noch der Situation der ersten Jahrhunderte des Christentums entspricht, als sich die junge Religion nach ihrer Abspaltung vom Judentum in der Konkurrenz antiker Religionen behaupten musste. Die Kirche muss heute die Frage überzeugend beantworten können, was ihre Botschaft und der Kontakt zu ihr im Leben von Menschen positiv verändern. Und diese Antwort muss auch das Handeln der Kirche und ihre Organisationsformen, in denen sie ihr Handeln gestaltet, prägen. Dann fragt die Kirche nicht danach, wie sie sich selbst erhalten kann, sondern wie Menschen durch ihr Handeln erfahren können, was die christliche Botschaft beispielsweise im Zusammenleben von Menschen, in der Kindererziehung, im Umgang mit Menschen anderer Kulturen, in der Bewahrung der Schöpfung etc. bewirkt. Dazu gibt es ja bereits Ansätze, aber insgesamt scheint mir die Kirche noch eher am Anfang dieses Weges zu sein.

Die Problematik der bisherigen kirchlichen Sozialformen

Auf diese Herausforderungen sind die kirchlichen Organisationsformen nur wenig eingerichtet, weil sie aus anderen Epochen stammen. Wir haben im deutschsprachigen Raum zwar eine Vielzahl von kirchlichen Sozialformen: von der Krankenhaus- oder Gefängnisseelsorge über die Jugendkirche, das Frauenwerk und die Citykirche bis zur Diakoniekirche und ihrer Arbeit mit Menschen in besonders herausfordernden Lebenslagen, nicht zu vergessen die digitalen Formen von Kirche. Dennoch ist eine Sozialform rechtlich, organisatorisch und finanziell dominant: die Ortsgemeinde bzw. (mit einem altertümlichen Wort) die Parochie. Deren besondere Geschichte und ihre verschiedenen Elemente werden im nächsten Kapitel ausführlich behandelt; in diesem Zusammenhang ist jedoch wichtig, dass gerade diese Form eine besondere Herausforderung für Veränderungen bildet. Sie vereinigt in sich zwei Ideen: Zum einen das Prinzip der »Flächendeckung«, also dass das gesamte Land in Gemeinden aufgeteilt ist und jedes Wohngebäude in Deutschland einer Gemeinde zugewiesen wird. Zum anderen ist es der Anspruch, dass die Gemeinde persönlichen Kontakt sowie räumliche und menschliche Nähe vermitteln soll. Diese beiden Elemente gehören ursprünglich nicht zusammen und müssten theoretisch auch nicht in dieser Weise kombiniert werden. Dass sich ihre Verbindung historisch so ergeben hat, macht sie zu einer der finanziell und personell aufwendigsten Formen christlicher Sozialität, die man sich hätte ausdenken können. Denn das »parochiale Prinzip« erfordert sehr viele Gemeinden mit Gebäuden und Hauptamtlichen, die finanziert werden und auch zur Verfügung stehen müssen. Ihre Zahl lässt sich nur begrenzt reduzieren, ohne die Idee von räumlicher Nähe und persönlichem Kontakt zu gefährden, denn große kirchliche Verwaltungsbezirke können diese nicht selbstverständlich leisten bzw. sie erfordern viel Kreativität und neue Ideen. Die Regionalisierungs- und Fusionierungsbemühungen der letzten Jahre haben in Westdeutschland das flächendeckende Netz von Ortsgemeinden meiner Wahrnehmung nach so weit gedehnt, wie es möglich war, ohne die oben genannten Prinzipien aufzugeben. In Ostdeutschland ist es hingegen teilweise bereits längst überdehnt – denn Pfarrstellen mit einer Zuständigkeit für 12 Gemeinden und 19 Predigtstellen widersprechen der Idee von menschlicher Nähe und persönlichem Kontakt zu Hauptamtlichen. Auf der anderen Seite wird das flächendeckende Prinzip relativiert, wenn man, wie es gegenwärtig beispielsweise nach dem Vorbild der Kirche in England vorgeschlagen wird, der Ortsgemeinde andere Formen von Gemeinde zur Seite stellt in einer so genannten »mixed economy«. Auch wenn betont wird, dass diese flexiblen Gemeindeformen, die auf bestimmte Lebenssituationen und Zielgruppen eingehen und denen man sich freiwillig zuordnet, der Ortsgemeinde keine Konkurrenz machen wollen, stehen sie dem Anspruch des Prinzips der Flächendeckung entgegen, für alle Kirchenmitglieder eines Bezirks und deren religiösen Bedürfnisse zuständig zu sein.

Insofern ist es die Kombination der beiden Prinzipien »Flächendeckung« einerseits und »Nähe und Kontakt« andererseits, die die jetzige Form der Ortsgemeinde zu einer besonders kosten- und personalaufwendigen Form macht. Mit deutlich weniger Ressourcen ist sie kaum durchzuhalten. Für Menschen, denen gerade diese Form wichtig ist, bedeutet dies Abschied von einer Form, der sie auch emotional verbunden sind – und für die Kirche bedeutet dies, dass ein wirklich großer und mutiger Schritt der Veränderung erforderlich ist.

3. Alternativen

Dass sich die großen Kirchen verändern müssen, scheint nach allem, was im Moment zu sehen ist, alternativlos zu sein. Es gab und gibt gelegentlich noch Vorschläge, den Rückgang der Finanzen und/oder der Kirchenmitglieder nicht zu akzeptieren und entweder alternative Finanzquellen zu erschließen (mit der Idee, dass Menschen bereit wären, deutlich mehr zu zahlen, wenn man die Verpflichtung in Form der Kirchensteuer abschafft) oder aber die jetzigen Formen von Kirche so viel attraktiver zu gestalten, dass sie mehr Menschen als bisher anziehen. Bisher spricht nichts dafür, dass eine der beiden Formen realistisch ist. Der Vergleich mit anderen Ländern zeigt, dass Kirchen ohne ihre Finanzierung durch Steuern manchmal zwar viel kreativer sind und im Einzelnen großartige Arbeit leisten. Sie haben aber jedoch weniger Möglichkeiten, für die gesamte Kirche sicherzustellen, dass Menschen ohne eine Lobby – beispielsweise im Gefängnis oder auf der Straße lebend – Kontakt zum Evangelium bekommen. Insofern lässt sich sinnvoll eher nach Alternativen in der Haltung zu den unausweichlichen Veränderungen fragen.

Die erste Alternative: Kollaps und (möglicher) Neubeginn

Die erste Variante besteht darin, keine größeren Veränderungen vorzunehmen und in den jetzigen Formen weiterzumachen, bis diese finanziell und personell kollabieren. Irgendwann sind alle Rücklagen aufgebraucht und alle Einsparungsmöglichkeiten innerhalb der bestehenden Formen getätigt. Vermutlich sind dann auch irgendwann die Arbeitsmöglichkeiten so unattraktiv geworden, dass der Nachwuchs für die kirchlichen Berufe noch stärker als bisher zurückgeht und die Zahl der Ehrenamtlichen rapide sinkt. Wann dies der Fall sein wird, ist vermutlich kaum zu berechnen, weil diese Konstellation außerordentlich komplex ist und sehr viele Variablen im Spiel sind. Es dürften jedoch nicht mehr allzu viele Jahrzehnte sein.

Die Stärke dieses Vorgehens könnte möglicherweise sein, dass manchmal aus einem definitiven Ende besonders gut etwas Neues entstehen kann. Ein Neuanfang in einer solchen Situation würde dann wirklich Kreativität für neue Formen freisetzen, ohne dass noch diskutiert werden müsste, wie viel von den alten Strukturen sich noch herüberretten ließe.

Die Schwierigkeit besteht in der Verantwortungslosigkeit, mit der man sehenden Auges wertvolle Strukturen für die Kommunikation des Evangeliums aufgibt. Vermutlich würden als erstes Kommunikationsangebote für Menschen aufgegeben (und möglicherweise auch nicht neu entstehen), die keine gesellschaftliche Lobby haben und in besonderem Maße auf Engagement und Strukturen angewiesen sind – ein flächendeckendes Angebot von Gefängnisseelsorge beispielsweise, die ständige Bereitschaft zur Notfallseelsorge für den Krisenfall, die diakonische Unterstützung für obdachlose Menschen, Geflüchtete, Familien in prekären Lebensverhältnissen, ohne dass nach deren Religionszugehörigkeit und Weltanschauung gefragt wird. Dies aufzugeben, wenn man es erhalten könnte, wäre vom Evangelium her nur schwer zu rechtfertigen.

Die zweite Alternative: Veränderungen auf der Basis des Bestehenden

In einer zweiten Variante werden Veränderungen auf der Basis der bisherigen Strukturen vorgenommen und diese einerseits weniger kosten- und personalintensiv gestaltet und andererseits auf ihre Attraktivität und Relevanz befragt. Diese Linie scheint mir gegenwärtig in der Kirche die dominante zu sein, wobei der Akzent häufig auf dem ersten Aspekt liegt und seltener auf dem zweiten.

Der Vorteil ist, dass solch ein behutsames Vorgehen viele jetzt kirchlich Engagierte mitnimmt und keine ganz grundsätzlichen Verwerfungen zu erwarten sind. Vielleicht ist man mit manchen Veränderungen nicht ganz einverstanden, aber sie sind dann auch nicht so grundlegend, dass man deshalb aus der Kirche austritt oder sein Engagement vollständig aufgibt. Für Ehrenamtliche und Hauptberufliche bleibt »ihre« Kirche erhalten und erkennbar. Die Veränderungen bleiben berechenbar und orientieren sich an bekannten Formen; es ist kein Sprung ins Offene erforderlich. In der Regel lassen sich dafür synodale Mehrheiten finden.

Der Nachteil ist, dass sich nach wie vor die Formen der Kirche nicht in erster Linie an ihrer Fähigkeit orientieren, die Begegnung mit dem Evangelium zu unterstützen, sondern die historisch gewachsenen Strukturen dominieren.

Dass auf diese Weise deutlich mehr und andere Menschen als bisher mit dem Evangelium in Kontakt kommen, ist eher unwahrscheinlich. Neue Bilder von einer Kirche jenseits einer geschrumpften Volkskirche mit größerer Vergangenheit sind in dieser Variante vielleicht nicht unmöglich, aber ihr Entstehen ist schwierig. Konkret erscheint das oben dargestellte Problem nicht gelöst, wieweit das flächendeckende Netz von Ortsgemeinden noch gedehnt werden kann und ab wann die inhaltliche Idee von lokaler Nähe, sozialer Gemeinschaft in der Ortsgemeinde und persönlicher Kontakt zu den Hauptberuflichen nicht mehr funktioniert – und vorher vermutlich zu größerer Überforderung der Engagierten führt. Ebenso wenig zeigt sich bisher eine Antwort, in welcher Weise neue Formen von Gemeinde neben die Ortsgemeinde treten sollen, in welchem Verhältnis diese rechtlich und finanziell zueinander stehen und was dies für das Prinzip der Flächendeckung bedeutet. Historisch lässt sich zeigen, dass solch ein Nebeneinander zumindest nicht funktioniert hat, eben weil die grundsätzlichen Fragen nicht gestellt wurden. Stellt man diese aber, wird es schwierig, bei dieser Variante behutsamer Veränderungen auf der Basis des Bestehenden zu bleiben, und das Vorgehen nähert sich der dritten Alternative an.

Die dritte Alternative: Ein Prozess mit der Bereitschaft zu einer radikalen Neuorientierung

Soll tatsächlich die Frage entscheidend sein, welche Formen von Kirche der Kommunikation des Evangeliums bestmöglich dienen, dann müssen alle Formen gleichermaßen auf den Prüfstand – mit der Bereitschaft, das Bestehende grundsätzlich neu zu überdenken. Die Schwierigkeit dabei ist, dass wir bisher keine gesicherten empirischen Erkenntnisse darüber haben, in welcher Weise Menschen in welchen Formen »Evangelium« begegnen und was dies für sie bedeutet. Angesichts dessen, dass in den letzten 30 Jahren in der Praktischen Theologie und in der Kirche intensiv empirisch geforscht worden ist, ist dies erstaunlich – und bildet eine schmerzhafte Lücke. Ein möglicher Schritt eines solchen offenen Prozesses ist also eine breit angelegte vorurteilsfreie Forschung in diesem Bereich. Gleichzeitig erfordert diese Alternative einen intensiven Konsultations- und Beteiligungsprozess auf allen Ebenen der Kirche und über diese hinaus. Kirchenmitglieder und prinzipiell an der Kirche interessierte Nichtkirchenmitglieder, Teilnehmer*innen an ganz unterschiedlichen kirchlichen Sozialformen und Angeboten (auch sporadischer Art), ehrenamtlich Engagierte und Hauptberufliche in allen Bereichen der Kirche, kirchenleitende Personen auf jeder Ebene müssen individuell, gemeinsam und auch in kontroversen Diskussionen miteinander überlegen, sich austauschen und gemeinsam weiterdenken, wie sie die Kommunikation des Evangeliums in welcher Weise erleben und künftig erleben möchten. Sie entwickeln Bilder und Formen von Kirche, die nicht vorgegeben sind, sondern neu gedacht werden dürfen. Voraussetzung dafür ist, dass auch die Verteilung von Finanzen und Ressourcen neu gestaltet wird und auch diese nicht an Strukturen, sondern an dem Auftrag der Kommunikation des Evangeliums orientiert wird. Für diesen Prozess sollten ein Großteil der vorhandenen finanziellen und personellen Ressourcen inklusive der Rücklagen genutzt werden.

Ansätze dazu bilden Versuche in einigen Landeskirchen – zunächst in der Evangelischen Kirche in Mitteldeutschland und mittlerweile auch in einigen anderen – mit den sog. »Erprobungsräumen«, in denen neben den Ortsgemeinden Gruppen und Initiativen neue Formen von Gemeinde ausprobieren, denen man nicht per Wohnort zugewiesen wird, sondern für die man sich nach eigener Neigung entscheidet. Sie arbeiten überwiegend ehrenamtlich und nutzen oft keine klassisch kirchlichen Gebäude, orientieren sich (oft nach einer Anschubfinanzierung) langfristig an alternativen Finanzquellen jenseits der Kirchensteuer und experimentieren häufig mit innovativen spirituellen Formen. Andere Möglichkeiten sind die Einrichtung von Pfarrstellen jenseits von konkreten Gemeindezuordnungen, die beispielsweise die Konfirmand*innenarbeit oder diakonische Bereiche für eine Region gestalten.

Die Stärken dieses Vorgehens sind seine Kreativität und die Chance, die Strukturen der Kirche wirklich an ihrem theologischen Auftrag zu orientieren. Es würde die künftige Kirche von manchen (nicht von allen, denkt man an die Pensionskassen und die Gebäude) finanziellen Verpflichtungen befreien und Spielräume für eine erneuerte Kirche ermöglichen. Eine Beteiligung auch über die hinaus, die in den jetzigen Formen engagiert sind (aber auch unter Einschluss dieser!), würde den Veränderungsprozess auf eine breite Basis stellen und Stimmen hinzuziehen, die bisher nur schwer Gehör finden konnten.

Die Stärke ist auch gleichzeitig der Nachteil dieses Vorgehens. Ein solcher Prozess ist aufwendig und sein Ergebnis ist unsicher, das liegt in seiner Natur. Er benötigt eine neue Kultur von breiter Beteiligung und gegenseitigem Zuhören einerseits, aber klaren Entscheidungsstrukturen und Mandaten andererseits, die noch nicht entwickelt und erprobt ist. Es braucht ein Zutrauen zu den Beteiligten, dass diese nicht nur für sich und ihresgleichen eine »Lobby« bilden, sondern sich wirklich am Evangelium orientieren. Letztlich braucht es ein großes Vertrauen in den Geist Gottes, der zwar weht, wo er will, aber sich möglicherweise einladen lässt ...

4. Anregungen zur Weiterarbeit

Fragen auf dem Weg zu einer eigenen Position

- Wie ist meine Beziehung zu den bisherigen kirchlichen Strukturen? Wo bin ich kirchlich »groß« geworden? Wo fühle ich mich zu Hause? Wo engagiere ich mich?
- Wie habe ich bisher die Kommunikation des Evangeliums in meiner Biografie und meinen Kontexten erlebt? Und was bedeutet »Kommunikation des Evangeliums« für mich?
- Welche Gruppen von Menschen werden meiner Erfahrung nach gut von dieser Art der Kommunikation des Evangeliums erreicht? Welche nicht?
- Welche Rolle nehme ich in Bezug auf die anstehenden kirchlichen Veränderungsprozesse ein? Wie geht es mir in dieser Rolle? Habe ich sie bewusst gewählt oder – wie im ersten Szenario geschildert – bin ich mit ihr konfrontiert worden?
- Welche Haltung würde ich in der Situation des zweiten Szenarios einnehmen?
- Wie viel Zutrauen habe ich in neue, noch nicht oder erst anfänglich erprobte Formen und Ideen? Wie würde ich eine Entwicklung erleben, wie sie im dritten Szenario geschildert wird?
- Welche der drei Handlungsalternativen wäre mir emotional die nächste? Warum? Welche würde ich rational befürworten?
- Sehe ich noch weitere Vor- und Nachteile in den drei Handlungsalternativen?

Ein biblisch-bibliologischer Impuls:

1. Mose 12,1-2: Gott fordert Abram zum Aufbruch auf
Und der HERR sprach zu Abram: Geh aus deinem Vaterland und von deiner Verwandtschaft und aus deines Vaters Hause in ein Land, das ich dir zeigen will. Und ich will dich zum großen Volk machen und will dich segnen und dir einen großen Namen machen, und du sollst ein Segen sein.

Abrupt und ohne die Chance, sich darauf vorzubereiten, wird Abram (der später Abraham heißen wird) aufgefordert, alles Vertraute hinter sich zu lassen und aufzubrechen in eine ungewisse Zukunft. Das Bisherige, Bekannte und Vertraute wird gleich dreifach genannt: Vaterland, Verwandtschaft, Vaters Haus – eine starke Bindung klingt darin, fast ein Sog, hier kann man sich gut und geborgen fühlen. Dem gegenüber steht nur »das Land, das ich dir zeigen will«. Noch sehr unkonkret und ziemlich weit, kein Ort, keine Stadt, die man kennen könnte, sondern ein offenes Land. Qualifiziert ist es einzig dadurch, dass Gott es kennt und es zeigen wird. Gott fordert zum Aufbruch auf und verpflichtet sich dazu mitzugehen. Er sagt zu – im Gegensatz zu dem Menschen Abram –, den Weg und das Ziel zu kennen. Gleichzeitig macht er deutlich, dass es einen Sinn hat, dass Abram aufbricht: Für ihn soll es die Entwicklung geben, die er sich eigentlich immer gewünscht hat (nämlich Kinder und Nachkommen zu bekommen, die seine Frau Sarai und er bisher nicht haben). Mit seinem Aufbruch ist aber auch eine Mission für andere verbunden: Er soll zum Segen für andere werden.

Warum beide Entwicklungen in den bisherigen Strukturen nicht möglich sind und er dafür aufbrechen muss, bleibt offen. Deutlich wird aber, dass Abram aus dem Vertrauten und Sicheren in eine unsichere Zukunft aufbrechen soll – mit der Begleitung Gottes und im Blick darauf, dass sich etwas für ihn selbst und für die Welt einstellt, was seiner Aufgabe entspricht.

Welche erste Reaktion Abrams liegt hier nahe? Erschrecken, Abwehr, Überforderung? Argumente dagegen finden – warum denn ich, das ist meine Heimat, die Menschen hier brauchen mich, wie soll das gehen? Neugier, Faszination, Erleichterung – endlich raus hier? Vertrauen auf Gott – wenn er meint, wird es richtig sein? Hoffnung und Zuversicht, dass es mit Gottes Begleitung gut werden wird? Freude darauf, ein Segen zu werden, möglicherweise auch Stolz?

Manche dieser Gefühle dürften denen, die sich heute im Blick auf die Veränderungen von Kirche einstellen, nicht fremd sein.

Gibt es Entdeckungen in dieser biblischen Szene, die bei der Entscheidung zum Aufbruch helfen können?

Eine methodische Idee für die gemeinsame Arbeit in einem kirchlichen Gremium:

Der Vorblick auf den Rückblick

Nach einer kleinen Einstimmung werden die Gremienmitglieder zu einer Reise in die Zukunft der Kirche eingeladen, etwa so: »Eine Zeitreise bringt uns in das Jahr 2045. Die evangelische Kirche hat große Veränderungen hinter sich. Etwa 20 % der Menschen in Deutschland gehören ihr formal an und unterstützen sie regelmäßig finanziell. Sie tun dies ausgesprochen gerne, weil sie es sehr überzeugend finden, wie die Kirche auftritt und was sie tut. Das sehen aber auch viele andere Menschen so, die lieber für konkrete Projekte spenden und/oder an bestimmten Angeboten der Kirche teilnehmen. Sie erleben eine offene Kirche mit vielfältigen Zugängen zum Evangelium. Nach wie vor gibt es Pfarrer*innen und andere hauptberuflich in der Kirche Tätige, aber die Arbeit wird zu großen Teilen ehrenamtlich gestaltet. Die Kirche kommt mit ihren finanziellen und personellen Ressourcen gut aus, weil sie in der Grundlinie entschieden hat und in sinnvollen Abständen in den Details immer wieder neu entscheidet, wofür sie ihre Ressourcen aus welchen Gründen einsetzt. Wofür sie steht und warum sie was tut, ist in der Öffentlichkeit klar erkennbar und sie strahlt aus, dass ein Leben in Kontakt mit der Liebe Gottes ein Gewinn für die Gesellschaft und jeden einzelnen Menschen ist.

In dieser Kirche ist auch ein junger Mensch tätig, der Ihnen nahesteht – Ihre Tochter, Ihr Enkel, Ihr Patenkind, eine Nachbarin. Mit dieser Person kommen Sie ins Gespräch darüber, wie sich die Kirche in den letzten Jahrzehnten verändert und entwickelt hat. Sie fragt Sie danach, wie es eigentlich vor 25 Jahren in der Kirche war und wie es zu diesen Veränderungen gekommen ist: ›Wie war es damals, als die Kirche sich so stark verändern musste? War es schwer, diese Entscheidungen zu treffen? Wie habt ihr das geschafft, was hat euch dabei geholfen? Euer Glaube, die Gemeinschaft, gute Ideen, gelingende Bilder und Beispiele …?‹

Wie beschreiben Sie im Jahr 2045 einem jungen Menschen die Situation in den zwanziger Jahren des 21. Jh.?«

Nach einer Phase der Stille kehren alle in die Gegenwart zurück und tauschen sich darüber aus, wie sie die aktuelle Situation weitreichender Entscheidungen für die Kirche empfinden und ob sie möglicherweise Kraftquellen für den Wandel im Vorblick auf den Rückblick entdeckt haben.

Kapitel 2
Der Überforderung von Ortsgemeinden begegnen

Einstieg: Szenen aus der kirchlichen Praxis

Szenario 1:
*Bei den vorbereitenden Gesprächen für die Fusion dreier Gemeinden stellen sich diese gegenseitig ihre Arbeitsfelder vor. Dabei kommt eine beeindruckende Vielfalt zusammen: Die Gemeinden bieten für unterschiedliche Zielgruppen diverse Angebote, sind mit vielen Projekten aktiv und haben in den vergangenen Jahren zahlreiche innovative Ideen entwickelt. In einem nächsten Schritt erzählen die Hauptamtlichen von ihrem Alltag und es wird rasch deutlich, dass die Gestaltung der Angebote nur einen Teil ihrer Arbeit ausmacht – darüber hinaus machen sie Hausbesuche, führen Seelsorgegespräche, arbeiten mit Konfirmand*innen, sind bei Veranstaltungen in der Öffentlichkeit präsent, in kirchlichen Gremien aktiv, schreiben Zeitungskolumnen und gestalten kirchliche Webseiten und Blogs, sind teilweise in den sozialen Medien aktiv, beteiligen sich an der Notfallseelsorge etc. – und natürlich bereiten sie die Gottesdienste sowie die Taufen, Trauungen und Beerdigungen vor und führen sie durch. Im anschließenden Austausch, was den Vertreter*innen der einzelnen Gemeinden als »Gemeindekultur« wichtig ist, wird immer wieder das Gemeinschaftsgefühl genannt: Für nicht wenige lebt Gemeinde davon, dass man sich kennt, einen persönlichen Kontakt zu den Hauptamtlichen und untereinander pflegt und sich umeinander kümmert. Andere betonen die*

Herausforderung, missionarisch neue Formen von Kirche zu entwickeln, um Menschen neu für das Evangelium zu begeistern.

Am Ende des Tages weicht die Begeisterung darüber, was in den Gemeinden alles geleistet wird, zunehmend einem Unbehagen. Können und wollen wir das wirklich alles? Gibt es einen inneren Zusammenhang zwischen all den Aktivitäten und Ausrichtungen? Ist das, theologisch gesehen, wirklich alles Aufgabe jeder Gemeinde?

Szenario 2:
*Ein Kirchenkreis im ländlichen Raum hat Theologiestudierende eingeladen, um einerseits für sich als deren künftigen Arbeitsplatz zu werben und andererseits von ihnen zu hören, was sie sich wünschen, damit sich mehr junge Pfarrer*innen als bisher auf seine frei werdenden Pfarrstellen bewerben. Angedacht war die gute Renovierung der Pfarrhäuser, ein Dienst-E-Bike, ein verlässliches freies Predigtwochenende im Monat und vom Kirchenkreis organisierte Vertretungsregelungen, auch über eine finanzielle Zulage könnte nachgedacht werden. Die Studierenden äußern jedoch vor allem die Sorge, für alles und jedes zuständig zu sein, keine klaren Strukturen vorzufinden und daher »unendlich« zu arbeiten. Sie fragen nach dem typischen Arbeitsalltag in diesem Kirchenkreis und nach Initiativen, der Überforderung von Pfarrer*innen und Gemeinden zu begegnen. Ihnen wird ehrlich geantwortet, dass dies tatsächlich ein Problem in vielen Gemeinden sei, das auch bereits dazu geführt habe, dass Hauptamtliche sich wegbewerben und Ehrenamtliche sich zurückziehen. Dadurch habe sich das Personalproblem ja gerade noch verschärft. Wie kann dem begegnet werden?*

Szenario 3:
Die Referentin einer gesamtkirchlichen Einrichtung stellt auf einem Pfarrkonvent den hauptamtlichen Mitarbeitenden ein landeskirchliches Projekt zur Qualitätsentwicklung in Kirchengemeinden vor. Ein sorgfältig ausgearbeiteter Vortrag, professionell gestaltete Flipcharts und eine Gruppenarbeitsphase gliedern den Vormittag. Die Referentin versucht, umsichtig die langfristigen Vorteile des einjährigen Projektverlaufs deutlich zu machen. Aber die Resonanz ist sehr verhalten. Die Referentin nimmt Skepsis wahr, Desinteresse und eine unterschwellig leicht aggressive Stimmung. Im abschließenden Rundgespräch bricht es aus einem Kollegen heraus: »Ich kann es nicht mehr hören. Wieder ein neues Projekt, das uns zeigen soll, wie wir es besser machen können. Was sollen wir denn noch alles tun? Ständig kommt ihr mit neuen Ideen. Könnt ihr uns nicht einmal in Ruhe arbeiten lassen?« Der Referentin ist bewusst, dass die Aggressionen nicht ihr als Person gelten, und sie kann das Anliegen auch verstehen. Dennoch hat sie nicht nur eine Aufgabe zu erfüllen, sondern ist auch zutiefst überzeugt davon, dass es sinnvoll ist, an den Rahmenbedingungen der Kommunikation des Evangeliums zu arbeiten. Wie ist diese Spannung zu lösen?

1. Die Herausforderung

Die Einsicht und Forderung, dass sich die Kirche verändern muss, trifft in eine Situation, in der bereits jetzt das Gefühl von Überforderung gegeben ist. Viele Gemeinden, viele Hauptberufliche und auch viele Ehrenamtliche leben in dem Bewusstsein, in ihren täglichen, monatlichen und jährlichen Aktivitäten über ihre Grenzen zu gehen. Sie sind motiviert, engagiert und tun ihre Arbeit prinzipiell auch gerne. Wenn sie jedoch ein gewisses Maß übersteigt, beeinträchtigt das die Freude an der Arbeit und langfristig auch die Gesundheit. Natürlich ist dieses Phänomen immer auch personenabhängig und kommt auch in anderen (kirchlichen und nicht-kirchlichen) Arbeitsfeldern vor, für die Ortsgemeinden scheint es jedoch strukturell typisch zu sein.

Die Ortsgemeinde vereinigt besonders viele Handlungsfelder in sich, die es zu bespielen gilt – vom Gottesdienst über die Kasualien bis zu den gemeindlichen Gruppen, von der Seelsorge über die Diakonie bis zur Erwachsenenbildung, von der Kinderbibelwoche über das Konficamp bis zum Hausbesuch, von der Ausstellung in der Kirche über die Präsenz auf dem Stadtteilfest bis zum Artikel in der Lokalzeitung. Jeweils sind unterschiedliche Zielgruppen anzusprechen, unterschiedliche Rollen einzunehmen und unterschiedliche Verständnisse von »Gemeinde« zu leben. Von einer einzigen Organisationsform mit einer begrenzten Zahl von Menschen wird erwartet, dass sie dies alles nebeneinander erfüllt. Dabei gibt es keinen klar definierten Anforderungskatalog (und im Falle der Pfarrer*innen auch nicht immer eine Stellen- oder Dienstbeschreibung), die den Umfang vorgäbe oder gegen die man sich notfalls auch zur Wehr setzen könnte. Die Erwartungen werden unausgesprochen an sie herangetragen oder auch als Selbstverständlichkeit geäußert und oft genug durch die eigenen inneren Ansprüche der Hauptberuflichen, manchmal auch der Ehrenamtlichen, unterstützt. Die Ortsgemeinde und die, die in ihr tätig sind, sind »generalistisch« ausgerichtet. Weil sie territorial organisiert ist, liegt eine »Allzuständigkeit« für alle religiösen

Themen und Bedürfnisse in diesem Bezirk nahe. Wird die Gesellschaft komplexer und werden die Aufgaben dadurch mehr, steigen die Herausforderungen, denen innerhalb der Ortsgemeinde begegnet werden muss. Das macht ihren Charme, aber auch ihre große Schwierigkeit aus.

Wenn nun die Aufgaben immer mehr und gleichzeitig die finanziellen und vor allem auch personellen Ressourcen immer weniger werden, ist die Überforderung vorprogrammiert. Die Tendenz zu Gemeindefusionen und Regionalisierungen in den letzten Jahrzehnten ist ein Versuch, diesen generalistischen Charakter bei der wachsenden Komplexität der Aufgaben und den schwindenden Ressourcen aufrechtzuerhalten und gleichzeitig umsetzbarer zu machen: Größere Gemeinden und Räume haben bessere Möglichkeiten, viele Aufgaben gleichzeitig zu erfüllen, Teams können mehr schaffen als Einzelpersonen. Dies ist zweifelsohne richtig und konnte mancherorts auch einerseits Entlastung schaffen und andererseits die Möglichkeiten erweitern – unter der Voraussetzung, dass dann wenigstens innerhalb der Gemeinde oder der Region der Anspruch auf Allzuständigkeit aufgegeben wurde. Mittlerweile wird jedoch vielerorts deutlich, dass das Konzept Grenzen hat. Es besteht die Gefahr, dass die zunächst naheliegende Vergrößerung von Gemeinderäumen bei gleichbleibenden Strukturen den gleichen Effekt hat wie der Ausbau von Autobahnen: Schafft man Entlastung durch eine zusätzliche Autobahnspur, dann hat man einige Jahre später die gleichen Staus wie zuvor, weil sie stärker genutzt werden. Denn man hat versäumt, das Grundproblem anzugehen. Und wenn man die Grundlogik nicht verändert, kann die Lösung von heute die Herausforderung von morgen sein.

Und gleichzeitig macht diese Konstellation es noch schwerer, sich auf Veränderungen einzulassen, denn diese benötigen zunächst einmal Zeit, Raum und Energie, bevor mögliche Entlastungen wirken können. Sie bewirkt zudem eine erhöhte Sensibilität, wenn Veränderungswünsche inhaltlich begründet werden: Man tut so viel und geht bereits über die eigenen Grenzen – und dies soll dann nicht gut genug sein?

In dieser Situation kann es hilfreich und entlastend sein, die strukturellen Hintergründe der komplexen Struktur der Ortsgemeinde zu verstehen, die tatsächlich (strukturell) Überforderung provoziert, und die Personen damit von dem Gefühl des Ungenügens zu entlasten.

2. Hintergrundwissen

2.1 Die vier »Logiken« der Ortsgemeinde und ihre Entstehung

Versucht man in anderen Teilen der Welt die Gestalt der Ortsgemeinde in Deutschland zu erläutern, merkt man erst, wie kompliziert und wie wenig selbstverständlich sie ist. Dies liegt daran, dass sie ein eigentümliches Mischgebilde ist, in dem sich Elemente aus ganz unterschiedlichen Epochen der Kirchengeschichte verbinden. Dabei hat die jeweils nächste die vorherige nicht abgelöst, sondern es wurde immer noch ein Element hinzugefügt. So haben sich im Laufe der Geschichte unterschiedliche »Logiken« ergeben, die leitend sind für den Charakter und die Ausrichtung der Kirche. Diese insgesamt vier »Logiken« entsprechen den Sozialformen, die in der Soziologie unterschieden werden: Institution, Gruppe, Organisation und Bewegung.

Bezirke und Kontrolle – das mittelalterliche Territorialprinzip und der Charakter der Institution

Aus dem Mittelalter stammt die Konstitutionslogik, also das Zustandekommen der Ortsgemeinde: das territoriale Prinzip. Verbunden ist dies mit einer Zuweisung bzw. Zuordnung. Gemeinden werden räumlich abgegrenzt und Menschen einer bestimmten Konfession werden über ihren ersten Wohnsitz automatisch einer Gemeinde zugewiesen, wenn sie dem nicht explizit widersprechen (also sich umgemeinden lassen).

Diese Logik von Gemeinde entstand in ihren Anfängen im 4. Jh. im römischen Reich, als das Christentum zur »Reichskirche« geworden war. Die Kirche machte damit ihren Anspruch deutlich, jetzt die gesamte Bevölkerung kirchlich zu organisieren. Nach und nach wurde auf dem Land jeweils ein Priester einem Kirchengebäude zugeordnet. Vollständig durchgesetzt wurde das Territorialprinzip dann ab dem 9. Jh., als der »Pfarrzwang« und das »Zehntrecht« eingeführt wurden: Jetzt durfte man nur zu dem Pfarrer gehen, der für einen zuständig war, und man musste ein Zehntel seines Einkommens bzw. seiner Ernte an die Kirche abliefern. Mit dem Pfarrzwang wurde es möglich, die Gläubigen einerseits zu kontrollieren, ob sie zum Abendmahl gingen und ihre Kinder taufen ließen, und andererseits sicherzustellen, dass ihr Geld dort ankam, wohin es gehen sollte. Die Gemeinde wurde damit zu einem kirchlichen Verwaltungsbezirk, der die kirchliche Ordnung etablierte und aufrechterhielt.

Dies entspricht der Logik der *Institution.* Institutionen sichern die religiöse Versorgung und übernehmen selbstverständlich bestimmte Aufgaben in der und für die Gesellschaft (wie beispielsweise die Institution Schule für die Bildung zuständig ist). In der Logik der Institution ist die Kirche ganz allgemein für Religion zuständig, verantwortlich für die rituelle

Lebensbegleitung und eine feste Größe in der Gesellschaft. Wenn Pfarrer*innen zum Fest der freiwilligen Feuerwehr eingeladen werden oder ein Besuch aus der Gemeinde zum runden Geburtstag erwartet wird, dann ist der Charakter der Institution leitend.

Christliche Gemeinschaft in der Anonymität – die Gemeindebewegung und der Charakter der Gruppe

Ende des 19. Jh. kam die zweite Logik hinzu. Als Menschen im Zuge der Industrialisierung in Massen in die großen Städte strömten, konnten die bisherigen Gemeindeformen darauf nicht sinnvoll reagieren. In der Anonymität der Großstadt verlor die schnell wachsende Stadtbevölkerung rasch ihre sozialen, religiösen und moralischen Wurzeln. Die Gemeinden hatten theoretisch Zehntausende von Mitgliedern – und kaum jemand ging zum Gottesdienst. Die Verelendung und die Vereinsamung waren groß. Um dem entgegenzuwirken, kam die Idee auf, die Gemeinde als »Hort christlicher Liebe« neu zu definieren (ausführlich dazu vgl. Uta Pohl-Patalong: Von der Ortskirche zu kirchlichen Orten. Ein Zukunftsmodell, Göttingen [2]2005, 52-58). Möglichst viele der Kirchenmitglieder sollten sich nun aktiv am kirchlichen Leben beteiligen. Dadurch sollten sie moralischen Halt, diakonische Unterstützung und vor allem eine christliche Sozialisation bekommen. Nach dem Vorbild der freien Vereine wurden für Kinder, Jugendliche, Frauen, Männer und alte Menschen Angebote konzipiert. Die Ortsgemeinde bekam damit eine ganz neue Aufgabe: die Freizeit von Menschen zu gestalten und Geselligkeit anzubieten. Dafür entstand jetzt das Gemeindehaus, das den Vereinshäusern nachgebildet wurde und die neue Idee von Gemeinde auch baulich symbolisierte. Die Idee der territorialen Orientierung aus dem Mittelalter wurde jetzt so umgesetzt, dass man die Chance der kurzen Wege nutzte und die Betreuung von Menschen anhand der Wohnblöcke organisierte. Im Grunde wollte die Kirche damit in der anonymen Großstadt die verloren gegangene Dorfgemeinschaft des Mittelalters rekonstruieren. Das Modell wurde dann in den nächsten Jahrzehnten auf das Land quasi re-exportiert. Gleichzeitig wurde damit die Möglichkeit geschaffen, sich in der Kirche zu engagieren, was es bis dahin nicht gegeben hatte. Ob man an diesen vereinsähnlichen gemeindlichen Aktivitäten teilnahm oder nicht, wurde jetzt als Kriterium für das »richtige« Christsein angesehen. Da dies natürlich nicht alle taten, entstand die bis heute bestehende Spannung von »Kerngemeinde« und Kirchenmitgliedern ohne persönliches Engagement.

Zudem wurde der persönliche Kontakt zum Pfarrer für die Beziehung von Menschen zur Kirche wichtig. Er bekam eine emotionale Komponente, sollte aber auch inhaltlich eine Brücke zum christlichen Glauben bilden: Über den Kontakt zur Pfarrperson sollten Menschen zur Kirche und über diese zum christlichen Glauben finden.

Leitend dabei ist die Logik der *Gruppe*, die also in dieser Epoche zur Logik der Institution dazu trat. Sie erzeugte neue und zusätzliche Erwartungen an die Kirche und ihre Hauptamtlichen: Gemeinschaft zu finden, soziale Bedürfnisse in der Kirche zu befriedigen und nicht zuletzt eine enge persönliche Beziehung zu den Pfarrpersonen zu pflegen. Denn im Charakter der Gruppe geht es um ein Wir-Gefühl unter einem inhaltlichen Vorzeichen, hier in der christlichen Ausrichtung. Anders als bei der Institution ist hier gerade die Abgrenzung zu anderen, die der Gruppe nicht angehören, konstitutiv. Es wird Wert gelegt auf persönliche Beziehungen; man kennt sich, unterstützt sich und engagiert sich für die Gemeinschaft.

Wenn es die Erwartung an gesellige Senior*innennachmittage und Ausfahrten gibt und wenn Menschen eine möglichst persönliche Beziehung zu den Pfarrpersonen haben möchten, dann ist der Charakter der Gruppe im Spiel.

Alternativen zur Ortsgemeinde – die Kirchenreformbewegung und der Charakter der Organisation
Noch einmal neue Impulse für die Ortsgemeinde entstanden in den 1960er und 1970er Jahren. Damals stellte die sog. Kirchenreformbewegung die Frage, ob diese Sozialform (in der damaligen Form) für die Aufgaben der Kirche in ihrer Zeit noch sinnvoll ist. Ein Zitat aus dieser Zeit fasst es gut zusammen: »Die Parochie hat in ihrer Geschichte große missionarische Möglichkeiten gehabt [...] Heute hat sie jedoch, gemessen an der Universalität des Evangeliums, objektive Grenzen [...] Weil Menschen nicht mehr an einem Ort, sondern in einem Raum leben, würde ein Alleinvertretungsanspruch der Parochie für das Evangelium zu einem Verlust an Öffentlichkeit und Wirklichkeit werden. Die Ortsgemeinde kann nicht mehr die normative Form für eine Gemeindebildung sein [...] In ihrer jetzigen Gestalt kann sie nur schwer ihrem Auftrag entsprechen, denn ihre Strukturen sind sehr stark vom Leitbild ›Hirt und Herde‹ und den Verhaltensweisen und Arbeitsformen einer relativ geschlossenen Kerngemeinde geprägt. Viele Gemeinden müssen sich fragen lassen, ob sie nicht bei aller ›reinen Verkündigung des Evangeliums‹ häretisch sein können, weil ihre Strukturen für dieses gleiche Evangelium nicht durchlässig sind.« (Georg Kugler: Zwischen Resignation und Utopie. Die Chancen der Ortsgemeinde, Gütersloh 1971, 23f.)

Die Kirchenreformbewegung schlug als Alternative zur Ortsgemeinde zum einen die Orientierung an der Region vor und damit verbunden die Vergrößerung der Gemeinde. Sie sollte das »Kirchturmdenken« überwinden und die Kirche lebensnäher für den modernen Menschen machen. Damit verband sich die Idee einer Gemeindeleitung im Team unterschiedlicher Berufsgruppen (vgl. Kapitel 8) und einer Demokratisierung der patriarchalen Strukturen.

Zudem wurden die Dienste und Werke ausgebaut in Bereichen, die aufgrund der speziellen Anforderungen als Überforderung der Ortsgemeinde gesehen wurden wie Seelsorge in Krankenhaus, Gefängnis, Polizei etc., Voranbringen gesellschaftlicher Diskurse in den Akademien, Arbeit mit Zielgruppen, Ökumene und interreligiöser Dialog, Diakonie etc. (vgl. Kapitel 5). Die Kirche sollte auf diese Weise stärker in der Gesellschaft präsent sein und an den aktuellen gesellschaftlichen Themen und Diskursen teilnehmen. Von den vielfältigen neuen Handlungsfeldern sollte die Ortsgemeinde entlastet werden. Allerdings dürfte eine Entlastung in den Ortsgemeinden kaum erlebt worden sein, denn dadurch wurden erst Aufgaben bewusst gemacht, die die Ortsgemeinden damals zuvor noch gar nicht gesehen hatten.

Die grundlegende Kritik, dass die Ortsgemeinde die Kommunikation des Evangeliums auf bestimmte Bevölkerungsgruppen beschränke und den kirchlichen Auftrag nur eingeschränkt erfülle, ging an den Ortsgemeinden nicht spurlos vorbei. Im Bereich des Gottesdienstes beispielsweise entstanden neue Formen wie Familien- und Themengottesdienste. Vor allem aber führte das Denken in Aufgaben und mittlerweile auch in Projekten zur Profilbildung in den Ortsgemeinden, denn wenn man sich auf bestimmte Aufgaben konzentriert, setzt man in dieser Gemeinde einen anderen Schwerpunkt als in einer anderen. Dies ist in der Stadt stärker ausgeprägt als auf dem Land, aber auch in den ländlichen Räumen – zumal diese ja auch in sich vielfältig sind – wird nicht selten die Frage gestellt, wo die Schwerpunkte gesetzt werden sollen.

Damit kam eine dritte Logik der Ortsgemeinde hinzu: Die Logik der *Organisation*. Eine Organisation muss sich ihrer Ziele und Zwecke bewusst sein und diese auch kommunizieren. Sie braucht ein Profil, mit dem sie erkennbar ist und das sowohl ihre Mitglieder als auch potenzielle neue Mitglieder überzeugt. Eine Organisation denkt und handelt strategisch, vergewissert sich ihrer Ziele und hat ihre Umsetzung im Blick. Sie versteht sich als Größe auf dem »Markt« der Konkurrenz um Aufmerksamkeit, Relevanz, Geld und nicht zuletzt auch Zeit neben anderen Organisationen – möchte also beispielsweise attraktivere Bedingungen für das ehrenamtliche Engagement bieten oder Fundraisingprojekte auf dem Niveau von Greenpeace, Chance.org oder einer Bürger*inneninitiative durchführen. Wenn der Kirchengemeinderat überlegt, wie man neue Ehrenamtliche gewinnen kann oder wie man andere Zielgruppen erreicht und was man dafür tun muss, dann ist dieser Charakter leitend, ebenso wenn gefragt wird, was die Freikirchen eigentlich für manche Menschen attraktiver macht als die landeskirchlichen Gemeinden.

Neue Formen von Gemeinde und Kirche – die aktuellen Experimente und der Charakter der Bewegung

Seit einigen Jahren kommt noch eine vierte Logik hinzu: die Logik der *Bewegung*. Die schon seit langem formulierte Erkenntnis, dass die traditionelle Form der Ortsgemeinde nur für bestimmte Bevölkerungsgruppen attraktiv ist, verbindet sich jetzt mit der Frage, wie Menschen ohne christliche Sozialisation dem Evangelium neu begegnen können. Nicht zufällig werden solche Überlegungen in Ostdeutschland besonders intensiv angestellt und neue Formen ausprobiert. Die bekanntesten dürften die »Fresh Expressions of Church« sein, aber auch Ideen wie die Popupchurch in Hamburg oder der kirchliche Rosengarten in Hetzdorf in der Uckermark (mit 30.000 digitalen Followern in 23 Ländern) sind damit gemeint. Auch die vielfältigen digitalen Formen, die durch die Coronazeit einen deutlichen Schub bekommen haben, gehören teilweise dazu.

Der Charakter einer Bewegung legt eine flexible und bewegliche Kirche nahe, die sich eng an den Fragen und Glauben orientiert und das Evangelium in diese hinein kommunizieren möchte. Ihr Ziel ist es, neue Formen christlicher Gemeinschaft in den Lebenswelten von Menschen zu entwickeln. Häufig ist damit eine »missionale« Ausrichtung verbunden, die neue Wege sucht, religionsfernen Menschen einen Kontakt zum Evangelium zu eröffnen. Charakteristisch ist der Aufbruchscharakter, verbunden mit einem starken persönlichen Engagement für die Sache, von der man überzeugt ist und die man voranbringen möchte. Diese Logik grenzt sich von einer Mehrheit ab, die als unbefriedigend, oft als traditionell und rückwärtsgewandt empfunden wird, der gegenüber die Bewegung als Avantgarde erscheint. Wenn es Unzufriedenheit mit der trägen Kirche gibt, die von so etwas wie Kirchensteuer, Kirchengesetzen und Verordnungen gehindert wird, wahrhaft authentisch die christliche Botschaft zu leben, dann wirkt die Logik der Bewegung.

2.2 Unterschiedliche Ausformung der vier Logiken

Wäre die für die heutige Ortsgemeinde charakteristische Kombination der vier Logiken nicht schon komplex genug, wird es noch komplexer dadurch, dass diese noch einmal unterschiedlich gefüllt und verstanden werden können.

- So kann sich in der Logik der Institution die religiöse Zuständigkeit für ein Gebiet derart äußern, dass man sich als Expertin des Nahbereichs versteht und sich für das gesamte Gemeinwesen engagiert (zur Gemeinwesenorientierung vgl. Kapitel 5). Sie kann aber auch darin Gestalt gewinnen, die Wirkung von Kirchengebäuden auch für religionsferne Menschen und ihre Bedeutung für deren spirituellen Bedürfnisse ernst zu nehmen und die Kirchen dafür zu öffnen oder in kirchenpädagogischen Angeboten daran anzuknüpfen. In der Logik der Institution können aber auch die Kasualien ausgedehnt und ergänzende Angebote z.B. für Pat*innen, Brautpaare, Eltern von Konfirmand*innen oder Trauernde entwickelt werden.
- So können sich in der Logik der Gruppe die Gemeinschafts- und Geselligkeitsformen auf ganz unterschiedliche Zielgruppen richten. Sie können sich traditioneller als pastoral geleitete Gruppen und Kreise gestalten oder stärker selbstorganisiert. Sie können dauerhaft angelegt sein wie ein Bibelkreis oder der Senior*innennachmittag oder zeitlich begrenzt sein wie eine Trauergruppe, eine Gruppe von Konfieltern oder eine Gemeindereise. Sie können als Gemeinschaftserlebnis geplant sein oder aus thematischen Angeboten entstehen, wenn sich z.B. aus den Angeboten für Kitaeltern eine Gruppe über das Kitaalter hinaus bildet.
- So sind in der Logik der Organisation die Aufgaben und Handlungsfelder, denen sich Gemeinden widmen, ebenso vielfältig wie die Wege, auf denen sie zustande kommen. Sie können sich auf bestimmte Zielgruppen richten, sodass z.B. die besonders lebendige Jugendarbeit einer Gemeinde überregionale Anziehungskraft entwickelt oder junge Familien besonders intensiv angesprochen werden. Die Gemeinden können aus ihren Ressourcen oder ihrem Kontext

ein bestimmtes Profil entwickeln, wenn der Kirchenraum besondere Möglichkeiten bietet, die Kantorin eine intensive Gospelarbeit initiiert oder das Umfeld zu einem intensiven interreligiösen Dialog oder zur Arbeit mit geflüchteten Menschen inspiriert. Sie können in Absprache mit den anderen Gemeinden und kirchlichen Einrichtungen einer Region oder eines Kirchenkreises eine Aufgabe auf Dauer übernehmen oder der Schwerpunkt entsteht aus den Interessen und Talenten von Haupt- oder auch Ehrenamtlichen.

- Und selbstverständlich sind in der Logik der Bewegung die Experimente mit neuen Formen auch außerordentlich vielfältig. Sie können eine bestimmte Nutzung eines Kirchengebäudes bedeuten wie die Kirche der Stille in Hamburg-Altona oder sich in der digitalen Welt bewegen. Sie können als zeitlich begrenztes Projekt gestaltet werden oder auf Dauer angelegt sein wie die »Fresh Expressions of Church« (vgl. dazu Kapitel 5). Sie können von Hauptamtlichen angeboten werden oder aus ehrenamtlichem Engagement entstehen. Sie können jahrelang geplant werden oder sich nach und nach entwickeln wie der Rosengarten in Hetzdorf.

2.3 Theologische Perspektiven

Angesichts eines solchen Konglomerats aus vier verschiedenen Epochen mit vier verschiedenen Charakteren für die gleiche Organisationsform ist die vielfältige Erfahrung von Überlastung nicht erstaunlich. Der historische Blick erklärt auch ganz konkrete Spannungen, die viele Ortsgemeinden prägen: Einerseits für alle nominellen Kirchenmitglieder und mit der Verwurzelung der Kirche im Stadtteil oder im Dorf auch für die gesamte Bevölkerung eines Bezirkes zuständig zu sein und andererseits nur von einer Minderheit eine aktive Mitgliedschaft zu erleben. Einerseits ein hoher Anspruch an die Pfarrperson, sich um die »Kerngemeinde« zu kümmern, und andererseits die Anforderung, alle Menschen im Gemeindebezirk und das Gemeinwesen im Blick zu haben. Einerseits neue Wege von Kirche für andere Menschen als bisher zu entwickeln und andererseits sich um die zu kümmern, für die die Gemeinde eine Heimat bildet. Einerseits professionell Projekte zu organisieren und andererseits viel Energie in persönliche Beziehungen zu investieren. Der historische Blick löst diese Probleme selbstverständlich nicht, aber er macht immerhin deutlich, dass sie zu nicht geringen Teilen strukturell bedingt sind und nicht die konkrete Gemeinde, einzelne Personen, die Kirchenleitung oder gar man selbst die Ursache des Problems ist.

Theologisch lässt sich das Problem der Überforderung nicht damit lösen, dass man einen prinzipiellen Vorrang für einen der vier Charaktere von Kirche ausmacht, auf den man sich dann künftig konzentriert. Jeder Charakter dient der Kommunikation des Evangeliums auf seine Weise. Und in der komplexen Gesellschaft heute ist es dem Evangelium eher dienlich, wenn es unterschiedliche Zugangswege für unterschiedliche Menschen gibt: Kommen die einen im Charakter der Institution über die Notfallseelsorge in Kontakt mit dem Evangelium, werden die anderen im Charakter der Gruppe von der Gemeinschaft des Eltern-Kind-Kreises angesprochen. Wieder andere überzeugt in der Logik der Organisation das Engagement der EKD für die Rettung geflüchteter Menschen im Mittelmeer und noch einmal andere begegnen der christlichen Botschaft im Charakter der Bewegung in der digitalen Welt.

Ein anderer theologischer Gedanke kann hier jedoch weiterhelfen. Dass die Kommunikation des Evangeliums in der heutigen Ortsgemeinde häufig überfordernd wirkt, ist nicht nur den derzeitigen Umständen geschuldet, sondern weist auch auf eine wichtige theologische Einsicht hin: Das Evangelium ist immer größer als alle Arbeit, die Menschen für seine Kommunikation leisten können. Jede auch noch so umfassende kirchliche Arbeit mit noch so vielen Mitarbeitenden und Ausrichtungen bleibt immer fragmentarisch und damit auch exemplarisch. Nur das Wirken Gottes, auf das das menschliche Bemühen um die Kommunikation des Evangeliums verweist, ist unbegrenzt. Insofern ist eine bewusste Begrenzung in der Arbeit für die Kommunikation des Evangeliums nicht nur auf menschlicher Ebene notwendig, sondern hat auch eine theologische Dimension. Eine möglichst große Vollständigkeit in der Kommunikation des Evangeliums anzustreben, steht in der Gefahr, Gotteswerk und Menschenwerk, Evangelium und das menschliche Bemühen darum zu verwechseln, und käme, klassisch theologisch gesprochen, der Sünde der »Hybris«, der Überheblichkeit, gleich. Und dennoch ist die Begrenzung gerade in der Kirche gar nicht so leicht umzusetzen.

Diese theologische Erkenntnis legt nahe, die Kommunikation des Evangeliums arbeitsteiliger als bisher zu verstehen. Das eigene Handeln wird dann zu einem Baustein an der Kommunikation des Evangeliums, der notwendig auf andere Bausteine angewiesen ist, in denen Gott ebenso wirken kann wie in den eigenen. Wen das eigene exemplarische Handeln nicht erreicht, kann ein anderes ebenso exemplarisches Handeln erreichen. Die Perspektive der gemeinsamen Aufgabe, das Evangelium zu kommunizieren, kann möglicherweise helfen, weniger von dem eigenen Handeln her zu denken als von der gemeinsamen Sache.

Und es kommt hinzu: Jedes Handeln jeder Gemeinde beruht ohnehin auf Entscheidungen, was alles nicht getan wird – auch wenn diese nicht oder nur teilweise bewusst getroffen werden. Da das Evangelium unendlich ist, ist auch seine Kommunikation prinzipiell nicht begrenzbar. Jedes Tun beruht auf einem Lassen. Sinnvoll ist es allerdings, dieses Lassen zu einer bewussten Entscheidung zu machen und diese auf dem Hintergrund bestimmter Kriterien zu treffen.

3. Alternativen

Auf der Grundlage der Entscheidung, der Überkomplexität der Form »Ortsgemeinde« zu begegnen, lassen sich drei unterschiedliche Herangehensweisen unterscheiden.

Die erste Alternative: Punktuelle Entlastung

Eine erste Möglichkeit, mit der Überlastung umzugehen, ist der Versuch punktueller Entlastung, ohne grundsätzliche und konzeptionelle Klärungen vorzunehmen. Dies kann innerhalb einer Gemeinde geschehen: Dann ist den Hauptamtlichen und dem Kirchengemeinderat grundsätzlich die Notwendigkeit des »Lassens« bewusst und sie suchen nach Möglichkeiten, innerhalb des Gemeindelebens zu reduzieren. So kann beispielsweise eine Gemeindegruppe langsam auslaufen, wenn das Interesse nachlässt, auf bestimmte Bereiche wie beispielsweise Hausbesuche oder die ökumenische Arbeit könnte verzichtet werden, wenn die Ressourcen nicht ausreichen, oder es kann eine Entscheidung gegen bestimmte Projekte wie die Kinderbibelwoche, die Sommergottesdienste für Urlauber*innen oder die Beteiligung am Stadtteilfest und an der Hochzeitsmesse getroffen werden – auch wenn diese im Einzelfall immer schmerzhaft ist.

Es kann aber auch in Abstimmung mit den Gemeinden und Kolleg*innen einer Region, den Diensten, Werken und Einrichtungen in dieser oder auf Kirchenkreis- bzw. Dekanatsebene geschehen. Für bestimmte Bereiche würde dann abgesprochen, an welchem Ort etwas stellvertretend für die ganze Region angeboten wird, sodass die anderen von diesem Bereich entlastet werden. So kann in einer Ortsgemeinde die Konfi-Zeit für alle Konfirmand*innen der Region angeboten werden (wobei dann auch aufwendigere jugendgemäße Formen wie ein Freizeitmodell möglich wären), während eine andere – möglicherweise in Zusammenhang mit einer kirchlichen Kita – Angebote für Familien gestaltet, eine dritte eine ausgedehnte kirchenmusikalische Arbeit aufbaut und eine vierte sich mit einer Tafel und einer Kleiderkammer besonders für wohnungslose Menschen engagiert. Die Arbeit mit geflüchteten Menschen oder das Engagement gegen Diskriminierung könnte an das diakonische Werk delegiert, allerdings ideell von den Gemeinden mitgetragen werden.

Ein Vorteil dieses Vorgehens ist, dass es sich allmählich und nach Bedarf entwickeln kann und daher relativ einfach zu organisieren ist, innerhalb der eigenen Gemeinde noch stärker als in der Region. Jede Ortsgemeinde und jede nicht-parochiale Einrichtung kann entscheiden, was sie weiterführen bzw. wo sie einen Schwerpunkt setzen und wovon sie sich entlasten möchte. Die Schwerpunkte können sich nach den Stärken und Traditionen vor Ort entwickeln. Das Ergebnis ist zudem relativ flexibel in der Umsetzung: Wenn nach einer gewissen Zeit eine Überprüfung ergibt, dass sich das Ergebnis nicht bewährt oder wenn sich die Verhältnisse ändern (beispielsweise wenn neue Haupt- oder Ehrenamtliche mit anderen Interessen und Talenten kommen), kann es verändert werden.

Ein Nachteil ist, dass es von der individuellen Bereitschaft und Fähigkeit Einzelner zur Zusammenarbeit und zum »Lassen« abhängt, ob diese Alternative funktioniert. Es besteht die Gefahr, dass immer noch bis an die Grenze zur absoluten Überlastung gearbeitet und nur so viel »abgegeben« wird, wie es unbedingt sein muss. Wird die Entlastung nur auf der Ebene der eigenen Gemeinde gesucht, kann zudem nur schwer deutlich werden, dass Kirche exemplarisch an vielen Orten die Kommunikation des Evangeliums gestaltet. Wenn dann mehrere Gemeinden einer Region in eine ähnliche Richtung entscheiden, wäre dies nicht nur in der Perspektive des Angebots für die Kirchenmitglieder schwierig, sondern auch theologisch ein Problem, weil die Kommunikation des Evangeliums in einer Region sehr eingeschränkt würde. Aber auch wenn die Abstimmung in der Region erfolgt, wird das Problem der »Gemengelage« der unterschiedlichen Logiken in Ortsgemeinden nicht grundsätzlich angegangen, sondern nur die Konsequenzen der Überlastung gemildert und für den Moment praktikabler gemacht – bis weitere Reduktionen weitere Einschränkungen erfordern.

Die zweite Alternative: Entlastung durch eine bewusste Kombination der Logiken

In einer weiteren Variante wird das Instrument der vier Logiken stärker konzeptionell genutzt, um auf seiner Basis bewusste Entscheidungen über den Einsatz von Ressourcen zu treffen. So wird zunächst sorgfältig analysiert, *in welcher Weise* die vier Logiken in einer Gemeinde, vorzugsweise jedoch in einer Region oder einem Kirchenkreis, gegenwärtig vorkommen (vgl. 2.2). Dabei muss auch bedacht werden, wie die Logiken bisher noch nicht genutzt werden, aber im Blick auf die Kommunikation des Evangeliums sinnvoll eingesetzt werden könnten (auch dazu vgl. 2.2). Dann wird entschieden, welchen Wegen besonders gute Chancen für die Kommunikation des Evangeliums im jeweiligen Kontext zugetraut werden. Anschließend wird gefragt, wie sich die jeweilige Logik mit einer anderen gut verbinden ließe, sodass sie nicht mehr additiv nebeneinanderstehen, sondern sich gegenseitig ergänzen und bereichern. So kann beispielsweise die spirituelle Wirkung von Kirchengebäuden (in der Logik der Institution) mit einer stadtweiten Woche der Stille (in der Logik der Organisation) verbunden werden. Es kann aber auch in der Logik der Gruppe eine Gemeinschaft ehrenamtlicher Kirchenhüter*innen entstehen oder in der Logik der Bewegung könnten einzelne Kirchengebäude für neue Formen kirchlicher Arbeit genutzt werden, beispielsweise indem ein Restaurant oder ein Café entsteht. Bei der konzeptionellen Entscheidung über das »Tun« und »Lassen« bildet dann die Perspektive der vier Logiken insofern ein wichtiges Kriterium, als besonders darauf geachtet wird, wie sie sich gut verbinden lassen.

Eine Stärke dieses Vorgehens ist sein kreatives Potenzial, das nicht im »Wenigerwerden« des Lassens denkt, sondern in neuen Möglichkeiten und Chancen. Dies kann Energien und Lust zur Neugestaltung freisetzen. Die ja durchaus schwierige Tradition der unreflektierten Anlagerung von vier Logiken in der Form Ortsgemeinde wird produktiv und kreativ genutzt.

Seine Schwäche ist, dass das Vorgehen nicht in jedem Fall zur Entlastung führt, sondern die Gefahr besteht, möglichst viel des Bisherigen weiterzuführen und nur geschickter zu kombinieren. Es enthebt nicht von vielen einzelnen Entscheidungen des Lassens ganzer Arbeitsbereiche und bleibt darin unklarer als die erste und die dritte Alternative.

Die dritte Alternative: Entlastung durch eine Trennung der Logiken

In einer dritten Alternative wird dem Problem der Überlastung dadurch begegnet, dass auseinandergenommen wird, was ursprünglich gar nicht zusammengehört hat. Allerdings ist die heutige Form der Ortsgemeinde so eng mit dem Ineinander der vier Logiken verbunden, dass es schwer vorstellbar ist, dass sich eine Gemeinde nur auf eine der vier Logiken konzentriert. Denkbar ist diese Spezialisierung auf eine (oder eventuell zwei) Logik(en) am ehesten auf Seiten der hauptberuflich Tätigen – sowohl Pfarrer*innen als auch Gemeindepädagog*innen und Diakon*innen.

Dann werden alle Stellen spezifisch auf ein bestimmtes Tätigkeitsprofil ausgerichtet und bereits für dieses ausgeschrieben. Es gibt klare Arbeitsplatzbeschreibungen und deutlich kommunizierte Erwartungen hinsichtlich des Tuns und Lassens. Dem generalistischen Charakter des Pfarrberufs wird der Abschied erteilt. Damit sind auch Stellen nicht für Angehörige einer bestimmten Berufsgruppe reserviert, sondern es kann flexibel entschieden werden, welches Profil und welche beruflichen Kompetenzen für eine Aufgabe sinnvoll sind. Dies knüpft an den Gedanken der »Charismen« auch für die Hauptamtlichen an und kann insofern entlasten und die Berufe attraktiver machen, da unterschiedliche Begabungen zum Tragen kommen können (vgl. Kapitel 8). Oft steigen auch Qualität und Zufriedenheit, wenn man frei wird vom Abarbeiten unspezifischer, genereller Aufgaben, die sich in der Gemengelage der vier Logiken aufdrängen.

Orientiert man sich an den vier Logiken, gäbe es

(1) Stellen, die der institutionellen Logik der Kirche entsprechen
Sie wären zuständig für die religiöse »Grundversorgung« in

einem relativ großen Gebiet. Sie würden dort – vermutlich in verschiedenen Kirchen verschiedener Dörfer – am Sonntagmorgen Gottesdienste anbieten, aber auch (und vielleicht vor allem) zu besonderen Anlässen: Weihnachten, an anderen kirchlichen Feiertagen und bei emotional aufwühlenden Ereignissen. In Zusammenarbeit mit den Schulen dieses Gebietes würden sie Schulanfangs- und vielleicht auch Schulentlassungsgottesdienste gestalten und möglicherweise insgesamt die Kooperation mit Schulen ausbauen. Sie würden die Kasualien für diese Region gestalten, vorzugsweise in einer dafür besonders geeigneten Kirche. Sie wären Anlaufstelle für Menschen in Notlagen, die religiöse Ansprechpersonen suchen. Sie repräsentierten »Kirche« vor Ort und wären in dieser Funktion auch Ansprechpersonen für die Moderation von Kommunikationsprozessen bei Problemen etc. Hier könnte auch die Notfallseelsorge für eine Region angesiedelt sein.

Dieser Bereich würde vermutlich stärker als die anderen pastoral gestaltet werden, weil viele Tätigkeiten der pastoralen Ausbildung entsprechen und der mit diesem Beruf – jedenfalls bislang – verbundene repräsentative Charakter in der Öffentlichkeit hier besonders ausgeprägt ist. Vermutlich wäre eine Art Residenzpflicht hier sinnvoll. Gut denkbar ist jedoch die Unterstützung durch Prädikant*innen und Lektor*innen.

(2) Stellen, die der Gruppenlogik der Kirche entsprechen

Sie wären für das gesellige Leben und die Förderung von Gemeinschaft verantwortlich. Dies wird gegenwärtig vielerorts vorrangig von der »Kerngemeinde« genannten Klientel nachgefragt, würde dann aber nicht nur zur Erfüllung dieser Bedürfnisse dienen, sondern Kirche als einen Ort profilieren, wo sehr unterschiedliche Menschen Raum für (themenbezogene) Gemeinschaft finden. Sinnvoll wäre es, dass die Hauptamtlichen für diesen Bereich zunehmend weniger selbst Gruppen und Kreise konzipieren und durchführen, sondern dass sie Ehrenamtliche dabei unterstützen, dies zu tun (vgl. dazu Kapitel 6, 7 und 8). Ihre Aufgabe wären dann die Motivation und die Begleitung Ehrenamtlicher in guten Rahmenbedingungen. Sie würden zudem wahrnehmen, welche Themen Menschen gegenwärtig bewegen, die sie in christlich grundierter Gemeinschaft besser bewältigen können.

Dieser Tätigkeitsbereich würde von der Ausbildung und dem Berufsprofil her vorrangig von Gemeindepädagog*innen und Diakon*innen gestaltet (vgl. Kapitel 8).

(3) Stellen, die der Logik der Kirche als Organisation entsprechen
Sie würden für bestimmte Aufgaben der Kirche zuständig sein, die bisher teilweise in Ortsgemeinden und teilweise in nichtparochialen Formen angesiedelt sind: beispielsweise Beratung und spezialisierte Seelsorge, Diakonie, Erwachsenenbildung, Kirchenmusik, Spiritualität, ökumenische Arbeit, interreligiöser Dialog, gesellschaftspolitische Aufgaben, Kirche am Urlaubsort, Arbeit mit Zielgruppen (Kinder, Jugendliche, Singles, Senior*innen, transidente Personen etc.). Dabei würde selbstverständlich nicht an jedem Ort alles angeboten. Dafür wäre ein relativ umfangreicher Entscheidungsprozess erforderlich, in den möglichst viele Menschen, Haupt- wie Ehrenamtliche und auch den jetzigen Formen der Kirche Fernstehende einbezogen werden sollten. In diesem würde entschieden, welche Arbeitsbereiche in einer Region oder einem Kirchenkreis bzw. einem Dekanat vorhanden sein sollen und wie sich dies in der Verteilung der Ressourcen konkretisiert: Welchen Stellenwert soll Jugendarbeit haben? Welchen diakonische Arbeit? Wie ist es mit Kirchenmusik, Spiritualität, Arbeit mit Familien, mit Singles, Senior*innenarbeit? Welche Rolle soll globales Lernen

spielen, die Förderung von Gemeinschaft am Ort, welche Bedeutung bekommen Themen des Alters? Wichtig dabei wäre, diese – schwierigen – Entscheidungen in der Perspektive der gemeinsamen Kommunikation des Evangeliums zu treffen und keine »Pfründe« zu verteidigen. Insofern gehört zu diesem Schritt auch die Förderung einer Kultur der gegenseitigen Wertschätzung und der Anerkennung anderer Wege, als sie in der eigenen Gemeinde gegangen werden.

Diese Arbeitsbereiche würden je nach den erforderlichen Kompetenzen und Menschen von Angehörigen unterschiedlicher Berufsgruppen gemeinsam mit Ehrenamtlichen gestaltet. Hier scheinen mir die Chancen für eine Stärkung des Ehrenamtes besonders gut, weil im Zuge des sog. »neuen Ehrenamtes« Menschen sich zunehmend für einen bestimmten Bereich engagieren und nicht allgemein in einer Institution (vgl. dazu Kapitel 6).

(4) Stellen, die der Logik der Kirche als Bewegung entsprechen
Schließlich gäbe es Stellen, die neue, experimentelle kirchliche Wege suchen, entwickeln und ausprobieren. Dem entsprechen neue Formen von Gemeinde wie die »Fresh Expressions of Church«, Jugendkirchen, Kirchen der Stille oder diakonisch ausgerichtete »Vesperkirchen«, die nicht nur eine warme Mahlzeit, sondern auch weitere Angebote für Menschen mit geringem Einkommen anbieten. Auch diese könnten und sollten in Zusammenarbeit verschiedener kirchlicher Berufsgruppen und Ehrenamtlicher gestaltet werden.

Für alle vier Logiken gilt dabei: Es wäre nicht zwingend, dass jede Stelle genau einer der vier Logiken entspricht. Denkbar wäre auch eine Kombination von zweien in der Verbindung von Stellenanteilen, die dann klar benannt und inhaltlich beschrieben werden müssten.

Als Stärke dieser Alternative ist zu nennen, dass sie der ortsgemeindlichen Überlastung am nachhaltigsten begegnet, weil ihre Ursache in dem Konglomerat von Charakteren angegangen würde. Es trägt zur Transparenz bei, welche Aufgaben konkret von wem bearbeitet werden. Gleichzeitig ist in dieser Variante sichergestellt, dass alle vier Charaktere Berücksichtigung finden – wenn auch nicht alle überall. Ferner wird das Problem des unklaren Verhältnisses und der Konkurrenz zwischen den kirchlichen Berufsgruppen (vgl. dazu Kapitel 8) gelöst.

Eine Herausforderung dieser Alternative ist auch hier, dass sie einen aufwendigen Prozess und weitreichende Veränderungen mit sich bringt. Zudem kann sie nicht auf der Ebene der Ortsgemeinde umgesetzt werden, sondern ist vom Kirchenkreis bzw. Dekanat oder auf der landeskirchlichen Ebene zu entscheiden.

4. Anregungen zur Weiterarbeit

Fragen auf dem Weg zu einer eigenen Position

- Was würde sich verändern, wenn angesichts eines überlastenden breiten Spektrums von Angeboten einer Gemeinde (wie im ersten Szenario geschildert) klare Entscheidungen über das Tun und Lassen getroffen wären? Was würde ich als Gewinn, was als Verlust erleben?
- Welche der vier Logiken ist für mein persönliches Kirchenbild am wichtigsten? Was erlebe ich als seine besonderen Stärken? Wie gelingt darin die Kommunikation des Evangeliums besonders gut?

- Wie sähe die Kirche aus, wenn sie ganz von meiner »Lieblingslogik« geprägt wäre? Was würde fehlen? Inwiefern würde dadurch die Kommunikation des Evangeliums erschwert?
- Welche der drei Handlungsalternativen wäre mir emotional die nächste? Warum? Welche würde ich rational befürworten?
- Welche weiteren Beispiele für die zweite Alternative, die bewusste Kombination von Logiken, fallen mir ein? Was wäre daran attraktiv?
- Wie würden sich die Arbeitsbedingungen von Hauptamtlichen verändern, wenn die Logiken wie in der Alternative 3 stärker getrennt würden? Wäre dies eine Möglichkeit, die kirchlichen Berufe attraktiver zu machen (vgl. das zweite Szenario)?
- Wie sähe meine bevorzugte Variante in einem Bild aus?

Ein biblisch-bibliologischer Impuls:

2 Mose 18,13-24: Mose delegiert seine Aufgaben
Am andern Morgen setzte sich Mose, um dem Volk Recht zu sprechen. Und das Volk stand um Mose her vom Morgen bis zum Abend. Als aber sein Schwiegervater alles sah, was er mit dem Volk tat, sprach er: Was tust du denn mit dem Volk? Warum musst du ganz allein dasitzen, und alles Volk steht um dich her vom Morgen bis zum Abend? Mose antwortete seinem Schwiegervater: Das Volk kommt zu mir, um Gott zu befragen. Denn wenn sie einen Streitfall haben, kommen sie zu mir, damit ich richte zwischen dem einen und dem andern und tue ihnen kund die Satzungen Gottes und seine Weisungen. Sein Schwiegervater sprach zu ihm:

Es ist nicht gut, wie du das tust. Du machst dich zu müde, dazu auch das Volk, das mit dir ist. Das Geschäft ist dir zu schwer; du kannst es allein nicht ausrichten. Aber gehorche meiner Stimme; ich will dir raten, und Gott wird mit dir sein. Vertritt du das Volk vor Gott und bringe ihre Anliegen vor Gott und schärfe ihnen die Satzungen und Weisungen ein, dass du sie lehrst den Weg, auf dem sie wandeln, und die Werke, die sie tun sollen. Sieh dich aber unter dem ganzen Volk um nach redlichen Leuten, die Gott fürchten, wahrhaftig sind und dem ungerechten Gewinn feind. Die setze über sie als Oberste über Tausend, über Hundert, über Fünfzig und über Zehn, dass sie das Volk allezeit richten. Nur wenn es eine größere Sache ist, sollen sie diese vor dich bringen, alle geringeren Sachen aber sollen sie selber richten. So mach dir's leichter und lass sie mit dir tragen. Wirst du dies tun und wird Gott es dir gebieten, so kannst du bestehen, und auch dies ganze Volk kann in Frieden heimkehren. Mose gehorchte dem Wort seines Schwiegervaters und tat alles, was er sagte.

Bei Mose hat sich ein Alltag eingespielt, der zu einer Dauerüberlastung führt: Vom Morgen bis zum Abend, also ohne Pause ist er tätig, und zwar in intensivem Kontakt mit Menschen – dass das Volk »um ihn her steht«, wirkt bedrängend und ermüdend.

Für Mose scheint diese Situation, immer im Einsatz zu sein, selbstverständlich geworden zu sein. Es braucht einen Blick von außen, in diesem Fall von seinem Schwiegervater (der nur zu Besuch ist und das Volk Israel danach auch wieder verlässt), um die Selbstverständlichkeit des Hamsterrades zu stoppen. Interessanterweise beantwortet Mose dessen Frage nach dem Sinn, dies alles »ganz allein« zu tun (bei der ja der Hinweis auf die Überlastung bereits mitschwingt!) nur damit, dass er seine vielen Aufgaben aufzählt: Er ist die Stimme Gottes gegenüber dem Volk, er richtet in Streitfällen und er lehrt die Menschen die Weisungen Gottes. Drei verschiedene Tätigkeiten, die nicht zusammengehören müssten – aber Mose hinterfragt es offensichtlich gar nicht, dass dies, dies und auch noch dies seine Aufgaben sind. Ob er vor lauter Überlastung gar nicht mehr den Schritt zurücktreten und das Problem sehen kann, ob er im Grunde seines Herzens stolz auf seine zentrale Rolle ist, ob er schlecht abgeben kann oder welche Gründe dafür sonst dahinterstehen können, erfahren wir nicht.

Nachdem der Schwiegervater mit dem vorsichtigeren, eher fragenden Impuls nichts erreicht hat, wird er deutlicher: »Es ist nicht gut, wie du das tust. Du machst dich zu müde, dazu auch das Volk, das mit dir ist. Das Geschäft ist dir zu schwer; du kannst es allein nicht ausrichten.« Es braucht offensichtlich die geballte Wucht von gleich vier Argumenten, warum sich etwas ändern muss, damit sich etwas bewegt – ein deutlicher Hinweis, wie schwer es ist, aus dem Lebensgefühl herauszukommen, so viel stemmen zu müssen, wenn man erst einmal in diesem drin ist.

Drei der vier Argumente zielen darauf, warum die Situation der Allzuständigkeit für Mose nicht gut ist – aber eines auch auf das Volk: Wenn alles in einer Hand liegt, müssen sie lange warten, bis sie an der Reihe sind, und werden ebenfalls müde. Die Überlastung des einen bringt also auch für die anderen Anstrengungen mit sich.

Bevor Mose darauf noch einmal (abwehrend oder vielleicht auch schon einsichtig?) reagieren kann, kommt sein Schwiegervater mit einem klaren Vorschlag: Konzentriere dich auf bestimmte Aufgaben, für die du genau die richtige

Person bist! Mit deiner besonderen Beziehung zu Gott ist es wichtig, dass du die Kontaktperson zwischen Gott und dem Volk bist und mit deiner besonderen Kenntnis der Weisungen Gottes (Mose hatte ja zuvor die Tafeln mit den Zehn Geboten empfangen) bist du prädestiniert dafür, diese den Menschen auch nahezubringen. Recht sprechen können aber auch andere – davon kannst du dich wirklich entlasten!

Auch hier hat Mose keine Chance zu reagieren. Auf den hier naheliegenden Gedanken, dass man ja nie weiß, ob andere es so gut machen, wie man selbst es tun würde, reagiert der Schwiegervater aber gleich mit den nächsten Sätzen: Du kannst die Leute für diese Aufgabe ja sorgfältig aussuchen. Und du kannst getrost davon ausgehen, dass sie auch in einer nahen Beziehung zu Gott stehen (»Gott fürchten« meint eher das, als dass sie Angst vor ihm haben) – vertrau ihnen. Vielleicht heißt das auch: Widersteh deinem Bedürfnis, sie in allem zu kontrollieren und nur deinen eigenen Weg als den richtigen anzusehen.

Und für den Fall, dass auch das noch nicht ausreicht, dass Mose zum »Lassen« kommt, stellt er ihm noch die Vorteile vor Augen: Dein Leben wird leichter, wenn du abgibst und andere mittragen lässt. Es entspricht auch Gottes Willen, er verlangt diese übermäßige Anstrengung gar nicht von dir. Es hilft dir, besser zu leben, und anderen auch.

Und Mose? Von ihm wird schlicht erzählt, dass er genau das tut, was sein Schwiegervater ihm rät. Ob aus Einsicht, aus Erschöpfung oder weil ihm die Gegenargumente fehlen, wird ebenso wenig deutlich wie seine Gefühle dabei – möglicherweise Erleichterung, Entlastung und Freude oder auch Sorge, an Bedeutung zu verlieren und mit Entscheidungen leben zu müssen, die er selbst nicht getroffen hätte? In diesem Satz schwingen viele mögliche Gefühle mit, nicht jedoch die Alternative, alles beim Alten zu lassen und sich weiterhin mit zu vielen Tätigkeiten nebeneinander zu belasten.

Eine alte Geschichte – die in manchen Aspekten der heutigen kirchlichen Überlastung frappierend ähnelt.

Eine methodische Idee für die gemeinsame Arbeit in einem kirchlichen Gremium:

Die drei Handlungsalternativen aufstellen oder grafisch gestalten

Wie sähen die drei Alternativen, der Überlastung in Ortsgemeinden zu begegnen – die punktuelle Entlastung, die bewusste Verbindung der vier Logiken und ihre Trennung – aus, wenn man sie bildlich darstellen würde? Die Teilnehmenden können gebeten werden, in Kleingruppen diese als Standbilder zu entwickeln – entweder so, dass je eine Alternative von einer Kleingruppe dargestellt wird oder dass jede Kleingruppe alle drei Alternativen entwirft. Bei weniger spielfreudigen Gremien können die Alternativen auch grafisch dargestellt werden (beispielsweise mit Linien, Formen und Symbolen). Auf diese Weise beschäftigen sich alle eingehender und mehrdimensionaler mit den Handlungsalternativen, als wenn nur darüber diskutiert wird.

Im anschließenden Gespräch können dann die Erkenntnisse und auch Gefühle, die bei der Gestaltung bewusstgeworden sind, benannt und ausgetauscht werden. Anschließend können Argumente für die Varianten gesammelt und mögliche Konkretionen durchgespielt werden.

Kapitel 3

Was macht »Gemeinde« aus?

Einstieg: Szenen aus der kirchlichen Praxis

Szenario 1:
In der Petrusgemeinde muss eine Entscheidung getroffen werden: Eine Zusammenarbeit in der Region erscheint unausweichlich, aber die benachbarte Paulusgemeinde drängt zu einer Fusion mit noch zwei weiteren Gemeinden zu einer Großgemeinde. Die Vor- und Nachteile für die konkrete Arbeit werden ausführlich erwogen und die Argumente für eine Fusion scheinen insgesamt stärker zu sein. Dann aber kommt die Frage auf: »Aber sind wir denn dann noch eine richtige Gemeinde?« »Warum sollten wir das dann nicht mehr sein?«, wird zurückgefragt. Damit ist eine Grundsatzfrage gestellt: Was macht eine Gemeinde aus?

Szenario 2:
In der Landessynode geht es um eine Priorisierung der kirchlichen Arbeit für die nächsten Jahrzehnte, um Kriterien für Personal- und Mittelzuweisungen zu gewinnen und das »Rasenmäherprinzip« gleichmäßiger Kürzungen zu vermeiden. Relativ rasch wird gefordert, die verfügbaren Ressourcen in den Gemeinden zu konzentrieren, denn sie seien schließlich die Basiseinheit der Kirche. Welche Gemeinden denn damit gemeint seien, wird gleich zurückgefragt. Es gebe ja schließlich nicht nur die Ortsgemeinde, sondern viele Formen von Gemeinden – von der Studierendengemeinde bis zur Gemeinde im Krankenhaus, von der Akademiegemeinde bis zur neu gegründeten missionarischen Gemeinde, nicht

zu vergessen die digitalen Gemeinden, die einen großen Zulauf hätten ... Solche Formen seien sicher wertvoll, wird wieder entgegnet, aber im Zweifelsfall solle die Ortsgemeinde doch Priorität haben. Wie man dies denn theologisch begründen wolle, wird zurückgefragt. Aber sind denn die anderen Formen von Kirche überhaupt Gemeinde? Wer darf mit welchen Gründen den Begriff für sich reklamieren?

Szenario 3:
Im strukturschwachen ländlichen Raum mit geringer Kirchenmitgliedschaft ist es schwierig, gemeindliches Leben aufrechtzuerhalten. In der Marienkirche gibt es außerhalb der Feiertage alle acht Wochen einen (schwach besuchten) Gottesdienst, ein kleiner Bibelkreis trifft sich noch, Taufen und Trauungen sind sehr selten. Das Pfarrhaus ist schon lange nicht mehr bewohnt, die Pfarrerin hat neben dieser Gemeinde noch 11 weitere Gemeinden und noch mehr Predigtstellen zu versorgen. Allerdings gibt es im Dorf eine evangelische Kindertagesstätte mit einem großen Einzugsgebiet, die pädagogisch einen sehr guten Ruf genießt. Sie gestaltet ihr christliches Profil sehr bewusst und gleichzeitig in großer Offenheit für Kinder ohne christliche Prägung. Sie hat ein ausgedehntes Angebot für die Eltern, die sie bei der Erziehung gerade in Bezug auf den Umgang mit den großen Fragen des Lebens engagiert unterstützt. Dabei leistet sie intensive Vernetzungsarbeit im Dorf und eröffnet vielfältige Möglichkeiten zur Gemeinschaftsbildung, in die auch die Großeltern und die älteren Geschwister einbezogen werden. Dies möchte sie demnächst zu einem Familienzentrum ausbauen.

Als der Kirchengemeinderat über die Zukunft der Gemeinde spricht, stellt jemand fest: »Eigentlich ist die Kita unsere Gemeinde.« Von ihrer Erfahrung her können eigentlich alle nur zustimmen. Aber lässt sich das so sagen? Kann eine Kita Gemeinde sein?

1. Die Herausforderung

Die Szenarien machen deutlich: Was »Gemeinde« ist und was sie im Kern ausmacht, ist gar nicht so einfach zu beantworten. Traditionell denkt man bei »Gemeinde« zunächst an die Ortsgemeinde mit Kirche und Gemeindehaus. Das Kapitel 2 hat jedoch bereits gezeigt: Was als (Orts-)Gemeinde manchmal selbstverständlich erscheint, ist ein ziemlich komplexes Gebilde, das historisch entstanden ist und keineswegs so sein müsste. Gleichzeitig erleben viele Kirchenmitglieder längst, dass »Gemeinde« in Bewegung ist. Es entstehen neue Formen von Gemeinde (vor allem in der Logik der »Bewegung«, vgl. Kapitel 2), in denen Menschen ihre kirchliche Heimat finden, nicht zuletzt im digitalen Raum. Und offensichtlich übernehmen auch kirchliche Formen, die bisher nicht als »Gemeinde« in den Blick gekommen sind, gemeindliche Funktionen wie die Kita im Szenario 3. »Gemeinde« ist offensichtlich mehr als »Ortsgemeinde« – aber bildet diese nicht eine Grundform von Gemeinde, der Priorität zukommt, zumal in Zeiten knapper Ressourcen (vgl. das Szenario 2)? Und was bedeutet es für den Gemeindebegriff, wenn sich die Ortsgemeinde verändert (vgl. das Szenario 1)?

Damit stellt sich die grundsätzliche Frage, was denn »Gemeinde« eigentlich ausmacht. Ist »Gemeinde« eine Rechtsform, geht es darin um Gemeinschaft oder ist es ein theologischer Begriff? Welche kirchlichen Sozialformen dürfen sich

»Gemeinde« nennen – und welche Konsequenzen hat dies dann? Diese Fragen sind unmittelbar wichtig für die anstehenden Entscheidungen über die Zukunft der Kirche, weil gerade im evangelischen Bereich die Gemeinde als die Grundform der Kirche verstanden wird.

Wenn es im Folgenden um diese Fragen geht, greife ich dabei teilweise auf Inhalte aus dem Band »Kirche verstehen« zurück, der sich bereits mit den Kriterien für »Gemeinde« beschäftigt hat, formuliere diese jedoch neu und stelle sie in den Zusammenhang der Gestaltung der Zukunft der Kirche.

2. Hintergrundwissen

2.1 Gemeinde als Ortsgemeinde – Stärken und Schwierigkeiten

Die spezifische Form der Verknüpfung von Kirche und Ort
Die Ortsgemeinde ist durch das »Territorialprinzip« charakterisiert, was meint: Ein räumlicher Bezirk wird als Gemeinde definiert. Kirche und Ort werden damit auf eine spezifische Weise verknüpft. Dies bringt bestimmte Stärken der Ortsgemeinde im Blick auf ihre Kommunikation des Evangeliums mit sich, ebenso wie bestimmte Schwächen.

Eine Stärke ist zunächst die flächendeckende Präsenz der evangelischen Kirche in Deutschland, die auch symbolisch deutlich macht: Wir sind für alle Menschen erreichbar und ansprechbar. Menschen, die regelmäßig den Kontakt zur Kirche suchen, haben kurze Wege. Menschen, die einen erstmaligen Kontakt wünschen, finden eine für sie zuständige Ansprechperson.

Die Verbindung von Kirche und Wohnraum bietet zudem die Chance, dass Menschen sich als Mitglied der Dorfgemeinde x oder der Gemeinde im Stadtteil y verstehen. Dies kann ihren Bezug zur Kirche stärken: Wenn man beim Basar mithilft, kann dies auch als Engagement für das Dorf verstanden werden und wenn man die kirchliche Obdachlosenarbeit unterstütz, ist es auch ein Einsatz im Stadtteil. Auf diese Weise engagieren sich auch manche Menschen für die und in der Kirche, die nicht Kirchenmitglieder sind, beispielsweise in den Kirchbauvereinen v.a. in den ostdeutschen Bundesländern.

Menschen mit einem geringeren Grad an Mobilität haben zudem kurze Wege zu »ihrer« Gemeinde. Dies betrifft z.B. junge Familien und die ältere Generation, Menschen unter belastenden Lebensbedingungen und mit gesundheitlichen Einschränkungen.

Und schließlich hat diese Form von Verbindung von Kirche und Ort den Vorzug, dass soziale Nöte und Bedürfnisse in der Gemeinde bekannt sein können und sie sich für diese zuständig fühlen kann – auch über die nominellen oder aktiven Kirchenmitglieder hinaus. »Kirche der kurzen Wege« und »Kirche als Expertin des Nahbereiches« sind wichtige Stichworte dafür.

Ebenso hat diese Art der Verknüpfung von Kirche und Ort jedoch auch Schwächen:

Menschen, die nicht stabil an einem Ort wohnen und öfter umziehen, was gegenüber früheren Generationen stark zugenommen hat, werden von der Ortsgemeinde schwerer erreicht. Empirische Studien zeigen, dass sich häufig nach einem Umzug die Bindung an die Kirche abschwächt und zur neuen Wohnortgemeinde keine neue Beziehung aufgenommen wird.

Zudem hat der Wohnort heute eine sehr unterschiedliche Bedeutung für Menschen. Es gibt Bevölkerungsgruppen (eher ältere als jüngere), die ihre sozialen Beziehungen und ihre Freizeit am Wohnort orientieren – und das sind auch genau diejenigen, die von der Ortsgemeinde durchschnittlich am besten erreicht werden. Für Menschen der mittleren und jüngeren Generationen gilt dies deutlich weniger; entsprechend ist ihre Bindung an die Ortsgemeinde durchschnittlich schwächer.

Das aber bedeutet: Wir haben eine dominante Sozialform der Kirche, die für manche Bevölkerungsgruppen deutlich einladender ist als für andere. Diese wieder prägen den Charakter von Gemeinden, so dass sich Personen aus anderen Milieus häufig fremd fühlen – das dürfte ein Grund sein, warum sozial schwächere Menschen trotz ihrer geringeren Mobilität wenig in Ortsgemeinden anzutreffen sind. Manchmal können geradezu die Menschen, die zur Kirche gehen, für andere ein Grund sein, nicht zur Kirche zu gehen. Eine empirische Studie zur Situation der Ortsgemeinde zeigt, dass sich die Kirchengemeinderäte überwiegend aus einer bestimmten Bevölkerungsgruppe zusammensetzen: Ihre Mitglieder haben überdurchschnittlich hohe Bildungsabschlüsse, hören besonders gerne klassische Musik (und klassische Kirchenmusik), die Quote der Erwerbslosigkeit ist sehr gering und 18- bis 34-Jährige sind nur wenig vertreten (vgl. Hilke Rebenstorf/Petra-Angela Ahrens/Gerhard Wegner: Potenziale vor Ort. Erstes Kirchengemeindebarometer, Leipzig 2015, 31).

Wenn die Kirche aber mit ihrer dominanten Sozialform für manche Menschen die Schwelle deutlich erhöht, in Kontakt mit der kirchlichen Kommunikation des Evangeliums zu kommen, dann ist das nicht nur schwierig im Blick auf die Zukunft der Kirche, sondern auch ein theologisches Problem: Der Auftrag der Kirche ist ja die Kommunikation des Evangeliums mit aller Welt – und nicht vorrangig mit bestimmten Bevölkerungsgruppen.

Das Zuordnungsprinzip

Diese Problematik wird durch das sog. Zuordnungsprinzip, das Kirchenmitglieder automatisch als Gemeindeglieder einer bestimmten Gemeinde führt, verschärft.

Vorteilhaft ist dieses Prinzip zum einen verwaltungstechnisch. Zum anderen führt es dazu, dass es eine klare Zuständigkeit einer Gemeinde für jedes Kirchenmitglied gibt.

Das Zuordnungsprinzip wird jedoch heute oft nicht mehr durchgehalten. Nicht wenige Menschen suchen sich ihre kirchliche Heimat selbst aus. Dazu trägt auch die Entwicklung in den Gemeinden bei, dass sie zunehmend überregionale Angebote entwickeln und Menschen außerhalb ihres Einzugsbereiches ansprechen möchten. Dennoch führt das Zuordnungsprinzip manchmal dazu, dass sich kirchliche Haupt- oder Ehrenamtliche nicht freuen, wenn Menschen eine kirchliche Heimat finden und von der christlichen Botschaft berührt werden, weil dies »woanders« geschieht. Umgekehrt bekommen Kirchenmitglieder geradezu ein schlechtes Gewissen, weil sie gemeindlich »fremd gehen« – nicht in einer anderen Religion oder Konfession, sondern in der gleichen Kirche!

Hier zeigt sich ein theologisches Grundproblem der derzeitigen Strukturen: Menschlich ist es verständlich, dass man sich in dem Bereich, in dem man selbst verantwortlich tätig ist und in den man oft viel investiert, eine lebhafte Beteiligung wünscht. Theologisch wird es jedoch problematisch, wenn es wichtiger ist, dass Menschen in der »eigenen« Gemeinde aktiv sind, als dass sie an der Kommunikation des Evangeliums Jesu Christi teilhaben.

Gemeinde als Ort von Gemeinschaft und Geselligkeit

Wie in Kapitel 2 dargestellt, prägt seit Ende des 19. Jh. vielerorts das an dem Vorbild der Vereine orientierte Prinzip christlicher Gemeinschaft und sozialer Geselligkeit das Gemeindeleben. Auch dies hat Stärken. Die Verbindung von Religion und Geselligkeit besitzt Chancen, insofern Menschen nicht nur aus religiösen Gründen zum Gottesdienst gehen, sondern auch, um soziale Beziehungen zu pflegen.

Allerdings: Schon damals war es eine Minderheit, die diese Form von Kirchenbindung pflegte. Die Mehrheit verstand und versteht die Ortsgemeinde weiterhin in der Logik der Institution als religiöse Zuständigkeit und nutzt sie bei Bedarf – wenn das Kind getauft werden soll, wenn Weihnachten ist oder wenn man in außergewöhnlichen Lebenssituationen Unterstützung sucht. Diese Form des Verhältnisses zur Kirche kann von Hauptamtlichen oder denjenigen, die eine enge Form von Kirchenbindung pflegen, kritisch gesehen und als Indiz für einen geringeren Glauben gedeutet werden. Theologisch ist dazu jedoch zu sagen: Glaube ist grundsätzlich ein Geschehen zwischen Gott und Mensch, das in der Taufe begründet wird und von außen nicht beurteilt werden kann. Eine christliche Gemeinschaft ist für den Glauben zwar sehr hilfreich, um ihn zu stärken, weiterzuentwickeln oder zu verändern. Diese Gemeinschaft muss jedoch nicht die Ortsgemeinde sein, sondern kann auch woanders gefunden werden. Die Formen von Gemeinschaft können lokal organisiert sein oder auf anderen Wegen zustande kommen, sie können das Alltagsleben bestimmen, wöchentlich orientiert sein wie im klassischen Gottesdienstrhythmus, sie können sich auch über längere Zeiträume aktualisieren oder zeitlich begrenzt und dann vielleicht besonders intensiv sein. Entscheidend ist nicht, in welcher Form Vergemeinschaftungen stattfinden, sondern was in ihnen geschieht. Und auch Menschen, die sich keiner Form christlicher Gemeinschaft anschließen, kann der Glaube nicht von außen abgesprochen werden.

Generalistische Ausrichtung

Der Neuentwurf der Ortsgemeinde im ausgehenden 19. Jh. (vgl. Kapitel 2) wollte mit seinen Angeboten alle Gruppen der damaligen Gesellschaft ansprechen: Kinder, Jugendliche, Frauen, Männer und alte Menschen. In den zurückliegenden Jahrzehnten allerdings sind die Lebensformen und auch die Zugänge zu Religion und Kirche so unterschiedlich geworden, dass unter dieser Einteilung nach Alter und Geschlecht viele Menschen nicht finden, was sie suchen. Viele Ortsgemeinden haben darauf mit einer Erweiterung ihres Spektrums von Angeboten reagiert. Sie erleben einen gewissen Druck, immer mehr für immer unterschiedlichere Menschen anbieten zu müssen (vgl. auch dazu Kapitel 2).

Als Reaktion auf diese Überlastungsproblematik haben mittlerweile viele Ortsgemeinden Schwerpunkte gesetzt und Profile entwickelt. Allerdings zeigt die in 2.1 genannte empirische Studie, dass zumindest den Kirchengemeinderäten die Stärkung des Zusammenhaltes in der Gemeinde deutlich wichtiger ist (71 % sehr wichtig, 26 % eher wichtig) als die Gestaltung neuer Angebote (14 % finden dies sehr wichtig, 36 % eher wichtig) und kultureller Aktivitäten (dies bejahen 16 % bzw. 41 %) (vgl. Rebenstorf/Ahrens/Wegner 2015, 31). Das Ergebnis deutet darauf hin, dass viele, die in der Kirche Verantwortung tragen, nach wie vor eher den Horizont der eigenen Gemeinde vor Augen haben, in der ein möglichst enger sozialer Kontakt zwischen vielen Menschen entstehen und möglichst viel angeboten werden soll. Dadurch können die Überlegungen gehemmt werden, welche Aufgaben der Gesamtkirche am Ort im Zusammenspiel mit anderen besonders gut erfüllt werden können, um zur Kommunikation des Evangeliums bestmöglich beizutragen. Würde der enge Horizont der eigenen Kirchengemeinde verlassen, könnte eine arbeitsteilige Entlastung erreicht werden (vgl. Kapitel 2). Dadurch könnten auch die oben genannten Stärken der spezifischen Verbindung von Kirche und Ort besser zur Geltung kommen.

Gleichzeitig führen genau diese Veränderungen, wie im Szenario 1 dargestellt, zu der Frage, was »Gemeinde« eigentlich ausmacht, wenn nicht mehr die klassische Ortsgemeinde vor Augen steht – und erst recht, wenn andere Formen von Kirche neben die Ortsgemeinde treten und ebenfalls beanspruchen, Gemeinde zu sein.

2.2 Gemeinde in biblischer und reformatorischer Perspektive

»Gemeinde« ist eine Übersetzung des griechischen Wortes »ekklesia« in der Griechischen Bibel. Interessanterweise wird das Wort sowohl für die christliche Versammlung vor Ort verwendet als auch für die weltweite »Kirche«, der alle Christ*innen angehören. Dies ist möglich, weil nach biblischem Verständnis die »ekklesia« auf Christus gründet, der in ihr anwesend ist und die Gläubigen untereinander verbindet: »Wo zwei oder drei in meinem Namen versammelt sind, da bin ich (der Christus) mitten unter ihnen« (Mt 18,20). In dieser Gemeinschaft wirkt nach christlichem Glauben der Heilige Geist.

Für die heutigen Überlegungen ist interessant, dass in der Bibel von sehr unterschiedlichen Formen von christlicher Gemeinschaft berichtet wird. Die Evangelien erzählen, dass Frauen und Männer – meist auf seine Aufforderung hin – als Nachfolgegemeinschaft mit Jesus lebten und wie er das Leben von Wanderprediger*innen führten. Vermutlich gab es daneben auch »Sympathisant*innen«, die in ihren Orten in Galiläa wohnen blieben und die Nachfolgegemeinschaft unterstützten. In der Apostelgeschichte wird uns die von Einmütigkeit, Gemeinschaft und Besitzverzicht geprägte Jerusalemer Urgemeinde vor Augen geführt, die aber auch von Konflikten nicht verschont blieb. Paulus hat offensichtlich Gemeinden gegründet, die sich in Privathäusern versammelten und in denen es ebenfalls immer wieder ein Ringen um den richtigen Weg des christlichen Glaubens gab. Es gibt in der Bibel weder ein einheitliches Bild noch eine Norm von »Gemeinde«. Viel wichtiger als die Form ist das, was in diesen Formen geschieht, wie der Glaube gelebt wird. Wir würden heute sagen: wie Menschen darin dem Evangelium begegnen.

Im Mittelalter war eher die Gesamtkirche als die Gemeinde wichtig. Dies änderte sich in der Reformationszeit für die entstehende evangelische Kirche. Weil viele Gemeinden sich der reformatorischen Lehre zuwandten, während die höheren Ebenen und die Gesamtkirche diese nicht annahmen, schätzte Martin Luther die Gemeinde hoch. Er argumentierte, dass die Gemeinde nicht durch äußere Ordnungen bestimmt wird, sondern dadurch, dass in ihr das reine Evangelium gepredigt wird. Für Luther musste die Gemeinde jedoch nicht die klassische Parochie sein. Wichtig war ihm, dass die Christenmenschen, die sich im Namen des Evangeliums versammeln, Gemeinde sind. Er hat verschiedene Ordnungen, wie sich Gemeinde organisieren kann, durchgesehen und beurteilt und dabei unterschiedliche Strukturen gutgeheißen. Wie in der Griechischen Bibel konnte er das Wort »gemeyne« sowohl für die Gesamtkirche als auch für die Ortskirche benutzen. Indem er den Begriff der »Gemeinde« verwendete, hat sich Luther übrigens bewusst von der »Kirche« als Institution abgesetzt. Auch heute wird gelegentlich »Gemeinde« in ähnlicher Weise gegenüber übergeordneten Größen wie Kirchenkreis und Landeskirche als entscheidende Größe reklamiert (im Sinne von »die Basis« und »die da oben«).

»Gemeinde« ist also einerseits theologisch ein wichtiger Begriff – und andererseits ist weder biblisch noch reformatorisch exakt geklärt, was genau eine »Gemeinde« ist. Die Szenarien zeigen jedoch, dass eine Klärung nötig ist, was »Gemeinde« ausmacht.

2.3 Gemeindesein auf unterschiedlichen Ebenen

»Gemeinde« ist vor allem deshalb so schwierig zu definieren, weil der Begriff auf drei verschiedenen Ebenen verwendet wird, die nicht deckungsgleich sind: Gemeinde kann *theologisch* bzw. *geistlich* definiert werden, *(kirchen-)rechtlich* bzw. *institutionell* verstanden werden und sich auf die *Organisation* sozialer *Gemeinschaft* beziehen (womit nicht der Begriff der Organisation im Gegenüber zu Institution, Gruppe und Bewegung gemeint ist wie in Kapitel 2, sondern alltagssprachlich das Organisieren von Gemeinschaft). Die Schwierigkeiten zu bestimmen, wer oder was Gemeinde ist, treten vor allem dann auf, wenn entweder diese Ebenen nicht unterschieden werden oder aber, wenn eine kirchliche Form auf einer oder zwei dieser Ebenen als »Gemeinde« gelten kann und auf der dritten nicht. (Zum Folgenden vgl. Pohl-Patalong/Hauschildt, Kirche verstehen, 131-138)

»Gemeinde« als geistliches Geschehen (theologische Ebene)
Als geistliches Geschehen bezieht sich eine Gemeinde auf Jesus Christus als ihren Grund. Sie glaubt, dass er in ihr anwesend ist, ohne dass er fassbar oder greifbar wäre. Gemeinde ist

damit nicht Selbstzweck und hat nicht zum Ziel, Menschen an sich zu binden, sondern ist dazu da, das Evangelium zu kommunizieren und Begegnungen mit ihm zu ermöglichen (vgl. Kapitel 1). Damit versteht sie sich als Teil der (weltweiten) Kirche Jesu Christi und kann sich nicht selbst genug sein. Entsprechend muss sie auch nicht das gesamte Spektrum kirchlicher Aufgaben abdecken, sondern kommuniziert das Evangelium immer exemplarisch in dem Bewusstsein, ihren Auftrag gemeinsam mit anderen Gemeinden zu erfüllen. Da das Evangelium Jesu Christi durch die Liebe bestimmt wird, ist auch die Liebe zu allen Menschen ohne Unterschied für das Handeln der Gemeinde leitend. Sie darf daher Menschen nicht aufgrund äußerer Merkmale ausschließen, auch wenn sie sich – im Sinne des exemplarischen Handelns – durchaus auf bestimmte Zielgruppen ausrichten darf, beispielsweise auf Studierende oder auf wohnungslose Menschen. Da das Evangelium »aller Welt« gilt, ist die Gemeinde in Wort und Tat an die Welt gewiesen, statt nur ihre Mitglieder im Blick zu haben, und ist daher zu diakonischem Handeln verpflichtet.

»Gemeinde« als (kirchen-)rechtliche Größe (institutionelle Ebene)

Auf einer zweiten Ebene wird Gemeinde innerhalb der Institution Kirche rechtlich definiert. Allerdings geschieht dies bereits in den Verfassungen der evangelischen Landeskirchen in sehr unterschiedlicher Weise. Oft, aber nicht immer, wird dabei die Ortsgemeinde explizit oder implizit als »Normalform« vorausgesetzt (in der Regel, ohne dass dies begründet wird). Meist werden daneben andere Formen von Gemeinde erwähnt, z.B. »Personalgemeinden«, »Anstaltsgemeinden« etc. Hier zeigt sich bereits eine Spannung zwischen theologischer und rechtlicher Ebene. Zur rechtlichen Ebene gehört auch die verwaltungstechnische Entscheidung, die Kirchensteuer an die (zugewiesene) Mitgliedschaft in einer Ortsgemeinde zu koppeln (was gelegentlich das Missverständnis provozieren kann, als würden die Ortsgemeinden die Finanzen der Kirche »erwirtschaften« und anderen kirchlichen Formen nachträglich davon »abgeben«).

Auf rechtlicher Ebene ist eine Gemeinde eine eigene Größe, die sich selbst leitet und vertritt, traditionell in der Rechtsform einer Körperschaft des öffentlichen Rechts, aber natürlich nicht zwingend in dieser Form. Dafür ist die Perspektive einer gewissen Dauer und Beständigkeit erforderlich. Gleichzeitig müssen auch rechtlich Gemeindegründungen möglich sein, bei denen aufgrund ihres experimentellen Charakters ihre dauerhafte Zukunft noch ungewiss ist (dies beschäftigt bereits Kirchenjurist*innen in manchen Landeskirchen und dürfte in den nächsten Jahren noch wichtiger werden).

Nach evangelischem Verständnis wird eine Gemeinde gemeinsam geleitet vom zuständigen Pfarramt und von Gremien, die meist überwiegend von Ehrenamtlichen besetzt sind (im Sinne des »Priestertums aller Gläubigen«). Gleichzeitig steht die Gemeinde institutionell in wechselseitiger Leitung und Steuerung mit der Gesamtkirche. Das bedeutet, dass einerseits nicht »von oben« über sie verfügt wird und sie andererseits nicht autark agiert und die Erfordernisse der Gesamtkirche (und vor allem der anderen Gemeinden und Einrichtungen in der Region) ignoriert. Hier trifft sich die rechtliche Ebene mit der theologischen in dem Verständnis, Teil der Kirche Jesu Christi zu sein.

Die Kommunikation des Evangeliums als Auftrag der Kirche realisiert die Gemeinde einerseits, indem sie Gottesdienst feiert und darin – wieder in Beziehung zur theologischen Ebene – das Evangelium kommuniziert und sich auf Jesus Christus ausrichtet. Allerdings muss dies nicht wöchentlich sein: Er kann täglich stattfinden wie in klösterlichen Gemeinschaften, wöchentlich wie in den meisten Ortsgemeinden oder in größeren Abständen wie in anderen Gemeindeformen. Auch die Form des Gottesdienstes ist nicht festgelegt. Entscheidend ist, dass das Evangelium Raum gewinnt, sodass Menschen Gott begegnen können. Andererseits kommuniziert die Gemeinde Evangelium als »Gottesdienst im Alltag der Welt«, wie Martin Luther es ausgedrückt hat. Jede Gemeinde sollte zumindest exemplarisch bestimmte ethisch-soziale Aufgaben erfüllen (ebenso wie Jesus nicht nur gepredigt, sondern auch geheilt hat), beispielsweise im Bereich von Bildung, im Bemühen um soziale Gerechtigkeit, in der diakonischen Hilfeleistung und in der biografisch-religiösen Begleitung.

»Gemeinde« als sozial erfahrbare Gemeinschaft (organisatorische Ebene)

Seit Ende des 19. Jh. wird auf der dritten Ebene unter »Gemeinde« schließlich eine soziale Gemeinschaft verstanden. Dies kann zurückgreifen auf biblische Bezüge, in denen der Gemeinschaftscharakter der christlichen Sozialformen deutlich erkennbar ist, der jedoch im Mittelalter zurückgetreten war (vgl. Kapitel 2).

Für diese Ebene ist das subjektive, persönliche Bewusstsein einer »Zugehörigkeit« wichtig: Menschen verstehen sich als Teil einer christlichen Gemeinschaft und pflegen eine Beziehung zu ihr und zu anderen Mitgliedern der Gemeinschaft. Welcher Art diese Beziehung ist, darf dabei allerdings unterschiedlich sein – dies ist im Sinne der theologisch betonten Offenheit für alle Menschen wichtig. Eine Gemeinde muss daher offen sein für unterschiedliche Beteiligungsformen und -möglichkeiten. Einerseits sind alle Mitglieder einer Gemeinde eingeladen, das

Gemeindeleben mitzugestalten und an der Erfüllung der Aufgaben verantwortlich mitzuwirken. Andererseits beschränkt sich die Mitgliedschaft in einer Gemeinde nicht auf die aktive und verbindliche Mitarbeit, sondern schließt auch distanziertere, sporadische Formen ein. In der Gegenwart wird dabei über unterschiedliche Formen von Kirchenmitgliedschaft nachgedacht. Bislang ist die Mitgliedschaft in einer konkreten Gemeinde an die formale Mitgliedschaft in der Kirche, die durch die Taufe begründet wird, gekoppelt. Manche Menschen engagieren sich aber in einer konkreten Gemeinde, ohne dass sie Mitglied in der Institution Kirche sein möchten. Ob dabei neue Wege eröffnet werden, wird gerade in der EKD und in vielen Landeskirchen erwogen.

Zudem bilden Gemeinden auf sozialer Ebene einen Raum, in dem der christliche Glaube wachsen kann. Gemeinden fördern Glauben und begleiten Menschen auf ihren persönlichen Glaubenswegen. Dabei tolerieren sie unterschiedliche Glaubensauffassungen und schätzen sie wert in der Erkenntnis, dass Menschen nie eine Wahrheit »haben«, sondern immer (gemeinsam) danach suchen. Ohne dass jede Gemeinde jede Form bereitstellen müsste, muss sie Menschen ein Wachsen im Glauben ermöglichen und darf sie in diesem nicht reglementieren.

Die Unterscheidung der drei Ebenen, die gleichwohl in Beziehung zueinander stehen, macht deutlich, warum es so schwierig ist, »Gemeinde« exakt zu bestimmen und zu entscheiden, welche Formen kirchlichen Lebens als »Gemeinde« bezeichnet werden können. Gleichzeitig können die genannten Aspekte als Kriterien eine Orientierung bieten für die Frage, wer oder was Gemeinde ist. Sie machen deutlich, dass nicht jede kirchliche Sozialform den Gemeindebegriff für sich beanspruchen kann, aber eröffnen gleichzeitig die Perspektive unterschiedlicher Formen von Gemeinde im Raum der Kirche. Die Ortsgemeinde zeigt sich dabei deutlich als eine bestimmte Form von Gemeinde mit einer langen Tradition, einer rechtlichen Dominanz und durchaus mit Chancen für die Zukunft. Sie kann jedoch nicht normativ einen theologischen Vorrang oder eine rechtliche Sonderstellung beanspruchen, da auch andere kirchliche Sozialformen diese Kriterien teilweise vollständig und teilweise in Auszügen ebenso erfüllen.

Diese Vielfalt von gemeindlichen Formen sprengt eine umfassende Systematisierung. Um aber zumindest ansatzweise einen Überblick über die existierenden Formen (und die Perspektiven, neue Formen zu entwickeln) zu bekommen, sollen verschiedene »Typen« von Gemeinde unterschieden werden.

2.4 »Typen« von Gemeinde

Unter verschiedenen Möglichkeiten, Gemeindetypen zu unterscheiden, folge ich der Frage nach ihrem Zustandekommen, ihrem »Konstitutionsprinzip«. Dabei sind die drei gerade vorgestellten Ebenen des Gemeindeseins nicht immer in gleicher Weise gegeben: Während die theologische Ebene des geistlichen Geschehens zumindest als Anspruch und Richtschnur für alle gilt, sind in den Verfassungen der Landeskirchen nicht alle dieser Typen als rechtliche Größe konstituiert. Diese rechtliche Logik sollte jedoch nicht zum Kriterium dafür herangezogen werden, was künftig unter »Gemeinde« zu verstehen ist, denn sie entstammt früheren Epochen und hat die heutigen Möglichkeiten und Chancen, Kirche zu sein, nicht im Blick. Die dritte Ebene, das Bewusstsein einer sozialen Zugehörigkeit, ist in den verschiedenen Typen unterschiedlich stark ausgeprägt und wird vor allem auch unterschiedlich gefüllt.

Gemeinde territorial
Die traditionelle Ortsgemeinde entspricht dem territorialen Gemeindetyp, verbunden mit dem Zuordnungsprinzip (s.o.). In der territorialen Logik ist nicht vorgesehen, dass die Gemeinde ein spezifisches Angebot oder ein inhaltliches Profil entwickelt, sondern sie orientiert sich an der Zuständigkeit für einen Bezirk. Hier ist die rechtliche Ebene fraglos gegeben, in vielen Verfassungen wird sie sogar als rechtliche Grundform definiert. Hinsichtlich der dritten Ebene der sozialen Gemeinschaft ist für diesen Gemeindetyp charakteristisch, dass sie für einen Teil der Gemeindeglieder besonders wichtig ist (die sog. »Kerngemeinde«), während andere Mitglieder ein schwächer ausgeprägtes Zugehörigkeitsgefühl besitzen oder auch gar keines (sodass sie z.B. bei der Anmeldung zu einer Trauung erst recherchieren müssen, welches denn eigentlich »ihre« Gemeinde ist).

Gemeinde biografisch
Ein zweiter Gemeindetyp bildet sich aufgrund einer bestimmten biografischen Lebenslage oder einer bestimmten Lebenssituation ihrer Mitglieder. Auch dieser Gemeindetyp erfüllt in der Regel die rechtliche Ebene, in Kirchenordnungen wird er häufig als »Anstaltsgemeinde« oder (begrifflich verwirrend, da es ja auch einen personalen Gemeindetyp gibt, s.u.) als »Personalgemeinde« erfasst.

Diese Form von Gemeinde versammelt Menschen in einer gemeinsamen biografischen Situation. Diese kann kurzfristig angelegt sein wie ein Krankenhausaufenthalt, eine Kur oder Urlaub. Sie kann mittelfristig ausgerichtet sein wie ein Studium oder ein Gefängnisaufenthalt. Sie kann aber auch langfristig bestimmt sein wie die Existenz als Schausteller*in, bei der Polizei oder beim Militär, aufgrund der Lebensform oder auch aufgrund körperlicher Einschränkungen wie Sehbehinderung/Erblindung oder Schwerhörigkeit/Gehörlosigkeit. Die Ebene der sozialen Gemeinschaft ist bei diesem Typ unterschiedlich stark ausgeprägt. Zum einen wechseln in manchen Formen die Mitglieder häufig und zum anderen waren diese Formen ursprünglich nicht an einer Gemeindebildung, sondern an der Seelsorge an Einzelnen orientiert (»Gehörlosenseelsorge«, »Polizeiseelsorge«, »Schaustellerseelsorge« etc.). Allerdings wird bei diesem Typ gerade aufgrund der gemeinsamen Lebenssituation Gemeinschaft punktuell häufig besonders intensiv erlebt, z.B. auf einer Freizeit oder im Rahmen eines besonderen Gottesdienstes.

Neben diesen Formen mit einem eigenen Rechtsstatus gibt es in diesem Gemeindetyp auch Formen, die rechtlich zu einem anderen Gemeindetyp gehören wie die evangelische Kindertagesstätte. Andere entsprechen einer anderen Rechtsform wie die evangelische Schule. Ob sich diese als Gemeinde verstehen, hängt dann wesentlich davon ab, ob die erste Ebene des geistlichen Geschehens und die dritte Ebene der sozialen Gemeinschaft von den Beteiligten erlebt werden.

Gemeinde funktional

Der funktionale Typ von Gemeinde folgt einer inhaltlichen Logik: Die Teilnehmenden kommen aufgrund eines bestimmten Angebots zusammen, das häufig bereits auf bestimmte Zielgruppen ausgerichtet ist. Dies entspricht großen Teilen der nicht-parochialen Arbeitsgebiete, die rechtlich meist als (gesamtkirchliche) Dienste, Werke, (übergemeindliche) Einrichtung o.ä. gefasst werden: z.B. Akademien, Bildungswerke, Frauenwerke, kirchlicher Dienst in der Arbeitswelt, überregionale Jugendarbeit und Jugendkirchen oder Familienbildungsstätten. (vgl. Kapitel 4) Auch bei diesen Formen von Gemeinde ist es möglich, dass sie rechtlich Teil von Ortsgemeinden sind, wenn diese entweder Schwerpunkte setzen, Profile entwickeln und Menschen aus einem größeren Umfeld anziehen oder aber eine bestimmte Kirche mit einem besonderen Profil versehen wie eine Kirche der Stille, eine diakonische »Vesperkirche«, eine Kulturkirche oder eine Gospelkirche. Schließlich lassen sich zu diesem Typ auch zeitlich begrenzte kleine Formen von Gemeinde rechnen, die im Rahmen von Projekten und Angeboten entstehen: Auch im Rahmen eines Glaubenskurses, einer Akademietagung, einer Reise, eines Konfi-Camps, eines Engagements für ein Kirchenasyl, eines Gospelprojekts, einer Pilgerreise, einer Fortbildung etc. kann »Gemeinde auf Zeit« entstehen. Auch hier sind häufig die erste und die dritte Ebene besonders ausgeprägt und werden intensiv erlebt.

Gemeinde personal

Gemeinden können weiter auch nach einem personalen Prinzip zustande kommen. Dann entscheiden sich Menschen für eine bestimmte Gemeinde, der sie angehören möchten, weil sie ihnen persönlich liegt. Sie können sich dorthin auch offiziell »umgemeinden« lassen, müssen es aber nicht. Auf rechtlicher Ebene sind manche Gemeinden dieses Typs offiziell als Personalgemeinden anerkannt, dort wird die Zugehörigkeit auch rechtlich erfasst. Das ist beispielsweise bei manchen Citykirchen der Fall, bei dem die meisten der Gemeindeglieder nicht im territorialen Einzugsbereich wohnen. Auch bei Gospelkirchen gibt es das Phänomen, hier kommt es nicht selten zu allmählichen Übergängen von einer territorialen zu einer personalen Orientierung. Vollständig lassen sich digitale Formen von Gemeinde zu diesem Typ rechnen, bei denen keine amtliche Erfassung erfolgt. Auch die missionarischen

Gemeinden können diesem Typ zugeordnet werden, insofern sie Menschen ohne bisherige Beziehung zur Kirche persönlich vom Evangelium überzeugen und zur Mitarbeit in der Gemeinde motivieren möchten. Gleichzeitig wirkt bei diesen aber auch das Bekenntnisprinzip, so dass sie vielleicht als eine Art Mischtyp zu bezeichnen sind. Der rechtliche Status dieser Form befindet sich überwiegend noch in der Klärungsphase. Auch hier gibt es häufig intensive Erfahrungen auf der ersten und auf der dritten Ebene.

Gemeinde konfessorisch
Für das konfessorische oder das Bekenntnisprinzip von Gemeinde ist schließlich eine bestimmte Frömmigkeit bzw. theologische Einstellung entscheidend. Charismatisch oder evangelikal ausgerichtete Gemeinden innerhalb der Landeskirchen sind ein typisches Beispiel dafür. Auch hier können Menschen ihre Zugehörigkeit durch eine Umgemeindung dokumentieren, müssen es aber nicht. Manchmal bilden auch Ortsgemeinden ein bestimmtes theologisches Profil aus, das dann Menschen anzieht, die nicht in ihrem Einzugsbereich leben. Aber auch reformierte Gemeinden in mehrheitlich lutherisch geprägten Gegenden und umgekehrt beruhen auf diesem Prinzip. Rechtlich werden diese Gemeinden häufig als Ortsgemeinden geführt, folgen jedoch nur teilweise der territorialen Logik.

Natürlich ist nicht immer eine eindeutige Zuordnung realer Gemeinden zu genau einem dieser Typen möglich – manchmal sind es auch Mischformen. Die grundsätzliche Unterscheidung von Gemeindetypen macht jedoch deutlich: Das schlichte Wort »Gemeinde« umfasst eine große und bunte Vielfalt sehr unterschiedlicher Formen, Christ*insein zu leben und Evangelium miteinander zu kommunizieren. Dabei sind die geistliche, die rechtliche und die soziale Ebene nicht immer deckungsgleich. Gleichzeitig zeigt dieser Überblick, dass ein starres Gegenüber von »Gemeinde« und »Nicht-Gemeinde« die komplexe Wirklichkeit nicht angemessen erfasst. Statt sich darüber zu streiten, ob die Kita, der Glaubenskurs, die Kirche der Stille oder die Kirchenasyl-Gruppe nun »wirklich« Gemeinde ist oder nicht, ist es sinnvoller, danach zu fragen, was in ihr geschieht. Denn Gemeinde ist zuallererst ein Ereignis – hier ereignet sich Evangelium und damit Gotteserfahrung. Stände dies im Vordergrund des Gemeindeverständnisses, dürften manche Debatten produktiver werden.

3. Alternativen

Diese Überlegungen können die Grundlage für ein bewussteres Verständnis von »Gemeinde« bilden. Auch hier sind drei Alternativen denkbar, wie man in den Entscheidungsprozessen weiterkommen kann.

Die erste Alternative: »Gemeinde« rechtlich definieren
Eine erste Möglichkeit stellt die o.g. zweite Ebene (Gemeinde als rechtliche Größe) in den Mittelpunkt und orientiert sich an der rechtlichen Konstruktion, die ihren Niederschlag in Verfassungen und Kirchenordnungen findet. Dies kann zu einem Bewahren des bisherigen Status führen, der die Ortsgemeinde als »Normalform« oder »Grundform« sieht und einige Ausnahmemöglichkeiten von Gemeindebildung definiert. Es ist aber durchaus auch möglich (und geschieht teilweise auch bereits, wie beispielsweise in der neuen Verfassung der Hannoverschen Landeskirche), zusätzlich zu den

bisher üblichen »Ortsgemeinden«, »Anstaltsgemeinden« und »Personalgemeinden« neue Typen von Gemeinde zu definieren oder den Begriff der Personalgemeinde weiter zu fassen und zu betonen, dass Gemeinde auf unterschiedliche Weise zustande kommen kann.

Ein Vorteil dieses Vorgehens ist die klare rechtliche Regelung, die Rechtssicherheit und Orientierung vermittelt. Wenn sich diese Alternative mit einer Erweiterung der Gemeindeformen verbindet, kann sich dieser Weg in den Diskussionen um die Verteilungen der Ressourcen produktiv zugunsten der Vielfalt von Gemeindeformen auswirken.

Die Schwäche dieser Alternative liegt darin, dass eine der drei Ebenen des Gemeindebegriffs dominiert und die anderen in ihrer Bedeutung zurücktreten. Formen von »Gemeinde auf Zeit« sind in dieser Logik nicht zu erfassen. Die theologische Frage nach dem geistlichen Geschehen kann dann hinter die rechtlichen Fragen zurücktreten.

Die zweite Alternative: »Gemeinde« als Vielfalt von Gemeinden gestalten

Eine zweite Variante löst sich in ihrem Gemeindeverständnis von der Dominanz der klassischen Formen und sucht diese gezielt mit neuen Gemeindegründungen zu erweitern, beispielsweise um missionarische oder diakonische Gemeinden, zielgruppenorientierte Gemeinden etc. Ziel ist dann eine – dem anglikanischen Modell der »Fresh Expressions of Church« entnommene – »mixed economy« (mehr dazu vgl. Kapitel 5). Sie möchte die Ortsgemeinde erhalten, jedoch andere Typen von Gemeinde neben diese stellen in gegenseitiger Bereicherung. Möglichst viele Menschen in ihrer Unterschiedlichkeit sollen damit den ihnen naheliegenden Zugang zum Evangelium und zur Kirche finden können.

Die Stärke dieses Vorgehens ist die gezielte Suche nach und Förderung von Formen von Gemeinde, die andere Menschen als bisher ansprechen und für sie attraktiv sind. Die neuen Formen von Gemeinde gehen in der Regel von den Lebenslagen und Bedürfnissen von Menschen aus und fragen danach, welche Formen der Kommunikation des Evangeliums sie brauchen.

Seine Schwäche ist, dass die Folgen für das bisher dominante territoriale Prinzip gravierender sind, als es in der Regel benannt wird. Konsequent weitergedacht, würde mit der Existenz einer größeren Anzahl von anderen Gemeindeformen ja letztlich jede Gemeinde einer personalen Logik folgen (möglicherweise mit biografischem, funktionalem oder konfessorischem Hintergrund). Auch der Anschluss an die Ortsgemeinde wäre dann eine individuelle Entscheidung. Kirchenrechtlich müsste dann langfristig eigentlich die Zuweisung jedes Kirchenmitglieds an eine Ortsgemeinde aufgehoben werden. Dies kann durchaus eine gute Möglichkeit für die Zukunft der Kirche sein, sie sollte jedoch reflektiert und benannt werden. Das Gleiche gilt für die Einsicht, dass bei einer gerechten Verteilung von Ressourcen zwischen den verschiedenen Gemeindetypen die Ortsgemeinden zumindest in ihrer bisherigen Gestalt so weit hinsichtlich ihrer finanziellen und personellen Ausstattung eingeschränkt werden, dass sie sich grundlegend verändern müssten – was durchaus möglich und auch sinnvoll wäre, jedoch in dieser Alternative noch nicht mitbedacht wird.

Die dritte Alternative: »Gemeinde« fluide denken

Eine dritte Alternative denkt den Gemeindebegriff von dem geistlichen und dem sozialen Geschehen her und nimmt die Vielfalt gemeindlicher Formen wertschätzend in den Blick, ohne trennscharf zwischen »Gemeinde« und »Nicht-Gemeinde« zu unterscheiden. Im Blick auf die Zukunft der Kirche geht es in dieser Perspektive weniger um Regelungen und Abgrenzungen als um Ermöglichung und Förderung von einem Zusammenkommen von Menschen, um Evangelium zu erleben – sei es auf Dauer, sei es zeitlich begrenzt. Gemeindlichen Formen auch innerhalb eines anderen rechtlichen Rahmens wie der Kita, der Arbeit mit wohnungslosen Menschen oder der Citykirche käme die gleiche Aufmerksamkeit und das gleiche Recht auf Ressourcen zu wie den rechtlich verfassten Formen.

Die Stärke dieses Vorgehens ist die klare Orientierung an der theologischen Ebene des geistlichen Geschehens in unterschiedlichen sozialen Formen. »Gemeinde« wird als Realisierung der Kirche Jesu Christi und als Kommunikationsort des Evangeliums gedacht und dies in jeder Form gefördert. Deutlicher als bisher können die Chancen kleinerer gemeindlicher Formen vor Ort wahrgenommen werden, auch wenn die rechtlich gefasste Kirche nicht mehr überall sein kann, zumal wenn der Prozess dorthin gut – auch geistlich – begleitet wird.

Seine Schwäche ist die Vernachlässigung der rechtlichen Ebene und damit auch die fehlende Verankerung in den Entscheidungsgremien hinsichtlich der Ressourcen. Dass die gemeindliche Landschaft unübersichtlicher und die gesamtkirchliche Gestaltung komplexer wird, kann möglicherweise zunächst erschrecken.

4. Anregungen zur Weiterarbeit

Fragen auf dem Weg zu einer eigenen Position

- Wie war mein bisheriges Bild von »Gemeinde«? Welche Formen habe ich mit diesem Begriff assoziiert? Welche der drei Ebenen (vgl. 2.3) war in meinem Bild dominant?
- Gibt es durch die Lektüre dieses Kapitels eine Erkenntnis, die dieses Bild verändert?
- Was erlebe ich als besondere Stärke der Ortsgemeinde?
- Was erlebe ich als besondere Schwäche?
- Wie sähe meine ideale Gemeinde aus? Wie kommt sie zustande? Was geschieht in ihr? Welche Form von Gemeinschaft wird in ihr gelebt?
- Welche anderen Vorstellungen von einer »idealen Gemeinde« kenne ich von anderen Menschen und welche kann ich phantasieren?
- Für welche Menschen sollten Gemeinden vor allem da sein? Welche Formen von Gemeinde wären dafür besonders geeignet?
- Wo wäre in meinen Augen die Grenze erreicht, jenseits derer eine Form von Kirche sich nicht mehr »Gemeinde« nennen sollte?

Ein biblisch-bibliologischer Impuls:

Johannes 21, 1-7: Das Netz auf der anderen Seite auswerfen
Danach offenbarte sich Jesus abermals den Jüngern am See von Tiberias. Er offenbarte sich aber so: Es waren beieinan-

der Simon Petrus und Thomas, der Zwilling genannt wird, und Nathanael aus Kana in Galiläa und die Söhne des Zebedäus und zwei andere seiner Jünger. Spricht Simon Petrus zu ihnen: Ich gehe fischen. Sie sprechen zu ihm: Wir kommen mit dir. Sie gingen hinaus und stiegen in das Boot, und in dieser Nacht fingen sie nichts. Als es aber schon Morgen war, stand Jesus am Ufer, aber die Jünger wussten nicht, dass es Jesus war. Spricht Jesus zu ihnen: Kinder, habt ihr nichts zu essen? Sie antworteten ihm: Nein. Er aber sprach zu ihnen: Werft das Netz aus zur Rechten des Bootes, so werdet ihr finden. Da warfen sie es aus und konnten's nicht mehr ziehen wegen der Menge der Fische. Da spricht der Jünger, den Jesus lieb hatte, zu Petrus: Es ist der Herr!

»Ich gehe fischen.« Nach dem Tod Jesu kehrt Simon, den Jesus Petrus genannt hatte, zu der Tätigkeit zurück, mit der er sein Brot verdient hatte, bevor er Jesus nachgefolgt war. Ob er schlicht Hunger hat, eine Beschäftigung braucht, Vertrautes sucht nach der Katastrophe, ob er zurück will in sein altes Leben: Er geht fischen und die anderen kommen mit.

Wieder und wieder werfen sie die Netze aus, so wie sie es gelernt und schon so oft gemacht haben – ohne Erfolg. Obwohl sie die Abläufe genau kennen und jeder Handgriff durch jahrelange Übung sitzt, fangen sie einfach gar nichts. Schlimm genug. Und dann spricht sie auch noch jemand auf ihren Misserfolg an: »Habt ihr nichts zu essen?« Vielleicht mit Empathie und Mitgefühl in der Stimme, aber schwingt da nicht auch etwas Spott mit im Sinne von: »Bekommt ihr das nicht hin?« Entsprechend knapp fällt ihre Antwort aus: »Nein.« Nichts gefangen, nichts zu essen. Nichts, was nährt, und nichts, was Hoffnung gibt. Darauf kommt von dem Fremden ein Rat, vielleicht auch eine Anweisung, die aber mit dem zweiten Satz auch ein wenig wie eine Verheißung klingt: »Werft das Netz aus zur Rechten des Bootes, so werdet ihr finden.« Macht etwas anders, als ihr es immer gemacht habt. Blickt einmal auf die Seite, die ihr bisher noch nicht im Blick hattet. Wagt etwas Neues.

Erstaunlicherweise folgen die Jünger dem Impuls. Auch wenn sie erschöpft, frustriert, genervt oder hoffnungslos sein mögen, tun sie, was der Fremde sagt. Die Sehnsucht danach, zu »finden«, wie es der Fremde formuliert, muss wirklich groß sein. Sie bleiben nicht bei dem, was ihnen vertraut ist und wie sie es immer schon gemacht haben, sondern blicken trotz (oder gerade wegen?) ihrer Frustration auf die andere Seite und probieren aus, was passiert.

Und das Überraschende geschieht: Es gelingt – und das auch noch in einem ganz unerwarteten Maß. Statt einige Fische zu fangen wie gedacht, ist das Netz so voll, dass sie es gar nicht mehr ziehen können. Mit dieser unerwarteten Fülle umzugehen, ist offensichtlich jetzt auch gar nicht so einfach. Aber sie entdecken dabei, dass es Jesus ist, der gesagt hat: »Macht es nicht immer wieder so, wie ihr es gewohnt seid. Blickt auf die andere Seite und versucht es dort. Es lohnt sich.«

Die Jünger entdecken auf diesem Wege, dass ihre Geschichte mit Jesus nicht vorbei ist, sondern in einer anderen Form weitergeht – auf die sie sich neu einlassen müssen. Möglicherweise ist dies für die Zukunft der Gemeinde heute gar nicht so anders.

Eine methodische Idee für die gemeinsame Arbeit in einem kirchlichen Gremium:

Formen von Gemeinde entdecken

Auf eckigen Moderationskarten in verschiedenen Farben steht jeweils eine gemeindliche Form: Ortsgemeinde, Akademiegemeinde, Gemeinde um die Kirche der Stille, missionarische Gemeinde, Kita, Gefängnisgemeinde, digitale Gemeinde ... Die Farben der Karten richten sich dabei nach dem jeweiligen Gemeindetyp, z.B. rot für den territorialen Typ, blau für den biografischen etc. Runde Karten werden mit jeweils einer der drei Dimensionen von Gemeinde (theologisch, rechtlich, sozial) überschrieben (jedoch so, dass noch Platz für Notizen ist).

Die eckigen Karten werden im Raum ausgelegt und zu jeder werden drei runde Karten mit den drei Dimensionen gelegt. Die Teilnehmer*innen stellen sich gemeinsam mit anderen zu den verschiedenen gemeindlichen Formen und tauschen miteinander aus, wo und wie sie diese Form erlebt haben. Sie überlegen miteinander, was die theologische, die rechtliche und die soziale Ebene in der jeweiligen Form von Gemeinde bedeuten könnte.

Anschließend wählen die Teilnehmenden Gemeindeformen aus, die sie näher interessieren. Sie stellen sich dazu, versetzen sich in Personen hinein, die dieser Gemeinde angehören, und phantasieren, was diese in der Gemeinde erleben und wie sie die Kommunikation des Evangeliums dort erfahren.

Zum Abschluss erfolgt ein Austausch über mögliche neu gewonnene Erkenntnisse.

Kapitel 4
Kirche jenseits der Ortsgemeinde

Einstieg: Szenen aus der kirchlichen Praxis

Szenario 1:
Auf der Tagesordnung der Landessynode steht ein Beschluss für die künftige Verteilung der Pfarrstellen. Angesichts der bereits zurückgegangenen und weiter zurückgehenden Zahl der Pfarrpersonen muss der Zuweisungsschlüssel spürbar verändert werden: Den Ortsgemeinden stehen künftig deutlich weniger Pfarrstellen zur Verfügung und viele freiwerdende Stellen können nicht wiederbesetzt werden.

Nicht wenige Delegierte haben den Eindruck, dass ihre Gemeinde dann kaum noch produktive Arbeit leisten kann, und nicht wenige Hauptamtliche erschreckt die Perspektive, künftig für noch mehr Gemeindeglieder zuständig zu sein als zuvor. Alternativen werden gesucht. Da kommt der Vorschlag: Können wir nicht die übergemeindlichen Pfarrstellen auflösen und die Kräfte in den Ortsgemeinden konzentrieren? Eingerichtet in den »fetten Jahren« als Ergänzung und Entlastung der Ortsgemeinden, sollte sich die Kirche in diesen knappen Zeiten doch auf ihre Grundform konzentrieren und diese mit allen verfügbaren Pfarrpersonen ausstatten.

Dagegen wird protestiert: Soll es keine kirchliche Arbeit mehr in Krankenhäusern und Gefängnissen geben? Darf die Kirche Menschen in sozial schwierigen Lebensverhältnissen, denen das Evangelium besonders gilt, die aber von der Ortsgemeinde schlecht erreicht werden, wirklich vernachlässigen? Brauchen wir keine kirchlichen Fortbildungseinrichtungen für Haupt- und Ehrenamtliche mehr? Sollen die

Akademien, die Citykirche und die Kirchlichen Dienste in der Arbeitswelt geschlossen werden, die Zielgruppen erreichen, die kaum den Weg in die Ortsgemeinden finden (und damit vermutlich etliche Kirchenaustritte gutverdienender Menschen provozieren)? Diese Bereiche könnten doch von der Ortsgemeinde mitversorgt werden, wird eingewendet, aber sofort zurückgefragt: Wie soll das gehen? Die anderen Formen von Kirche hätten sich ja gerade entwickelt, weil die Ortsgemeinde mit bestimmten Bereichen kirchlicher Arbeit überfordert wäre ...

Deutlich wird, dass damit eine Grundsatzfrage angesprochen ist, die weit über die Pfarrstellenverteilung (und ebenso die Finanzverteilung) hinausgeht: Wie verhalten sich die Ortsgemeinden und die anderen Formen von Kirche zueinander? Welche theologische Bedeutung haben letztere, was leisten sie für die Kirche und welche Rolle sollen sie künftig in ihr spielen? Welche Möglichkeiten gibt es, das Konkurrenzdenken in gegenseitige Wertschätzung zu verwandeln?

Szenario 2:
*Die Mirjam-, die Aaron- und die Mosegemeinde stehen mitten im Regionalisierungsprozess. Sie möchten sich gegenseitig entlasten und die Arbeitsgebiete klar aufteilen: Jugendarbeit, Arbeit mit Familien, möglicherweise auch die Senior*innenarbeit, Diakonie, kirchenmusikalische Arbeit, Bildungsarbeit, Meditation etc. soll eine Gemeinde jeweils für die Region gestalten. Das würde ihnen ganz neue Möglichkeiten eröffnen, die sie schon lange suchen.*

Als es konkret wird, merken sie jedoch rasch: Wenn sie nicht nur vom Status quo ausgehen, sondern mehr und andere Menschen mit dem Evangelium erreichen möchten als bisher, dann würde sie dies erneut überfordern. Beim Nach-

denken über die Aufgaben der Kirche in der Region wird ihnen aber auch noch etwas anderes deutlich: Bei ihnen ist das Diakonische Werk des Kirchenkreises angesiedelt und es gibt eine evangelische Familienbildungsstätte. Etwas weiter entfernt gibt es seit einigen Jahren eine Jugendkirche. Zu allen dreien gab es bisher wenig Kontakt. Wenn jetzt aber Kirche von ihren Aufgaben her für die Region neu gedacht wird, wäre es dann nicht sinnvoll, diese kirchlichen Einrichtungen einzubeziehen? Was aber hieße das für die gemeindliche Arbeit und das Selbstverständnis der Ortsgemeinden?

Szenario 3:
Beim Orientierungsseminar für Theologiestudierende geht es um die persönlichen beruflichen Perspektiven des pastoralen Nachwuchses: Wo sehen sie sich in 10 Jahren? Einige wünschen sich eine städtische, andere eine ländliche Gemeinde, für wieder andere ist die Arbeit in einem Pfarrteam das Wichtigste. Ein Teil der jungen Leute sieht sich allerdings gar nicht in der Ortsgemeinde, sondern in der Seelsorge, der übergemeindlichen Bildungsarbeit oder ohne konkrete Vorstellung des Arbeitsgebietes, jedoch nicht in der Ortsgemeinde. Die relativ unstrukturierten Arbeitsbedingungen und die Erwartungen an eine »Allzuständigkeit« könnten sie sich für ihre Person nicht vorstellen oder aber sie sähen ihre Stärken in einem anderen Gebiet. Gefragt, welche Alternativen sie hätten, wenn dies nicht gelingt, sagen mehrere, dass sie sich dann entweder beruflich anders orientieren oder nach einer Landeskirche suchen würden, in der sie übergemeindlich tätig sein könnten. Was bedeutet dies für die Kirche? Wie kann hier langfristige Personalentwicklung gelingen, die die Kirche für junge Menschen als Arbeitgeberin attraktiver werden lässt?

1. Die Herausforderung

Die Kirche in Deutschland lebt in eigentümlichen Strukturen. Einerseits gibt es mit der Ortgemeinde eine zahlenmäßig und rechtlich dominante Form, andererseits existieren neben ihr diverse Arbeitsfelder und Sozialformen von Kirche, die sich mit ihr die Aufgabe teilen, Evangelium zu kommunizieren. Sie firmieren uneinheitlich unter »Diensten«, »Werken« oder »Einrichtungen«, »gemeinsamen Diensten«, »gesamtkirchlichen Diensten«, »übergemeindlichen Arbeitsformen« oder »Sonderdiensten«. Da es keinen allgemein anerkannten Begriff für die Formen jenseits der Ortsgemeinde gibt, bezeichne ich sie mit der Hilfskonstruktion »nicht-parochiale Formen« – d.h. alle Formen, die nicht »parochial«, also ortsgemeindlich strukturiert sind. Wie groß ihr Prozentsatz im Vergleich zu den Ortsgemeinden ist, ist je nach Landeskirche und auch innerhalb der Landeskirchen regional noch einmal unterschiedlich. Zum einen ist sie in den Städten größer als auf dem Land, weil sich viele gesellschaftliche Themen in ihrer Bedeutung für die Kirche in diesem Kontext früher zeigten und die entsprechenden Arbeitsstellen dort angesiedelt wurden. Da sie Menschen in einem größeren regionalen Rahmen ansprechen als die Ortsgemeinden, wurden die Wege auf dem Land häufig als zu weit für eine ausdifferenziertere kirchliche Struktur empfunden. Zudem bildet sich die gesellschaftliche Pluralität von Menschen in der Großstadt stärker ab als auf dem Land. Zum anderen ist sie tendenziell in Westdeutschland höher als in Ostdeutschland. Als in der BRD in der zweiten Hälfte des 20. Jh. viele Dienste, Werke und Einrichtungen etabliert wurden, war dies in der DDR politisch gar nicht möglich. Die Erfahrungen mit dem sozialistischen Staat haben zudem auch nicht dazu motiviert, intensiv nach Schnittstellen zwischen Kirche und Gesellschaft zu suchen, und legten stärker die lokalen und gemeinschaftsbetonten parochialen Formen nahe. Ihr Ausbau wurde dann nach 1990 unter anderem auch durch das geringe Finanzvolumen erschwert. Bis heute haben die östlichen Landeskirchen eine wesentlich geringere Dichte an Diensten, Werken und Einrichtungen und ihre Bedeutung für die Kommunikation des Evangeliums ist daher häufig auch weniger im Bewusstsein.

Insgesamt sind sie in der Evangelischen Kirche in Deutschland jedenfalls keineswegs eine marginale Größe: EKD-weit sind ca. ein Viertel der Pfarrstellen nicht-parochial ausgerichtet (teils ausschließlich und teils zusätzlich zur ortsgemeindlichen Tätigkeit, vgl. https://www.ekd.de/statistik-haupt-und-ehrenamt-44292.htm, abgerufen am 10.12.2020). Diese Arbeitsbereiche machen für viele Menschen »ihre« Kirche aus – wenn sie beispielsweise regelmäßig an Veranstaltungen der Männerarbeit, der Akademie oder an spirituellen Angeboten einer Kirche der Stille teilnehmen, in einer diakonischen Einrichtung Unterstützung und Gemeinschaft finden oder in der Jugendkirche oder bei Freizeiten des Jugendwerkes prägende geistliche und soziale Erfahrungen machen.

In der Öffentlichkeit und auch in Teilen der Kirche sind diese Formen in den Bildern von »Kirche« jedoch oft nicht sehr präsent. Sie scheinen dann sekundär und gar nicht so selten wird – wie im ersten Szenario – die Ansicht geäußert, sie seien in finanziell und personell schwierigen Zeiten auch verzichtbar. Dabei erfolgt häufig keine intensivere Auseinandersetzung mit der Frage, was diese Formen eigentlich leisten und wie sie theologisch zu bewerten sind. In der Tat gibt es bislang auch erstaunlich wenig theologische Beschäftigung mit den nicht-parochialen Formen von Kirche, was möglicherweise zu der häufig zu beobachtenden Reflexionslücke in kirchlichen Gremien auch beiträgt.

Ein erster Vorstoß wurde gestartet von Sebastian Borck: »Gottes kräftiger Anspruch auf unser ganzes Leben«. Die Kirche und ihre Dienste und Werke in den Herausforderungen der Gesellschaft, Kiel 2016.

Gegenwärtig entsteht an meinem Institut ein von der Deutschen Forschungsgemeinschaft finanziertes Projekt zu diesem Thema, das die Konstruktion der Dienste, Werke und Einrichtungen historisch, soziologisch und theologisch untersucht.

Um fundierter über die Zukunft nicht-parochialer Formen und über ihre Rolle in der künftigen Gestalt von Kirche diskutieren und entscheiden zu können, sind daher Informationen über ihre Hintergründe wichtig.

2. Hintergrundwissen

2.1 Was macht die nicht-parochialen Formen von Kirche aus?

Schon dass es keine treffende Bezeichnung für die Formen von Kirchen jenseits der Ortsgemeinde gibt, zeigt, dass diese in ihrer Aufgabenstellung, ihrer Form, ihrer rechtlichen Konstruktion und in ihrem Charakter ausgesprochen vielfältig sind. Einige Merkmale lassen sich aber dennoch benennen, die zumindest für die meisten gelten:

Nicht-parochiale Formen widmen sich einem bestimmten kirchlichen Handlungsfeld. Anders als die territorial bestimmte Ortsgemeinde steht nicht die Zuständigkeit für ein

Gebiet, sondern eine bestimmte inhaltliche Aufgabe im Vordergrund. Man nennt dies auch eine »funktionale« Orientierung, weil sie eine bestimmte Funktion für die Kirche erfüllen (vgl. Kapitel 3).

Für dieses Handlungsfeld sind oft zusätzliche Kompetenzen neben den theologischen und kommunikativen erforderlich. So sind in einem pädagogisch-theologischen Institut pädagogische Fähigkeiten vonnöten, im Amt für Öffentlichkeitsdienst journalistische und medientechnische, in den Diakonischen Werken sozialwissenschaftliche und rechtliche etc. Entsprechend arbeiten in diesen Einrichtungen auch Pädagog*innen, Journalist*innen, Sozialwissenschaftler*innen etc., häufig im Team mit Pfarrer*innen, Diakon*innen und Gemeindepädagog*innen.

Auf dieser Basis lassen sich unterschiedliche Typen nichtparochialer Formen von Kirche unterscheiden:

- Ein Teil der Dienste, Werke und Einrichtungen bewegt sich an einer Schnittstelle zwischen Kirche und Öffentlichkeit und widmet sich gesellschaftlich relevanten Themen. So geht es z.B. im Kirchlichen Dienst in der Arbeitswelt um die christliche Dimension im Berufsleben, im Frauenwerk oder der Männerarbeit um gendersensible Aspekte religiöser Kommunikation, in der Arbeitsstelle interreligiöser Dialog um das respektvolle Zusammenleben unterschiedlicher Religionen, in den Kultur- und Citykirchen um den Dialog zwischen Kultur und Religion und in den Akademien insgesamt um die Bearbeitung gesellschaftlicher Themen im Dialog von Menschen – seien sie Mitglieder der Kirche oder auch nicht. Nach außen sind sie damit erkennbar als kirchliche Stelle, die öffentlich zu der jeweiligen Thematik angefragt werden kann. Innerhalb der Kirche stellen sie die theologisch unlösbare Verbindung zwischen christlichem Glauben und Themen des gesellschaftlichen Lebens sicher. Neue gesellschaftliche Themen rufen daher auch oft neue Arbeitsstellen hervor wie beispielsweise das mittlerweile in Hamburg ansässige Werk der Nordkirche »Kirche im Dialog« für die Förderung des Gesprächs mit nicht religiös orientierten Menschen.

- Ein Teil dieser Formen ist für die Kommunikation des Evangeliums mit bestimmten Zielgruppen zuständig (vgl. das biografische Prinzip in Kapitel 3). Traditionell sind dies Gruppen, für die aus äußeren Gründen die klassischen Ortsgemeinden nicht oder nur schwer zugänglich sind – beispielsweise Menschen im Krankenhaus, im Gefängnis, beim Militär oder im Schaustellergewerbe, Seeleute, Studierende, Menschen mit Seh- oder Hörbehinderungen. Nicht-parochiale Formen bieten aber auch für andere Zielgruppen alternativ zur Ortsgemeinde einen Zugang zur Kirche mit eigenen Angeboten: für Jugendliche, Frauen, Männer, Singles, transidente Menschen etc.
- Ein weiterer Teil der Dienste, Werke und Einrichtungen stellt sicher, dass bestimmte Aufgaben der Kirche in einer Weise gestaltet werden, wie sie in der spätmodernen Gesellschaft erforderlich ist, um gut wirken zu können. Hier ist vor allem die organisierte Diakonie zu nennen, die zum Teil zu den kirchlichen Werken und damit zu den nicht-parochialen Einrichtungen der Kirche gehört, aus historischen Gründen zum Teil aber auch rechtlich selbstständig neben der Kirche existiert. Christliche Hilfeleistung, die einen wesentlichen Bestandteil des christlichen Glaubens und auch der Kommunikation des Evangeliums durch die Tat bildet, benötigt in der komplexen spätmodernen Gesellschaft eine eigenständige Organisation und ein hohes Maß an diakonischer Professionalität. Ähnliches gilt für

kirchliche Beratungsstellen und Kitawerke. Interessanterweise wurden in den letzten Jahrzehnten auch für den Bereich der Spiritualität nicht-parochiale Einrichtungen geschaffen, oft in nicht mehr ortsgemeindlich genutzten Kirchen oder Klöstern, die auch Menschen ohne sonstigen Kontakt zur Kirche anziehen. Dazu gehört auch ein Teil der Citykirchenarbeit für Menschen, die mitten im Alltag spirituell »auftanken« möchten.

- Zu den nicht-parochialen Formen gehören weiter auch Gemeinden, die auf anderen Wegen zustande kommen als über die territoriale Logik. Zu diesen zählen die schon seit dem 18./19. Jh. existierenden Personalgemeinden, denen man sich nach persönlicher Wahl anschließt (vgl. das personale Prinzip in Kapitel 3). Zu diesem Typ sind aber auch sog. »Bekenntnisgemeinden« zu rechnen, die ein besonderes theologisches – z.B. evangelikales – Profil haben oder reformierte Gemeinden in mehrheitlich lutherischen Gegenden sind bzw. umgekehrt. Weiter sind neue Gemeindeformen wie z.B. die »Fresh Expressions of Church« (vgl. Kapitel 5) zu nennen, die in einem bestimmten Kontext für eine bestimmte Zielgruppe mit missionarischem Charakter gegründet werden. Und schließlich gehören auch digitale Gemeindeformen dazu.
- Andere nicht-parochiale Formen sind schließlich zuständig für die innerkirchliche Fortbildung und Beratung und damit für die Förderung gelingender kirchlicher Arbeit: Pastoralkollegs, Pädagogisch-Theologische Institute, Fortbildungsstellen für pädagogische Fachkräfte in kirchlichen Kitas, Fachstellen für Ehrenamt, Gottesdienstinstitute, Ämter für Gemeindedienst, Personal- und Organisationsentwicklungsstellen etc.

Diese Zusammenstellung zeigt bereits: Die Themen, Handlungsfelder und Zielgruppen der nicht-parochialen Formen lassen sich nicht trennscharf von denen der Ortsgemeinde abgrenzen. Viele Bereiche werden von beiden bearbeitet, aber in unterschiedlicher Weise, die einander ergänzen und sich gegenseitig benötigen: Seelsorge wird in der Ortsgemeinde und im Beratungszentrum ausgeübt, Bildungsarbeit in der Ortsgemeinde und in der evangelischen Erwachsenenbildung, Jugendarbeit in der Ortsgemeinde und in der überregionalen Jugendarbeit, Frauenarbeit in der Ortsgemeinde und im Frauenwerk etc. Sie bieten jedoch unterschiedliche Wege an in der Einsicht, dass manche Menschen eher von diesen und andere von jenen angesprochen werden und jede Organisationsform alleine damit überfordert wäre, für alle da zu sein.

Manchmal verschieben sich auch die Gewichte, was in welcher Organisationsform sinnvoller gestaltet werden kann: Wurden die evangelischen Kindertageseinrichtungen traditionell von den Ortsgemeinden getragen, wird in den letzten Jahren ihre Rechtsträgerschaft häufig übergeleitet auf sogenannte Kitawerke oder -verbände, die damit die Ortsgemeinden verwaltungstechnisch entlasten. Umgekehrt ist nach 2015 die diakonische Arbeit mit geflüchteten Menschen, die davor vor allem in diakonischen Werken verankert war, auch in Ortsgemeinden wahrgenommen worden, was teilweise zu produktiven Kooperationen mit diakonischen Einrichtungen geführt hat. Beides sind gute Beispiele dafür, dass je nach Erfordernissen entschieden werden sollte, welche Aufgaben jeweils von welcher Organisationsform sinnvoller bearbeitet werden können.

Wie die Zusammenstellung der verschiedenen Typen von nicht-parochialen Formen zeigt, unterstützt ein Teil der nicht-parochialen Einrichtungen die Ortsgemeinden mit Fortbildungen und Beratungen, jedoch bei weitem nicht alle. Die meisten richten sich direkt mit eigenen Angeboten an Menschen. Dazwischen gibt es auch Mischformen. Es hält sich jedoch recht hartnäckig das Bild, dass nicht-parochiale Formen vorrangig zur Unterstützung der parochialen vorhanden seien und von daher ihr Existenzrecht hätten – meist verbunden mit der Annahme eines theologischen Vorrangs der Ortsgemeinde als »eigentlicher« Form der Kirche. Nicht-parochiale Formen von Kirche sind jedoch für viele Menschen im deutschsprachigen Raum »ihre« Kirche, in der sie Evangelium erleben, christliche Gemeinschaft erfahren und kirchliche Heimat finden.

2.2 Einige Blicke zurück – die Anliegen der Dienste und Werke

Die nicht-parochialen Formen haben eine ebenso komplexe Entstehungsgeschichte, wie sie selbst komplex sind. Ich nenne hier nur einige ihrer wichtigsten Wurzeln. In diesen werden gleichzeitig die zentralen Anliegen dieser Formen von Kirche deutlich.

Seit dem 19. Jh. entstanden nach und nach »Sonderpfarrämter«, in denen Pfarrer und später auch Pfarrerinnen eingesetzt wurden für Menschen, die von der regulären pastoralen Versorgung in den Ortsgemeinden nicht erreicht werden konnten. Dies galt z.B. für das Militär, für Menschen in Krankenhäusern und Gefängnissen oder bei Schausteller*innen oder Zirkusleuten. Das Anliegen war hier, keinen Menschen deshalb vom Kontakt mit dem Evangelium auszuschließen, weil er keinen Kontakt zu einer Ortsgemeinde halten kann.

Eine weitere wichtige Wurzel der heutigen Dienste, Werke und Einrichtungen waren die christlichen Vereine, die sich im 19. Jh. für diakonische, missionarische und bildende Aufgaben einsetzten. Ursprünglich rechtlich selbstständig, konnten sie im Nationalsozialismus ihrer faktischen Auflösung durch die sog. »Gleichschaltung« dadurch entgehen, dass sie sich in die Kirche integrierten und ihre rechtliche Selbstständigkeit dabei aufgaben. Viele von ihnen blieben nach 1945 unter dem Dach der Kirche und wurden zu kirchlichen »Diensten« und »Werken«. Ihr Anliegen war es, bestimmte Aufgaben intensiver wahrzunehmen, als ihnen dies in den damaligen Ortsgemeinden möglich erschien.

Die meisten Gründungen von Diensten, Werken und Einrichtungen entstanden in den 1960er und 1970er Jahren im Westen Deutschlands im Rahmen der Kirchenreformbewegung. Diese wollte die Evangelische Kirche damals inhaltlich und strukturell verändern, weil sie auf den raschen gesellschaftlichen Wandel seit den 1950er Jahren noch kaum reagiert hatte. Selbstkritisch wurde damals ein Realitätsdefizit der Kirche festgestellt: »Ganze Bereiche des öffentlichen Lebens sind für sie unerforschtes Gebiet und ein weißer Fleck auf der Landkarte unserer Gemeinden.« (Zur Nieden, Ernst: Die Gemeinde nach dem Gottesdienst, Stuttgart 1955, 12) Das Anliegen war hier: Die Kirche müsse ihre eigenen Grenzen überwinden und sich in die moderne Gesellschaft hineinbegeben, für die sie einen missionarischen Auftrag besitze. Dafür seien die Sozialstrukturen der Ortsgemeinde ergänzungsbedürftig. Unter anderem wurden nicht-parochiale Einrichtungen gefördert und neu gegründet, um den vielfältigen Lebenswirklichkeiten von Menschen besser gerecht zu werden und stärker in der gesellschaftlichen Öffentlichkeit präsent zu sein. Allerdings standen diese Formen kirchlicher

Arbeit immer ein wenig unverbunden neben der weiterhin dominant bleibenden Gestalt der Ortsgemeinde. Sie wurden nur selten theologisch begründet bzw. ihre Begründungen wurden nicht so breit kommuniziert, dass sich die unterschiedlichen Möglichkeiten, Kirche zu sein, wirklich im Bewusstsein der Gesellschaft verankert hätten – was im Grunde bis heute gilt.

Um dieses Defizit auszugleichen, wurde und wird auch noch überlegt, ob eine eigenständige theologische Begründung der Dienste und Werke erarbeitet werden müsse. Eine solche wäre jedoch problematisch, wenn damit eine »besondere« Form von Kirche quasi gerechtfertigt werden müsste, während eine »Normalform« theologisch nicht bedacht würde. Sinnvoll gestalten sich theologische Überlegungen zu nicht-parochialen Formen dann, wenn sie Teil eines grundsätzlichen theologischen Nachdenkens über die Organisationsformen der Kirche und ihren Auftrag sind. Denn, wie in Kapitel 1 dargestellt, gilt ja für jede kirchliche Organisationsform: Sie bildet einen menschlichen und daher historisch bedingten und irrtumsfähigen Versuch, den göttlichen Auftrag der Kommunikation des Evangeliums für eine bestimmte Zeit und Kultur umzusetzen. An diesem Auftrag muss immer wieder überprüft werden, wie angemessen und wie sinnvoll die jeweiligen Formen sind, d.h. wie gut sie der Kommunikation des Evangeliums dienen – absolute »Richtigkeit« kann es dabei nie geben.

Besonders in einer Zeit gesellschaftlicher Pluralität wie heute, in der sich auch die Glaubenswege vervielfältigen, ist es daher wichtig, dass es unterschiedliche Formen von Kirche gibt, in denen Evangelium auf verschiedenen Wegen kommuniziert wird. Damit werden nicht Dienste, Werke und Einrichtungen als solche theologisch begründet, sondern eine Vielfalt von Formen, in denen Evangelium kommuniziert wird, erscheint vom Auftrag der Kirche her gefordert.

2.3 Sind die nicht-parochialen Formen von Kirche »Gemeinde«?

In Kapitel 3 ist deutlich geworden: »Gemeinde« ist im theologischen Sinne nicht auf eine bestimmte rechtliche Form einzugrenzen, sondern ist dadurch gekennzeichnet, was in ihr geschieht. Nach den dort genannten Kriterien ist ein Teil der Dienste und Werke durchaus als »Gemeinden« zu bezeichnen – aber wiederum nicht alle. Manche könnten z.B. durch die in Kapitel 3 genannten Kriterien vielleicht auch angeregt werden, ihre Gepflogenheiten zu überdenken. So feiern nicht alle regelmäßig Gottesdienst, könnten dies aber tun – wobei die gottesdienstliche Feier nicht auf die traditionelle Form am Sonntagmorgen beschränkt ist, sondern sich an dem jeweiligen Kontext orientieren sollte.

Als Gemeinden lassen sich diejenigen nicht-parochialen Formen verstehen, die direkt der Kommunikation des Evangeliums dienen – wie beispielsweise die Seelsorge im Krankenhaus, im Gefängnis oder im Beratungszentrum, die City- oder Kulturkirche, die Jugendkirche, ein geistliches Zentrum, die Frauen-, Männer und Singlearbeit und andere. Für andere ist es das vorrangige Ziel, die Kommunikation des Evangeliums an anderen Orten (und dann häufig vor allem in den Ortsgemeinden) zu unterstützen. Dies gilt beispielsweise für Fortbildungseinrichtungen wie ein Pastoralkolleg, ein Gottesdienst-Institut, ein Amt für Gemeindedienst, ein Pädagogisch-Theologisches Institut oder eine Fachstelle für Ehrenamt, aber auch für ein Amt für Öffentlichkeitsarbeit oder eine Einrichtung für Organisationsentwicklung. Selbstverständlich kann sich auch bei einer Fortbildung eine direkte Kommunikation des Evangeliums ereignen (und in vielen Fortbildungseinrichtungen wird auch Gottesdienst gefeiert), aber diese Arbeit hat eine andere Intention. Dieser Teil der nicht-parochialen Formen wäre dann nicht als »Gemeinde« zu bezeichnen. Dies bedeutet selbstverständlich nicht, dass ihre Arbeit weniger wichtig oder gar verzichtbar ist! Denn auch diese Einrichtungen haben eine zentrale Funktion für die Kommunikation des Evangeliums: Sie dienen dazu, seine Rahmenbedingungen zu fördern und zu verbessern. Damit sind sie eminent wichtig für die gelingende Kommunikation des Evangeliums – auch sie sind Dienst-Leister*innen am Evangelium, jedoch nicht als Gemeinden.

Es könnte zur Klarheit und zur Transparenz des Status der Dienste, Werke und Einrichtungen beitragen, wenn man diese beiden Formen nicht-parochialer Kirche unterscheiden würde.

2.4 Das Verhältnis zur Ortsgemeinde

Die Geschichte der kirchlichen Organisationsformen durchzieht eine Konkurrenz zwischen der Parochie bzw. Ortsgemeinde und allen anderen Formen kirchlicher Organisation. So lagen beispielsweise im 12. und 13. Jh. die Franziskaner und Dominikaner im Streit mit dem Gemeindeklerus über Rechte und Gelder, letztlich aber über die Frage, zu wem die Menschen gingen. Ebenso gab es im 18. Jh. Konflikte zwischen Personalgemeinden und Ortsgemeinden, wenn Menschen am Sonntagmorgen zu berühmten Predigern wie z.B. Friedrich Schleiermacher gingen und die Ortsgemeindepfarrer monierten, ihnen würden »ihre« Gemeindeglieder dadurch entzogen. Solche Eindrücke kann es auch heute gelegentlich geben, wenn die Ortsgemeindepfarrerin sich wünschen würde, dass sich die im Einzugsgebiete ihrer Gemeinde wohnenden Frauen nicht im Frauenwerk, sondern in ihren Handlungsfeldern engagieren, wenn Jugendliche in der parochialen Jugendarbeit vermisst werden, die eine Heimat in der überregionalen Jugendarbeit gefunden haben, oder Menschen zu den Angeboten in der Kirche der Stille statt in den Gottesdienst der Ortsgemeinde gehen.

Verantwortlich für diesen Eindruck von Konkurrenz ist die traditionelle Definition der Ortsgemeinde über die religiöse Zuständigkeit für ein bestimmtes Gebiet. Dass sie damit für alle religiösen Bedürfnisse, Anliegen und Fragen aller, die in diesem Gebiet wohnen (bzw. aller evangelischen Christ*innen in diesem Gebiet), zuständig ist, würde heute in der religiösen Pluralität (die ja auch eine innerevangelische Pluralität ist) wohl niemand mehr so formulieren, aber diese Tradition ist nach wie vor wirksam.

Der Konflikt wurde und wird manchmal auch heute noch zusätzlich dadurch geschürt, dass Dienste, Werke und Einrichtungen mit Defiziten der Ortsgemeinde begründet wurden. So wie niemand eine neue Kollegin freudig begrüßen würde, wenn sie einem zur Seite gestellt wird, weil man seine Aufgaben nicht gut genug erfüllt, ist diese Denkfigur auch zwischen kirchlichen Organisationsformen keine Grundlage für eine gute Zusammenarbeit. Vor allem ist es auch sachlich viel angemessener, die unterschiedlichen Formen als unterschiedliche Wege der Kirche zu verstehen, ihren Auftrag zu erfüllen: In der pluralen Gesellschaft ist eine Vielfalt von Formen kirchlicher Arbeit um der vielfältigen Kommunikation des Evangeliums willen erforderlich – und dies kann keine einzelne Organisationsform leisten.

Eine solche Haltung würde es vermutlich auch leichter machen, mit der aktuellen finanziellen und personellen Konfliktebene umzugehen (vgl. das Szenario 1). Wenn man die parochialen und die nicht-parochialen Formen in der Perspektive der Kommunikation des Evangeliums als Auftrag der Kirche betrachtet, dann muss man immer noch Entscheidungen treffen, wie man die vorhandenen Ressourcen verteilt. Man tut dies aber nicht in einem Ausspielen der einen Organisationsform gegen die andere, sondern fragt, welche Aufgaben in welcher Form von welcher Organisationsform am sinnvollsten bearbeitet werden können.

3. Alternativen

Es dürfte deutlich geworden sein, dass das bisherige Nebeneinander von Parochie und nicht-parochialen Arbeitsformen nicht befriedigend ist. Angesichts der gegenwärtigen zurückgehenden finanziellen und personellen Ressourcen würde eine Weiterführung zudem bedeuten, in dem als »Rasenmäherprinzip« bekannten Vorgehen alle Formen gleichmäßig zu kürzen, was vermutlich bedeuten würde, dass manche Formen dann nicht mehr lebensfähig wären. Die Überforderung von Haupt- und Ehrenamtlichen würde so stark zunehmen, dass die Kirche dadurch noch einmal viele Menschen verlieren würde (vgl. das Szenario 3). Zudem würde die Chance vertan, Kirche für eine veränderte gesellschaftliche Situation so zu gestalten, dass in ihr die Kommunikation des Evangeliums möglichst gut gelingen kann. Folgende Alternativen für eine Veränderung des bisherigen Nebeneinanders sind denkbar:

Die erste Alternative: Abbau der nicht-parochialen Formen
Eine erste Möglichkeit, mit dem bisherigen Nebeneinander von parochialen und nicht-parochialen Formen umzugehen, ist der weitgehende oder zumindest deutlich überproportionale Abbau der nicht-parochialen Arbeitsfelder, wie er in Szenario 1 gefordert wird. Die Idee dabei ist, dass die frei werdenden Mittel und Personen den Parochien zugutekommen, um das flächendeckende Netz von Ortsgemeinden möglichst lange aufrechtzuerhalten und/oder die pastorale Versorgung in ihnen noch länger sicherzustellen. Dabei muss dann klar definiert werden, welche nicht-parochialen Felder genau abgebaut oder reduziert werden sollen – wäre dann auch an Krankenhaus- und Gefängnisseelsorge gedacht? Würde die Diakonie außerhalb der Ortsgemeinde deutlich zurückgefahren? Soll es künftig keine Fortbildungsmöglichkeiten mehr für Ehrenamtliche, Pfarrer*innen, Kirchenmusiker*innen, Gemeindepädagog*innen und Diakon*innen oder Erzieher*innen geben? Würden die Arbeitsstellen für interreligiösen Dialog als verzichtbar angesehen?

Der Vorteil dieses Vorgehens ist eine gewisse Klarheit in der Orientierung.

Die Nachteile dürften bereits in der Darstellung deutlich geworden sein. Die noch stärkere Konzentration auf die Ortsgemeinde verkleinert die Kontaktflächen zum Evangelium. Dass diese auch mit mehr Geld und Personal die nicht-parochialen Formen auch nur annähernd ersetzen kann, ist unrealistisch, da die Sozialformen die Formen der Kommunikation des Evangeliums entscheidend prägen. Viele Menschen würden – möglicherweise kaum bemerkt – ihre kirchliche Heimat verlieren, was die Distanz zur Kirche verstärken und die Wahrscheinlichkeit des Kirchenaustritts tendenziell erhöhen würde. Zudem ist in dieser Variante das Grundproblem der

Überforderung der Form »Ortsgemeinde« und die Problematik der flächendeckenden Versorgung nur verlagert. Wird für bestimmte Gruppen ein Kontakt zur kirchlichen Kommunikation des Evangeliums dann insgesamt erschwert oder werden Kernbereiche wie das diakonische Handeln stark reduziert, wird diese Alternative auch theologisch problematisch.

Die zweite Alternative: Stärkung der nicht-parochialen Formen

Umgekehrt ist auch eine finanzielle und personelle Stärkung der nicht-parochialen Formen auf Kosten der Ortsgemeinde denkbar. Allerdings wird ein struktureller Ausbau der klassischen Dienste, Werke und Einrichtungen gegenwärtig kaum erwogen; die Szenarien angesichts der zurückgehenden Ressourcen reichen hier von einem überproportionalen Abbau dieser Formen bis maximal zu einer Reduktion der Mittel im gleichen Verhältnis wie bei den Ortsgemeinden. Diskutiert wird jedoch, die Gründung und die Arbeit alternativer Gemeindeformen neben der Ortsgemeinde stärker mit Geld und Personen zu unterstützen, was faktisch zumindest auch auf Kosten der Zuwendungen für die Ortsgemeinden gehen würde.

Dieses Vorgehen setzt – so seine Stärke – die theologische Erkenntnis um, dass die gegenwärtige Dominanz der Ortsgemeinde historisch gewachsen ist und es gegenwärtig keine deutlichen Anzeichen dafür gibt, dass die Kommunikation des Evangeliums in ihr so viel intensiver oder mit so viel mehr und unterschiedlichen Menschen geschieht, als dies in anderen Gemeindeformen der Fall ist. Die vorhandenen Ressourcen werden im Blick auf die Gesamtheit der Kirchenmitglieder möglicherweise gleichmäßiger verteilt (während gegenwärtig die typischen Angebote der Ortsgemeinde von ca. 10 – 15 % der Kirchenmitglieder genutzt werden). Es werden Ressourcen frei für neue Formen von Kirche, die anderen Menschen einen Kontakt mit dem Evangelium eröffnen können.

Der Nachteil ist, dass es für viele kirchlich hoch Verbundene, denen die Ortsgemeinde wichtig ist, schmerzlich wäre. Es ist unwahrscheinlich, dass ein solches Vorgehen keine größeren Proteste innerhalb der Kirche mit sich bringen würde, zumal angesichts der verbreiteten Vorstellung, dass der Ortsgemeinde theologisch und kirchlich der Vorrang gebührt.

Die dritte Alternative: Die Entwicklung einer Gestalt von Kirche, die das Gegenüber von parochialen und nicht-parochialen Formen überwindet

Es ist aber auch eine Gestalt von Kirche denkbar, die das Nebeneinander von Ortsgemeinden und »anderen Formen« von Kirche aufhebt. Auf einer solchen Idee beruht das Modell der »Kirchlichen Orte«, das in Kapitel 5 vorgestellt werden wird. Es versucht die Stärken der Ortsgemeinde, »Kirche im Nahbereich« zu sein und wohnortnahe Formen christlicher Gemeinschaft zu initiieren, mit den Stärken der nicht-parochialen Formen, sich konzentriert bestimmten Themen und Arbeitsfeldern zu widmen, zu verbinden.

Die Herausforderung mit diesem Vorgehen besteht darin, wirklich so neu anzusetzen, dass sich aufgrund der langen Tradition ortsgemeindlicher Dominanz dieses Modell mit gewisser Modifikation nicht erneut durchsetzt. Ein wichtiger Faktor dürfte die Frage sein, nach welchen Kriterien finanzielle und personelle Mittel verteilt werden. Hier müssten inhaltliche Kriterien die Verteilung nach »zu versorgenden« Kirchenmitgliedern in einem Bezirk ersetzen.

Die Stärke dieser Alternative ist, dass damit wirklich Kirche neu nach dem Kriterium der Kommunikation des Evangeliums gestaltet werden kann, statt von den überkommenen Strukturen auszugehen.

Die Herausforderung ist, dass eine intensive konzeptionelle Arbeit, vor allem aber viel Mut und Zutrauen, ins Offene zu gehen, gefordert wäre. Nachteilig dürfte sich auswirken, dass die notwendige organisatorische Umsetzung auf einer gesamtkirchlichen Ebene sehr komplex und ein langfristiger Prozess erforderlich ist.

4. Anregungen zur Weiterarbeit

Fragen auf dem Weg zu einer eigenen Position

- Welche nicht-parochialen Formen habe ich in meiner Biografie in welcher Weise erlebt?
- Welche Erfahrungen anderer Menschen, für die nicht-parochiale Formen den entscheidenden Zugang zum Evangelium darstellen, kenne ich?
- Welche Rolle spielen nicht-parochiale Formen in meiner Vision von Kirche?
- Welche Möglichkeiten der Zusammenarbeit (wie in Szenario 2 angedacht) kann ich mir vorstellen?
- Welche Elemente aus parochialen und welche Elemente aus nicht-parochialen Formen halte ich für unbedingt erhaltenswert? Warum?
- Welche der drei Alternativen ist mir emotional am nächsten? Warum? Was spräche für die anderen Varianten?
- Was würden meiner Meinung nach Menschen brauchen, um sich an neue Formen von Kirche heranzuwagen?

Ein biblisch-bibliologischer Impuls:

1 Korinther 12,1-21
Über die Gaben des Geistes aber will ich euch, Brüder und Schwestern, nicht in Unwissenheit lassen. [...] Es sind verschiedene Gaben; aber es ist ein Geist. Und es sind verschiedene Ämter; aber es ist ein Herr. Und es sind verschiedene Kräfte; aber es ist ein Gott, der da wirkt alles in allen. Durch einen jeden offenbart sich der Geist zum Nutzen aller. Dem einen wird durch den Geist ein Wort der Weisheit gegeben; dem andern ein Wort der Erkenntnis durch denselben Geist; einem andern Glaube, in demselben Geist; einem andern die Gabe, gesund zu machen, in dem einen Geist; einem andern die Kraft, Wunder zu tun; einem andern prophetische Rede; einem andern die Gabe, die Geister zu unterscheiden; einem andern mancherlei Zungenrede; einem andern die Gabe, sie auszulegen. Dies alles aber wirkt derselbe eine Geist, der einem jeden das Seine zuteilt, wie er will.

Denn wie der Leib einer ist und hat doch viele Glieder, alle Glieder des Leibes aber, obwohl sie viele sind, doch ein Leib sind: so auch Christus. [...] Denn auch der Leib ist nicht ein Glied, sondern viele. [...] Wenn der ganze Leib Auge wäre, wo bliebe das Gehör? Wenn er ganz Gehör wäre, wo bliebe der Geruch? Nun aber hat Gott die Glieder eingesetzt, ein jedes von ihnen im Leib, so wie er gewollt hat. [...] Nun aber sind es viele Glieder, aber der Leib ist einer. Das Auge kann nicht sagen zu der Hand: Ich brauche dich nicht; oder wiederum das Haupt zu den Füßen: Ich brauche euch nicht. [...]

Im Brief an die Gemeinde in Korinth schreibt Paulus in eine Situation voller Konflikte hinein. Es haben sich rivalisierende Gruppen gebildet, die jeweils für sich in Anspruch nehmen, den richtigen christlichen Weg zu repräsentieren. Es geht um Konkurrenz und auch um Machtfragen. Paulus findet deutliche Worte und klärt viele Einzelfragen zu Missständen, die sich eingeschlichen haben.

In diesem Abschnitt geht es um die Gaben des Geistes, also um besondere Befähigungen. Vor allem geht es um das »Zungenreden«, bei dem Menschen in für andere unverständlichen Lauten sprechen, was sie als unmittelbar von Gott eingegeben verstehen. Dies sieht diese Gruppe als entscheidenden Beweis einer theologischen Höherwertigkeit aufgrund einer unmittelbaren Nähe zu Gott an, was andere jedoch nicht akzeptieren wollen. Gegen diese Konkurrenz setzt Paulus: Gott gibt den Menschen verschiedene Gaben und Talente und wirkt durch sie auf verschiedene Weisen in der Welt. Die Zungenrede sieht Paulus in der Tat als Weg, auf dem der Geist Gottes wirkt, aber es ist einer von mehreren. Andere haben Worte der Weisheit, wieder andere können heilen, noch einmal andere haben einen analytischen Blick für die Unterscheidung der Geister oder können die Zungenrede deuten. Statt das, was man selbst kann, als die entscheidende Gabe Gottes anzusehen, gilt es, sie einzusetzen »zum Nutzen aller« und sie als eine neben anderen Gaben zu verstehen, die ebenso vom Geist Gottes gegeben sind.

Wie die Angehörigen der verschiedenen Gruppen dies wohl gehört haben mögen? Bei der »Zungenrede-Fraktion« könnten die Reaktionen zwischen Protest, dass das eigene Talent gleichberechtigt neben anderen eingeordnet wird, über Nachdenklichkeit bis hin zu Gefühlen von Aufbruch und Gemeinsamkeit angesiedelt gewesen sein. Die anderen Gruppen mögen vielleicht eher Wertschätzung gespürt haben, vielleicht auch Bestätigung. Vielleicht hat der Hinweis, dass auch die Zungenrede eine wertvolle Gabe Gottes ist, aber auch bei ihnen etwas verändert.

Seine Aufforderung verstärkt Paulus anschließend noch einmal in einem Bild: Die einzelnen Gaben des Geistes verhalten sich zueinander wie die Glieder eines Leibes: Keines alleine kann für sich beanspruchen, der ganze Leib zu sein, aber alle sind unverzichtbar. Sie brauchen einander, denn kein Glied alleine kann die vielfältigen Aufgaben des Leibes erfüllen. Und noch einmal betont Paulus: Gott hat die einzelnen Glieder eingesetzt. Sich auf Kosten der anderen zu erheben, ist damit nicht nur nicht sinnvoll im Blick auf den ganzen Leib, sondern widerstrebt auch der Idee Gottes für die Welt und die Kirche. Diese Worte wird er auch aus eigener Erfahrung gesprochen haben in seinem hohen Engagement für die Verbreitung des Evangeliums. Denkbar ist auch, dass seine Erlebnisse in den Gemeinden und seine eigene Biografie der Bekehrung vom Christenverfolger »Saulus« zum Apostel »Paulus« in diese Passage mit hineingespielt haben.

Ob dieser Brief unmittelbar etwas bewirkt hat, wissen wir nicht, aber der zweite Brief an die Gemeinde in Korinth lässt durchblicken, dass sich durchaus etwas zum Positiven verändert hat.

Und heute? Auch wenn die unterschiedlichen Organisationsformen der Kirche in Deutschland vielleicht nicht direkt als »Geistesgaben« zu bezeichnen sind, kann die Grundfigur der gegenseitigen Wertschätzung und Anerkennung unterschiedlicher Aufgaben für das Ganze der Kirche möglicherweise als Inspiration dienen. Gerade wenn das biblische Bild vom Leib Christi über die Ortsgemeinde hinaus auf alle Formen von Kirche bezogen wird, kann es möglicherweise Entlastung, Bereitschaft zur Kooperation und Lust zum Experimentieren freisetzen.

Eine methodische Idee für die gemeinsame Arbeit in einem kirchlichen Gremium:

Kontaktorte zur Kirche aus der Perspektive von Kirchenmitgliedern

Um die Vielfalt von Möglichkeiten und Orten des Kontaktes zu Kirche konkret werden zu lassen, werden die Teilnehmenden zu einer Identifikation mit fiktiven Personen eingeladen, die unterschiedliche Kontaktpunkte zur Kirche gefunden haben. Diese Kontaktpunkte werden drei verschiedenen Kategorien zugeordnet, in denen sich jeweils eine bestimmte Form von Erfahrung mit einer bestimmten kirchlichen Struktur verbindet, und zwar:

- das »Lagerfeuer«: eine Ortsgemeinde mit einem verlässlichen Gegenüber von Pfarramt und Gemeinde und einem Kirchengebäude, der man über seinen Wohnsitz angehört
- das »Leuchtfeuer«: ein kirchlicher Ort mit überregionaler Ausstrahlung, z.B. eine Citykirche, ein Frauenwerk oder eine Akademie
- der »Lichtpunkt«: eine punktuelle Erfahrung von Kirche an einem Ort jenseits des Alltags und der Lebensbezüge vor Ort

Auf dem Boden werden Papierkreise mit unterschiedlichen Farben und Bezeichnungen verteilt: gelbe Kreise mit der Aufschrift »Lagerfeuer«, rote mit der Aufschrift »Leuchtfeuer« und orangefarbene mit der Aufschrift »Lichtpunkte«.

> An zwei Personen werden die folgenden Biografiekarten verteilt:
> Weiblich, 39 Jahre, verheiratet, 2 Kinder (7 und 12 Jahre alt), wohnhaft im Eigenheim in kleinerer Ortschaft 12 km außerhalb der Kreisstadt, selbstständige Architektin

Berührungspunkte zu Kirche:

- Taufe im Säuglingsalter
- Konfi-Zeit und Konfirmation am Geburtsort
- Teilnahme an Jugendfreizeit des Kreisjugenddienstes in Taizé
- Kasualien (kirchliche Trauung, Taufe der Kinder, Beerdigung der Großeltern und eines Arbeitskollegen)
- Gottesdienstbesuche zu kirchlichen Feiertagen
- Kinder waren in kirchlicher Kindertagesstätte, Teilnahme an Elternabenden, Mitwirkung bei Familienfesten und Gemeindefesten mit der Kita
- Gesprächsberatung bei der kirchlichen Ehe- und Lebensberatungsstelle während einer Ehekrise
- Teilnahme am Kirchentag vor einigen Jahren
- Begegnung mit Kirche unterwegs auf einem Campingplatz, Teilnahme an diversen Angeboten
- Besuch von kirchlichen Gospelkonzerten in der Region

Männlich, 54 Jahre, verheiratet, ein erwachsener Sohn, wohnhaft in der Kreisstadt, Verkäufer in einem mittelständischen Unternehmen.

Berührungspunkte zu Kirche:

- Taufe im Säuglingsalter
- Konfi-Zeit und Konfirmation im Geburtstort
- Kirchenaustritt nach dem Studium
- Kirchliche Trauung auf Wunsch der Frau in deren Herkunftsgemeinde
- Taufe des Sohnes am Wohnort
- Besuch von einer Besuchsdienstmitarbeiterin für Neuzugezogene nach dem Umzug
- Ehefrau singt in der Kirchenkreiskantorei, Besuch von Konzerten und Gottesdiensten, in denen der Chor mitwirkt
- Besuch von offenen Kirchen auf Städtereisen
- Pilgern auf dem Jakobsweg inspiriert durch Hape Kerkeling gemeinsam mit einem Freund vor zwei Jahren
- Kontakt mit dem Krankenhausseelsorger während einer längeren Erkrankung
- Kircheneintritt
- Mutter lebt in Senior*innenwohnheim der Diakonie, Besuch von Adventsfeiern

Die jeweiligen kirchlichen Kontakte werden im Austausch der Teilnehmenden jeweils Lagerfeuern, Leuchtfeuern und Lichtpunkten zugeordnet. Dann werden die jeweiligen kirchlichen Kontakte der Biografien nacheinander vorgelesen und die Teilnehmenden treten jeweils zu Lagerfeuern, Leuchtfeuern und Lichtpunkten. Auf diese Weise »begehen« sie die ausgelegte Kirchenlandschaft und nehmen ihre Vielfalt wahr.

Anschließend erfolgt ein Austausch zur Vielfalt der Kontaktmöglichkeiten zur Kirche und ihrem Charakter. Zum Abschluss können alle eine für sie wichtige neue Erkenntnis formulieren.

Kapitel 5
Modelle der künftigen Gestalt von Kirche und ihre Konsequenzen

Einstieg: Szenen aus der kirchlichen Praxis

Szenario 1:
In der Ruthgemeinde ist klar: Wir möchten uns wirklich verändern. Dabei geht es nicht nur um die geschrumpften Ressourcen. Auch diejenigen, die die Gemeinde mittragen und mitgestalten, sind unzufrieden. Seit Jahren führt man eigentlich nur Angebote fort, von deren Ausstrahlungskraft man selbst wenig überzeugt ist. Neue Gesichter sieht man kaum, obwohl in unmittelbarer Nähe zur Kirche ein großes Neubaugebiet entstanden ist. An dem Willen zur Veränderung mangelt es also nicht. Nur: In welche Richtung soll es gehen? Wie möchte man künftig Kirche und Gemeinde sein?

Szenario 2:
Auf der Dekanatssynode stellen die Gemeinden einander vor, in welche Richtung sie sich entwickeln möchten. Manche wollen sich konsequent auf den Stadtteil oder das Dorf ausrichten, andere setzen auf Regionalisierung ihrer Arbeit. Wieder andere wollen die ortsgemeindliche Arbeit optimieren oder sich künftig als »Kirchlichen Ort« verstehen und auch eine neue, aus einer Gründungsinitiative entstandene missionarische Gemeinde ist dabei. Jede Form leuchtet für sich genommen ein. Zu spüren ist aber auch, dass sie bestimmte Konsequenzen nach sich zieht. Wie verändert sie den Charakter von Kirche, die Rolle von Ehrenamtlichen,

das Verständnis von Gemeinschaft, und welche Zielgruppen spricht sie eigentlich an? Was ist mit welcher Ausrichtung verbunden – und wie kann man überprüfen, ob einen das Modell dort hinführt, wo man hinmöchte? Und weitergefragt: Was hält diese bunte Vielfalt theologisch und organisatorisch zusammen – und wie sollen die finanziellen und personellen Ressourcen verteilt werden?

Szenario 3:
*Als sich ein großes Stück Deckenputz im Mittelschiff der spätgotischen Heilig-Geist-Kirche in der Innenstadt löst und auf die Bänke fällt, muss diese vollständig ausgeräumt werden. Für die Dauer der aufwendigen Renovierungsarbeiten kommt im Kirchengemeinderat eine andere Idee auf: »Wir öffnen Heilig-Geist – für die Menschen aus unserem Quartier.« Man sucht Kontakt zu einem jungen Architekt*innennetzwerk und wendet sich mit dem Motto »Wir haben eine Kirche – haben Sie eine Idee?« an die Bewohner*innen im Quartier. Die Rückmeldungen sind ebenso erstaunlich wie das Engagement dafür, neue Ideen im Kirchenraum umzusetzen. Für die Zeit der Renovierung wird erprobt, was eine Kirche außer Gottesdienstraum noch sein kann: Heilig-Geist als Theater, Café, Veranstaltungsraum, Kulisse, Installation, Plattform, Galerie, Marktplatz, Treffpunkt – aber vor allem: Heilig-Geist als Prozess, als öffentlicher Raum des Miteinanders. Nach dem Ende des Aktionszeitraums wird diskutiert, wie es nach dem Abschluss der Renovierung weitergeht. »Ich habe in den letzten Wochen die Zukunft meiner Kirche erlebt – ich will nicht mehr zurück zum alten Normalprogramm«, lautet eine Stimme. »Aber wir dürfen unsere alten, treuen Gemeindeglieder nicht überfordern«, kommt prompt als Antwort. Wie soll sich die Gemeinde künftig orientieren?*

1. Die Herausforderung

Wenn sich die Kirche verändern muss und will, dann stellt sich die Frage, in welche Richtung dies geschehen soll. In der gegenwärtigen Situation sind Kreativität, frischer Wind und neue Ideen für eine attraktive und lebendige Kirche gefragt, die das Evangelium mit Menschen des 21. Jh. plausibel und lebensnah kommuniziert.

In der Praktischen Theologie sind unterschiedliche Modelle zur künftigen Gestalt der Kirche entworfen worden, die hilfreich für die anstehenden Entscheidungen sein können. In diesem Kapitel sollen sie vorgestellt werden.

Solche »Modelle« sind dabei immer als Ideen und Konstruktionen zu verstehen, die die in der Praxis ja viel komplexere Realität der Kirche niemals 1:1 abbilden können. Ihr Ziel ist es, mögliche Konturen einer zukünftigen Kirche zu zeichnen und damit eine Richtung für die Entscheidungen zu markieren, mit denen dann Kirche zu gestalten ist. Teilweise können die Modelle auch miteinander verbunden werden, beispielsweise kann die »Gemeinwesenorientierung« ein möglicher Schwerpunkt innerhalb der »Regionalisierung« oder des Modells »Kirchlicher Orte« sein.

Weiter ist zu berücksichtigen, dass sie auf unterschiedlichen Ebenen ansetzen und daher auch eine unterschiedliche »Reichweite« haben – und damit wird die Veränderung der Kirche in ihrer Konsequenz unterschiedlich groß gedacht. Die Spanne reicht von der Bewahrung des Bestehenden bzw. der Rücknahme bestimmter Entwicklungen im ortsgemeindlichen Ansatz auf der einen Seite bis zum Neuentwurf der kirchlichen Strukturen in den »Kirchlichen Orten« (dazu siehe unten) auf der anderen Seite.

Zudem sind die Modelle in unterschiedlichem Maße bereits in der Realität sichtbar. Die Ortsgemeinde steht in einer langen Tradition. Die Regionalisierung wird seit einigen Jahrzehnten umgesetzt, während die »Fresh Expressions of Church« und die Gemeinwesenorientierung seit einigen Jahren verstärkt erprobt wurden. Die »Kirchlichen Orte« hingegen wurden bisher nur vereinzelt und nicht mit allen ihren Elementen verwirklicht, da ihre vollständige Umsetzung eine gesamtkirchliche Entscheidung erfordern würde.

Die Übersicht über die Modelle kann zur Orientierung dienen und möglicherweise auch deutlicher machen, welche Richtung man nicht befürworten kann. Dies dürfte sich in der Regel anhand der Konsequenzen entscheiden, die ein bestimmtes Modell jeweils mit sich bringt. Man kann beispielsweise fragen, welche Aufgaben der Kirche in den Vordergrund rücken, welche Menschen neu von der Kommunikation des Evangeliums angesprochen werden sollen, was es für das Ehrenamt bedeutet oder welche Formen von Gemeinschaft sich bilden werden, wenn sich ein bestimmtes Modell durchsetzen würde. In einem zweiten Schritt möchte ich daher die Modelle auf ihre Konsequenzen für bestimmte Bereiche hin befragen. Dies sind übrigens alles Bereiche, in denen ohnehin in den nächsten Jahren Entscheidungen nötig sind – unabhängig davon, ob eine Entscheidung für eines der fünf Modelle getroffen wird oder nicht.

2. Hintergrundwissen

2.1 Modelle einer künftigen Gestalt von Kirche

Modell 1: Kirche als Ortsgemeinde
Ein erstes Modell möchte die klassische Ortsgemeinde noch entschiedener als bisher als *die* kirchliche Sozialform etablieren.

Vertreten wird dieses Modell beispielsweise von der Bochumer Praktischen Theologin Isolde Karle. Nachzulesen ist es in Isolde Karle: Kirche im Reformstress, Gütersloh 2010.

Isolde Karle versteht die Kirche gerade nicht von den gelegentlichen Kontakten beispielsweise im Weihnachtsgottesdienst oder bei einer Beerdigung her, sondern möchte eine »Kirche der Kontinuität« (Karle 2010, 124) begründen, in der christliches Leben regelmäßig und verlässlich eingeübt wird. Dafür bietet ihres Erachtens die Ortsgemeinde die größten Chancen. Die Stärke dieser Sozialform sieht Karle vor allem in den persönlichen Beziehungen und in den sozialen Kontakten, die christlichen Glauben befördern würden: Menschen würden sich vor allem durch die »Koppelung von Religion und Geselligkeit« (Karle 2010, 143) für die Kirche interessieren und sich auf Dauer an sie binden. Die Ortsgemeinde vermittele Vertrauen zur Kirche und zu den Menschen, die in ihr tätig sind, vor allem zu den Pfarrpersonen. Zu ihnen würde eine langfristige Bindung aufgebaut, die möglichst über mehrere Generationen besteht. Durch ihre Orientierung am Wohnort verbinde die Ortsgemeinde zudem verschiedene Milieus und lasse Menschen aufeinandertreffen, die sich im Alltag nur selten begegnen. Die Kerngemeinde sollte aufgewertet werden.

Gleichzeitig sollen Kirchenmitglieder, die bisher nicht aktiv sind, durch theologisch gehaltvolle Predigten und ansprechende Angebote in die Ortsgemeinde integriert werden.

Die Pfarrpersonen sind nach diesem Modell die zentralen Akteur*innen, die sich in der Gemeinde und unter ihren Mitgliedern am besten auskennen. Ehrenamtliches Engagement laufe häufig über sie. Sie müssten auch im Gemeindehaus Präsenz zeigen, weil sonst »ihre Autorität geschwächt und das Vertrauen in sie untergraben« (Karle 2010, 155) werde. Der Pfarrberuf ist in diesem Modell bewusst generalistisch ausgerichtet. Seine Arbeit soll durch Ehrenamtliche ergänzt werden. Andere kirchliche Berufsgruppen werden nur am Rande erwähnt.

Das Modell wendet sich entsprechend gegen eine durchgehende Profilbildung von Gemeinden und eine Differenzierung und Spezialisierung kirchlicher Arbeit. Schwerpunktsetzungen in einer Ortsgemeinde sind nicht ausgeschlossen, aber sie sollen von persönlichen Begabungen der Hauptamtlichen abhängig bleiben, nicht konzeptionell verankert und schon gar nicht von nächsthöherer Ebene zugeschrieben werden. Keinesfalls sollen sich die Gemeinden an Zielgruppen orientieren.

Vorhandene andere Formen kirchlicher Arbeit wie Funktionspfarrstellen, Citykirchenarbeit oder Jugendkirchen sollen klar auf die Ortsgemeinde bezogen sein und sie nur dort ergänzen, wo sie etwas nicht leisten kann, und ihr zuarbeiten. Die Aufgaben übergeordneter Größen wie der Kirchenkreis/das Dekanat oder die Landeskirche sollen beschränkt werden, damit sie die Gemeinden nicht schwächen.

Als Stärke des Modells kann gelten, dass der Vorschlag leicht vorstellbar und umsetzbar ist, da er auf Bekanntem beruht. Zudem werden die in Kapitel 3 genannten Vorteile der Ortsgemeinde umgesetzt.

Seine entscheidende Schwäche ist zunächst, dass nicht plausibel wird, warum die Verbindung von Religion und sozialen Kontakten nur in der Ortsgemeinde gut funktionieren soll. Vor allem aber wird nicht deutlich, inwiefern das Modell dem Reformbedürfnis begegnet. Karle erwähnt zwar auch, »dass in der Gegenwart nur noch eine Minderheit der Kirchenmitglieder an gemeinschaftlichen Sozialformen der Kirche partizipiert« (Karle 2010, 133), zieht daraus aber keine Konsequenzen. Studien zeigen, dass die Ortsgemeinde nur selten Milieus verbindet, sondern dass sie im Gegenteil (ungewollt) bestimmte Milieus bevorzugt anspricht. Dass gehaltvolle Predigten und ansprechende Aktivitäten deutlich mehr Menschen an die Ortsgemeinde binden würden als bisher, erscheint zudem wenig wahrscheinlich – die Erfahrungen der letzten Jahrzehnte zeigen zwar, dass diese Faktoren konkret vor Ort nicht egal sind, aber es spricht nichts dafür, dass sie die Situation der Kirche grundlegend verändern. Zudem wird nicht deutlich, wie das ausgesprochen teure Modell künftig finanziert werden soll und woher die erforderliche große Zahl von Pfarrpersonen kommen soll. Letztlich sieht das Modell die »Krise der Kirche« gerade durch die Reformbemühungen seitens der EKD und den Landeskirchen verursacht und wünscht sich eine Weiterführung der traditionellen Arbeit, ohne ihre Schwierigkeiten zu sehen.

Modell 2: Kirche in der Region

»Regionalisierung« dürfte in Deutschland vermutlich das am häufigsten durchgeführte Reformmodell sein.

Für dieses Modell lässt sich keine klare Urheberschaft ausmachen. Begründet wurde es bereits in den 1960 Jahren und vor allem seit 2000 wird es häufig aufgenommen und beschrieben. Auch dazu einige Literaturtipps:

Michael Herbst/Hans-Hermann Pompe: Regiolokale Kirchenentwicklung. Wie Gemeinden vom Nebeneinander zum Miteinander kommen können, Dortmund [4]2018. Herunterzuladen ist es unter www.mi-di.de/materialien/regiolokale-kirchenentwicklung

Herbert Lindner/Roland Herpich: Kirche am Ort und in der Region. Grundlagen, Instrumente und Beispiele einer Kirchenkreisentwicklung, Stuttgart 2010

Wolfgang Nethöfel: Aufbruch in die Region. Kirchenreform zwischen Zwangsfusion und profilierter Nachbarschaft, Hamburg 2008

Regionalisierung ist eigentlich ein Sammelbegriff, unter dem sich recht Unterschiedliches verstehen lässt. Es kann sich auf eine große Region wie den ganzen Kirchenkreis beziehen oder die Zusammenarbeit von nur zwei Ortsgemeinden meinen. Die gemeinsame Arbeit kann sich unverbindlich auf bestimmte Projekte wie z.B. die Kinderbibelwoche beschränken oder eine verbindliche gegenseitige Vertretung von Hauptamtlichen meinen. Meist wird der Begriff aber dann verwendet, wenn zumindest bestimmte Arbeitsbereiche gemeinsam oder in einer Gemeinde für die gesamte Region gestaltet werden, beispielsweise Jugendarbeit (möglicherweise in einer Jugendkirche mit größerer regionaler Ausstrahlung), Konfi-Zeit (möglicherweise mit einem großen Konficamp in den Sommerferien), Arbeit mit Obdachlosen, interreligiöser Dialog etc. Regionalisierung kann auch ein gemeinsames Gottesdienstkonzept umfassen, sodass beispielsweise der Sonntagsgottesdienst nicht mehr in jeder Kirche, sondern reihum in einer Kirche für die Region stattfindet. Mit dem Modell können gemeinsame Stellenkonstruktionen verbunden sein, sodass eine Kirchenmusikerin, ein Gemeindepädagoge oder auch eine Pfarrperson für mehrere Gemeinden zuständig ist. Dies kann, muss aber nicht zwingend zu Gemeindefusionen führen. Seltener im Blick ist die Zusammenarbeit zwischen Ortsgemeinden und anderen Formen kirchlicher Arbeit wie z.B. einem Frauenwerk, einem Diakonischen Werk, einer Arbeitsstelle für Spiritualität etc. Diese Form von regionaler Arbeit wird oftmals übersehen, weil die nicht-parochialen Arbeitsformen häufig weniger Aufmerksamkeit als die Ortsgemeinde bekommen (vgl. dazu Kapitel 4).

Dabei bleiben die ortsgemeindlichen Strukturen in der Regel ganz oder teilweise erhalten, sie werden aber ergänzt oder modifiziert, indem Kirche in einem größeren Rahmen gedacht wird. Da Menschen ermutigt werden, an den Angeboten einer Gemeinde ihrer Wahl in der betreffenden Region teilzunehmen, wird das territoriale Prinzip jedoch relativiert.

Besonders für den Pfarrberuf bewirkt die Regionalisierung gegenüber der traditionellen ortsgemeindlichen Orientierung eine weniger generalistische Ausrichtung. Pfarrer*innen und auch die anderen Berufsgruppen machen nicht mehr alles, sondern arbeiten spezialisierter. Teambildung wird gefördert.

Regionalisierung kann finanziell begründet sein, wenn bestimmte Aufgaben und Arbeitsgebiete in einer Einzelgemeinde nicht mehr weitergeführt werden können, jedoch nicht wegfallen sollen. Aussichtsreicher ist sie, wenn sie inhaltlich motiviert ist aus der Einsicht heraus, dass neue Wege kirchlicher Arbeit, die andere Menschen als bisher ansprechen, häufig in einer einzelnen Gemeinde nicht umzusetzen sind. Diese Spannung hat sich mancherorts ausgewirkt, wo landeskirchliche Vorgaben zur Regionalisierung genötigt haben. Sie wurde dann gelegentlich nur unwillig und wenig visionär orientiert umgesetzt und von dem Bewusstsein getragen, möglichst viel des Bisherigen erhalten zu wollen. Dabei war es nicht ausgeschlossen, doch noch positive Auswirkungen zu entdecken (wie beispielsweise die Arbeit in einem größeren Team mit gegenseitiger Entlastung oder die Stärkung von Arbeitsbereichen wie Kirchenmusik oder Diakonie). Eine solche nachträgliche Aneignung – wenn sie denn überhaupt geschehen ist – hat diese Prozesse aber mindestens verlangsamt und viele Reibungen und Konflikte verursacht. Regionalisierung entfaltet ihre besonderen Stärken daher in einer sinnvollen Mischung zwischen einem Vorgehen »von unten« und einer Koordination und Begleitung »von oben«.

Eine Stärke der Regionalisierung ist ihr Pragmatismus: Das Modell geht von den gegenwärtigen Formen aus und versucht diese behutsam weiterzuentwickeln. Nicht selten setzt bereits die gegenseitige Wahrnehmung benachbarter Gemeinden kreative Ideen frei. Ferner ist seine Flexibilität hervorzuheben, die sehr unterschiedliche Varianten ermöglicht.

Gleichzeitig bedeutet die Vielfalt der mit dem Begriff verbundenen Umsetzungen eine Schwäche, da das Modell rasch derart verwässert werden kann, dass die Veränderungsimpulse verpuffen. Zudem führt die Selbstbindung an die Zustimmung aller Beteiligten häufig dazu, dass die Umsetzung im Ansatz stecken bleibt und keine wirklichen Veränderungen bewirkt.

Modell 3: Kirche im Gemeinwesen

Die Grundidee, sich als »Kirche im Gemeinwesen« bzw. mit einer anderen Formulierung »im Sozialraum« zu verstehen und entsprechend auszurichten, ist nicht neu – schon in den Reformbewegungen der 1970er Jahre wurde gefordert und praktiziert, als Gemeinde keine Sonderwelt zu bilden, sondern sich stärker auf die Lebenswelten der Menschen einzulassen. In den letzten 15 Jahren hat sich der Ansatz jedoch in aktueller Variante als Modell für die künftige Gestalt der Kirche verbreitet.

Auch dazu zwei Literaturtipps:

Astrid Giebel/Sebastian Borck/Anke Homann (Hg.): Wechselwirkungen im Gemeinwesen: Kirchlich-diakonische Diskurse in Norddeutschland, Berlin 2016

Georg Lämmlin/Gerhard Wegner (Hg.): Kirche im Quartier: Die Praxis. Ein Handbuch, Leipzig 2020

Gemeint ist, dass die Gemeinde nicht Angebote entwickelt, zu denen sie anschließend einlädt, sondern dass sie für und vor allem *mit* Menschen im Dorf oder im Stadtteil wirkt. Sie lässt sich ein auf deren Themen und Sorgen und nimmt dabei erst einmal sorgfältig wahr, worum es in dem konkreten Kontext geht und was Menschen von der Kirche brauchen könnten. Sie engagiert sich dann oft gemeinsam mit anderen kirchlichen, meist diakonischen Einrichtungen, aber auch mit säkularen Akteur*innen für den Stadtteil oder das Dorf und arbeitet an der Verbesserung der dortigen Lebensbedingungen. Sie unterstützen und fördern Menschen vor Ort in ihren Mitwirkungs-, Selbsthilfe- und Teilhabechancen.

Dies kann beispielsweise ein Mittagstisch für einsame Menschen sein, die Unterstützung in der Umstellung auf ökologische Landwirtschaft oder der Aufbau eines dörflichen Kommunikationszentrums (wofür manchmal auch das Gemeindehaus zur Verfügung gestellt wird). Auf diese Weise stellen Kirchengemeinden, Kirchenkreise, diakonische Dienste und Einrichtungen gemeinsam mit Kommunen und beispielsweise Wohnungsgesellschaften, Kitas und allgemeinbildenden Schulen, Initiativen, Vereinen und Selbsthilfegruppen, aber auch mit informellen Netzwerken ihre Möglichkeiten zum Wohle der Lebensbedingungen von Menschen zur Verfügung. Der Ansatz bildet auch eine Chance für die ökumenische Arbeit, da katholische und evangelische Gemeinden und Einrichtungen gemeinsam tätig sein können.

Dieses Handeln richtet sich dezidiert nicht nur an Kirchenmitglieder und es ist »uneigennützig«, weil es nicht an der Gewinnung neuer Mitglieder und neuer Ehrenamtlicher ausgerichtet ist. Gleichzeitig kann die Kirche gerade durch dieses uneigennützige Engagement neu plausibel und überzeugend werden und Menschen können dadurch zu einem Ehrenamt in diesem Bereich motiviert werden. Dabei entdecken sich Ortsgemeinde und Diakonie oft in neuer Weise. Die Kirche kann von der gesellschaftlichen Orientierung der Diakonie lernen, die »Kirche für andere« selbstverständlich lebt, während die Diakonie von dem selbstverständlichen theologischen Profil und dem geistlichen Leben der Ortsgemeinde profitieren kann.

Dieser Ansatz liegt vor allem für Gebiete bzw. Sozialräume nahe, die sozial und wirtschaftlich als besonders benachteiligt gelten. Aber nicht nur soziale Brennpunkte und Armutsquartiere mit entsprechendem Konfliktpotenzial in der Großstadt sind im Blick, sondern auch ländliche Gegenden mit schlechter Infrastruktur, einem hohen Altersdurchschnitt, hoher Arbeitslosigkeit etc. Selbstverständlich ist der Ansatz aber nicht darauf beschränkt, sondern kann ebenso hinsichtlich gut gestellter Sozialräume bedacht werden.

Haupt- und Ehrenamtliche arbeiten in diesem Ansatz gemeinsam je nach benötigten und eingebrachten Kompetenzen. Die Hauptamtlichkeit ist dabei allerdings nicht auf kirchliche Berufe beschränkt, sondern die Hauptberuflichen sind Mitglieder in einem Team mit unterschiedlichen Berufsgruppen und auch Ehrenamtlichen. Der Pfarrberuf muss seine geistliche Rolle in dieser Gesamtkonstruktion finden und gegenüber allen anderen plausibel machen.

Eine Stärke des Modells besteht darin, dass es eine klare Antwort auf die Frage gibt, wozu Kirche in der Gegenwart sinnvoll ist. Das gilt nach innen wie nach außen: »Christliche Gemeinden mussten in der Geschichte sich dann nicht um ihre Zukunft sorgen, wenn sie sich in kritischen Phasen auf die Seite der Menschen geschlagen haben, die im biblischen Mandat angesprochen wurden. [...] Gemeinden, die sich um das Schicksal von Menschen kümmern, die in ihrem Raum leben, bekommen ihre Zukunft geschenkt.« (Klaus Dörner: Leben und sterben, wo ich hingehöre. Dritter Sozialraum und neues Hilfesystem, Neumünster 2007, 11). Eine gemeinwesenorientierte Kirche zeigt auch für Menschen ohne christliche Glaubensüberzeugung und/oder ohne bisherigen kirchlichen Kontakt die Bedeutung von Christentum und Kirche auf und kommt in Berührung mit Menschen, die sonst kirchlich kaum erreicht werden – nicht zuletzt mit den besonders belasteten Bevölkerungsgruppen, denen das Evangelium ja in besonderer Weise gilt. Zudem bietet das Modell eine breite Basis für eine »gabenorientierte« ehrenamtliche Arbeit, die Menschen anspricht, die gegenwärtig nicht in der Kirche aktiv sind. Schließlich bahnt das Modell Wege an, die christliche Stimme in dem gemeinsamen Engagement für den Sozialraum ebenso klar wie angemessen einzubringen.

Eine Schwäche ist die Konzentration auf eine bestimmte Ausrichtung der jeweiligen Gemeinde. In dem Modell ist noch nicht zwingend mitgedacht, wo Menschen, die sich eine andere Weise wünschen, Kirche zu sein, dann ihre kirchliche Heimat finden (wenn sich die Gemeinde nicht auf dem Weg der Regionalisierung mit anderen Gemeinden abstimmt). Die gemeinsame Arbeit im Netz von Akteur*innen kann zudem herausfordernd sein und Reibungsverluste erzeugen.

Modell 4: »Kirchliche Orte«

Das Modell der »Kirchlichen Orte« setzt an bei der Frage, welche Stärken die Ortsgemeinde und welche Stärken die »nichtparochialen« Arbeitsformen (vgl. Kapitel 4) haben und sucht einen dritten Weg, der die Stärken beider verbindet.

Entwickelt wurde es von mir im Rahmen meiner Habilitationsschrift. Nachzulesen ist es bei Uta Pohl-Patalong: Von der Ortskirche zu den Kirchlichen Orten. Ein Zukunftsmodell, Göttingen [2]2005.

Der Ausgangspunkt des Modells sind die Orte, an denen kirchliche Arbeit stattfindet – Kirchen, Gemeindehäuser, kirchlich genutzte Räume in Krankenhäusern, die Gebäude des Frauenwerkes oder der Akademie, das Citykirchencafé etc. Das Gegenüber von Ortsgemeinde und nicht-parochialen Formen wird damit aufgelöst. Alle kirchlichen Orte haben die gleiche Aufgabe, nämlich Evangelium zu kommunizieren – und sie tun dies auf unterschiedliche Weise. An jedem Ort gibt es zwei Bereiche kirchlicher Arbeit: einerseits inhaltlich definierte Arbeitsbereiche, die kirchliche Aufgaben für die gesamte Region übernehmen, und andererseits ein an den Interessen und Themen der Menschen orientiertes kirchliches Leben vor Ort, das durch Gemeinschaft und Geselligkeit bestimmt ist.

Diesen Bereich habe ich ursprünglich mit dem Begriff »vereinskirchlich« bezeichnet, weil dies seinen Wurzeln im 19. Jh. entspricht: In den neu entstandenen Vereinen engagierten sich Menschen für Themen und Belange, die sie für wichtig hielten. In der heutigen Zeit kann »vereinskirchlich« jedoch als selbstbezogen und rückwärtsgewandt verstanden werden und ist daher nicht ganz glücklich.

Der erste Bereich gestaltet bestimmte Handlungsfelder für einen größeren Kontext, beispielsweise Bildungsarbeit, diakonische Arbeit, spezialisierte Seelsorge, Arbeit mit jungen Erwachsenen, Frauen- und Männerarbeit, Kirchenmusik, Spiritualität, ökumenische Arbeit oder interreligiösen Dialog. Dabei sollte in der Regel ein Ort nicht nur einen, sondern mehrere Arbeitsbereiche übernehmen, um nicht zu spezialisiert zu werden. In diesem Bereich sind sowohl Hauptamtliche verschiedener Berufsgruppen als auch Ehrenamtliche tätig, je nach den geforderten Kompetenzen. Besonders für den Pfarrberuf bedeutet dies im Vergleich zur bisherigen Ortsgemeinde eine Konzentration und Spezialisierung: Pfarrer*innen sind dann neben Gottesdienst und Kasualien für zwei, drei oder vier bestimmte Arbeitsbereiche zuständig, die für den jeweiligen kirchlichen Ort prägend sind.

Welcher kirchliche Ort welche Arbeitsbereiche übernimmt, darf und sollte in einem längeren Prozess entwickelt werden. Wichtig ist dabei einerseits die Beteiligung der jeweiligen Orte, auf deren Stärken aufgebaut werden sollte: Ein Schwerpunkt Kirchenmusik ist sinnvoll an einer Kirche mit guter Orgel und lebendiger Chorarbeit angesiedelt, der Schwerpunkt Obdachlosenarbeit an einem Diakonischen Werk oder einer Diakoniekirche, ein Schwerpunkt interreligiöse Arbeit in einem multiethnischen Bezirk etc. Gleichzeitig müssen Absprachen in der Region bzw. im Kirchenkreis/Dekanat erfolgen, welche und wie viele Arbeitsbereiche es geben soll und wo diese sinnvoll angesiedelt sind. Auch dafür ist eine ökumenische Zusammenarbeit gut denkbar.

Der zweite Bereich hingegen ist von Gemeinschaft und Geselligkeit sowie von den Interessen von Menschen bestimmt. Ihm entsprechen in den traditionellen Strukturen beispielsweise Senior*innenkreise, Eltern-Kind-Gruppen, Gemeindefeste oder Bibelkreise, ebenso aber auch die wohnortnahe Diakonie. Diese Form kirchlichen Lebens kommt Menschen entgegen, die im Nahbereich Gemeinschaft suchen. So werden die Chancen der wohnortnahen kirchlichen Arbeit genutzt. Die konkrete Ausprägung richtet sich dabei nach den Bedürfnissen und Themen der Menschen vor Ort und enthält damit große Potenziale für eine Öffnung und Weitung der kirchlichen Arbeit. Denn der Bereich wird nicht von Hauptamtlichen für andere organisiert, sondern – mit hauptamtlicher Unterstützung – von den Beteiligten selbst gestaltet. Ehrenamtliche sind auf diese Weise eigenverantwortlich in Bereichen tätig, die sie für relevant halten, was den neueren Tendenzen des Ehrenamtes entspricht (vgl. dazu Kapitel 6). Die Rolle der Hauptamtlichen verändert sich damit markant: Statt eine Gruppe zu konzipieren, anzubieten und zu leiten, wird es ihre Aufgabe, Themen und Bedürfnisse zu identifizieren, Menschen mit ähnlichen Interessen zusammenzubringen, mit ihnen Formen und (Leitungs-)Strukturen zu finden, die Leitung dann zu begleiten und Ansprechperson zu sein – letztlich also Ehrenamtliche zu unterstützen. Diese Aufgaben liegen für Gemeindepädagog*innen und Diakon*innen von ihrer Ausbildung her näher als für das Pfarramt (vgl. Kapitel 8).

Als Stärken ermöglicht das Modell eine Vielfalt von Zugängen zur Kirche und unterschiedliche Orientierungen kirchlicher Arbeit mit unterschiedlichen Möglichkeiten, sich zu beteiligen und zu engagieren. Es verbindet eine formale Klarheit mit inhaltlicher Flexibilität – indem zum Beispiel Arbeitsbereiche anders gewichtet werden oder der eine Bereich mehr oder weniger Bedeutung erhält als der andere. Menschen können angesprochen werden, die in den bisherigen Strukturen nur schwer Kontakt gefunden haben. Es werden zudem Strukturen für ein selbstverantwortetes ehrenamtliches Engagement geschaffen, die Kirche zu einem attraktiven Raum für dieses machen können.

Seine Schwäche besteht darin, dass es nicht von einer Einzelgemeinde nach eigener Entscheidung umgesetzt werden kann, sondern nur in einem größeren Rahmen. Wenn alle Aspekte berücksichtigt werden sollen, wären landeskirchliche Entscheidungen erforderlich. Viele Aspekte könnten auf der »mittleren Ebene« des Kirchenkreises bzw. Dekanates angegangen werden und auch eine fusionierte größere Gemeinde könnte die grundsätzliche Ausrichtung umsetzen, jedoch braucht es längere Abstimmungs- und Orientierungsprozesse. Zudem erfordert es eine neue Ausrichtung der kirchlichen Arbeit, die nicht selten zur Sorge führt, dass bisher in der Ortsgemeinde engagierte Menschen auf Distanz gehen könnten.

Modell 5: Fresh Expressions of Church

Das Modell der »Fresh Expressions« nimmt Ideen aus der anglikanischen Kirche von England auf, die schon seit langem keine volkskirchlichen Strukturen mehr hat, jedoch eine Tradition eigenständiger und flexibler Gemeinden. Es knüpft dabei an die Überlegungen zu »missionarischen Gemeinden« aus den 1980er Jahren an und hat diese in den vergangenen 10 Jahren (die vorangehenden Versuche, die Erfahrungen mit neuen Gemeindeformen aus der anglikanischen Kirche im deutschsprachigen Raum umzusetzen, fanden wenig Resonanz) mit Schwerpunkten in manchen Landeskirchen in Deutschland, aber auch in der Schweiz weiterentwickelt. Theologisch und konzeptionell wurde sie vor allem vom Institut zur Erforschung von Evangelisation und Gemeindeentwicklung in Greifswald begleitet.

Zu diesem Modell gibt es mittlerweile sehr viel Literatur. Einen guten Einstieg bieten:

Hans-Hermann Pompe/Patrick Todjeras/Carla J. Witt (Hg.): Fresh X – Frisch. Neu. Innovativ. Und es ist Kirche (BEG Praxis), Neukirchen-Vluyn 2016

Reinhold Krebs/Daniel Rempe: Fresh X - der Guide. Neue Gemeindeformen entdecken, Wuppertal 2017

Mehr zu den Hintergründen, den Entwicklungen und der Theologie dieses Modells erfährt man bei

Sabrina Müller: Fresh Expressions of Church. Ekklesiologische Beobachtungen und Interpretationen einer neuen kirchlichen Bewegung, Zürich 2016

Die »Fresh Expressions of Church« gehen aus von der Beobachtung, dass die flächendeckenden ortsgemeindlichen Strukturen mit pastoraler Vollversorgung vor immer größeren Schwierigkeiten stehen. Mindestens ebenso wichtig ist jedoch die Wahrnehmung, dass in Ostdeutschland die Mehrheit der Bevölkerung und mittlerweile auch in Westdeutschland immer mehr Menschen noch nie Kontakt zu Christentum und Kirche hatten. Dann aber dürfen die kirchlichen Strukturen nicht länger einseitig auf die Bewahrung und die Weitergabe christlicher Traditionen und Formen ausgerichtet sein, sondern müssen überzeugend zu einer Erstbegegnung mit dem Evangelium einladen. Dieses Modell ist daher missionarisch bzw. (wie es neuerdings öfter heißt) »missional« ausgerichtet.

Die »Fresh X« sind deshalb Neugründungen von Gemeinden in vielfältigen Formen, die flexibel auf die Menschen und ihre Themen in dem jeweiligen Kontext eingehen. Sie haben keine festgelegte Gestalt und Struktur, sondern entwickeln sich in unterschiedlicher Weise. »Es sind Gemeinden in Cafés und Schulen, an Surfstränden und in Klöstern, in Plattenbauten und Dorfgemeinschaftshäusern, in Backstuben und in Wohnzimmern, es sind aber auch vollständige ›zweite Programme‹ unter dem Dach einer Ortsgemeinde.« (Michael Herbst: Gemeindeaufbau auf dem Weg ins Jahr 2017, in: Matthias Clausen/ders./Thomas Schlegel (Hg.): Alles auf Anfang. Missionarische Impulse für Kirche in nachkirchlicher Zeit (BEG Bd.19), Neukirchen-Vluyn 2013, 7-41, 32) Die neuen Formen bilden keine »Brücken« in die etablierten Gemeindeformen hinein, sondern sie sind als landeskirchliche Gemeinden im Vollsinn des Wortes zu verstehen. Leitend soll die Präsenz Christi unter den Menschen sein, erst anschließend erfolgt die Gemeindebildung, nicht umgekehrt. In diesen Gemeinden ist die soziale Gemeinschaft besonders wichtig und wird auch theologisch als wichtige Komponente des Christseins betrachtet. Mit ihrem »dienenden Charakter« schlagen sie eine Brücke zur Gemeinwesenorientierung: Sie möchten darauf reagieren, was Menschen in dem jeweiligen Lebenskontext brauchen.

Die »Fresh X« sollen die Ortsgemeinden nicht ersetzen, die für manche Menschen sinnvoll sind, sondern in einer »mixed economy« neben sie treten. Die Hauptamtlichen bekommen in diesem missionarisch orientierten Modell von der Kirche eine veränderte Rolle zugewiesen. Sie sind nicht mehr diejenigen, die in erster Linie die Gemeindearbeit durchführen, sondern sie fördern und begleiten Teams, die je – nach ihren Charismen – missionarisch tätig sind.

Eine Stärke dieses Modells ist, dass es die Kirche motiviert, sich wirklich auf die Lebenswelten von Menschen einzulassen. Zudem formuliert es eine Antwort auf die zunehmende Entkirchlichung.

Als Schwäche ist zu nennen, dass Christsein und Kirchenmitgliedschaft auf die aktive Beteiligung an den kirchlichen Formen eingeschränkt wird. Die Vielfalt von Wegen, Kirchenmitglied zu sein und auch sporadisch, projektartig oder nur in bestimmten Lebensphasen an den kirchlichen Aktivitäten teilzunehmen, wird aufgelöst in die auf aktivem Engagement beruhende Einbindung in die Gemeinde. Dabei ist nicht immer ganz geklärt, wie sich der offene »Dienst« an der und für die Gesellschaft zu dem Anspruch auf »discipleship«, der Nachfolge Jesu in einer verbindlichen sozialen Gemeinschaft verhält. Zudem ist bisher offen, wie sich diese sehr kleinen und auch fragilen neuen Gemeinden zur etablierten kirchlichen Struktur verhalten.

2.2 *Elemente der künftigen Gestalt von Kirche*

So verschieden diese fünf Modelle auch die künftige Gestalt der Kirche denken und entwerfen, sind doch bestimmte Elemente bei allen explizit oder implizit erkennbar, die für die Zukunft der Kirche entscheidend wichtig sind. An diesen lassen sich die Konsequenzen der Modelle erkennen und sie erleichtern die Prüfung, welche Modelle man für hilfreich und weiterführend erachtet und welche man nicht favorisiert. Gleichzeitig können die in diesen Modellen erkennbaren Elemente vielleicht auch in anderen Kombinationen verwendet werden. Dies könnte noch einmal zu neuen und für die konkrete Situation noch passenderen Ideen und Ansatzpunkten, möglicherweise sogar zu weiteren Modellen führen. Daher möchte ich jetzt die Modelle noch einmal »querlesen« und sie daraufhin befragen, wie sie bestimmte Elemente der Zukunft von Kirche denken.

Element 1: Wie wird die Aufgabe der Kirche bestimmt?
Grundsätzlich könnten sich alle Modelle darauf einigen, dass die Grundaufgabe der Kirche in der Kommunikation des Evangeliums liegt. Diese verstehen sie jedoch in unterschiedlicher Weise.

Das Modell »Stärkung der Ortsgemeinde« (1) und das Modell »Fresh Expressions of Church« (5) sehen als Aufgabe der Kirche, Menschen mit dem Evangelium bekannt und vertraut zu machen. Sie möchten Menschen in diese Kommunikationsvorgänge mit hineinnehmen und auf Dauer an diese binden.

Das Regionalisierungsmodell (2) und das Modell der »Kirchlichen Orte« (4) verstehen hingegen die vielfältigen kirchlichen Aufgabenfelder als Wege der Kommunikation des Evangeliums in der pluralen Gesellschaft. Sie müssen vielfältig sein, weil zum einen unterschiedliche Menschen unterschiedliche Zugänge zum Evangelium benötigen und zum anderen alle menschlichen Wege, Evangelium zu kommunizieren, begrenzt und relativ sind.

Das Modell der Gemeinwesenorientierung (3) begreift die Aufgabe der Kirche vorrangig diakonisch in der Stärkung und Unterstützung von Menschen durch verbesserte Lebensbedingungen und durch ihr »Empowerment«. Damit wird der Aspekt gestärkt, Evangelium durch die Tat zu kommunizieren.

Element 2: In welchem räumlichen Bezug wird Kirche gedacht? Eine erste Variante hierzu wird von den Modellen 1 und 3 vertreten: Die gestärkte Ortsgemeinde und der Gemeinwesenansatz denken die Kirche vorrangig lokal – entweder in dem territorial abgegrenzten Gemeindegebiet oder durch die Bezugsgröße »Dorf«, »Stadtteil« oder »Quartier«. Auch bei den »Fresh Expressions of Church« (5) spielt die Lokalität aufgrund der Kontextualität und des Gemeinschaftscharakters eine wichtige Rolle. Sie nehmen jedoch Abstand von der Idee einer Zuordnung zu einer bestimmten Gemeinde, weil sie sich an den vielfältigen Lebenswelten von Menschen – Berufs- und Freizeitwelt, Szene und Kiez, digitaler Raum und Kulturbereich – orientieren.

Das Regionalisierungsmodell (2) denkt Kirche in einer regionalen Orientierung. Wie groß diese Region ist, ist unterschiedlich, häufig sind drei bis sechs Gemeinden im Blick.

Das Modell der »Kirchlichen Orte« (4) verbindet die beiden Varianten: Der an Gemeinschaft und Geselligkeit orientierte Bereich denkt überwiegend in lokalen Bezügen, während der inhaltlich bestimmte Bereich auf die Region hin ausgerichtet ist. Diese wird noch größer gedacht, als es häufig beim Regionalisierungsmodell der Fall ist.

Element 3: Welche Menschen hat das Modell vorrangig im Blick?

Eine erste Antwortmöglichkeit liefert das ortsgemeindliche Modell (1) in seinen Auswirkungen (und meist entgegen seiner Intention): Faktisch ist es den Milieustudien zufolge primär auf getaufte evangelische Christ*innen ausgerichtet, die sich in ihrem Leben lokal orientieren, eher bildungsbürgerlich ausgerichtet sind und sich vorstellen können, aktiv in Kirche und Gemeindehaus an den klassischen Angeboten teilzunehmen.

Auch die Regionalisierung (2) geht zunächst von diesen Bezugsgruppen der Ortsgemeinde aus, möchte diese aber stärker als das ortsgemeindliche Modell durch neue Angebote, die durch Profilbildungen möglich werden, erweitern.

Die »Fresh Expressions of Church« (5) hingegen richten sich explizit auf Menschen, die in den traditionellen Strukturen keinen Kontakt zu Christentum und Kirche hatten, und möchte diese neu für den christlichen Glauben gewinnen.

Das Modell der »Kirchlichen Orte« (4) nimmt mit seinen beiden Bereichen zwei verschiedene Gruppen von Menschen in den Blick: Mit dem inhaltlichen Bereich sind Menschen angesprochen, die an bestimmten religiösen Themen und Angeboten interessiert sind. Der gemeinschaftsorientierte Bereich richtet sich an Menschen in räumlicher Nähe, die teilweise der bisherigen »Kerngemeinde« angehören, darüber hinaus aber auch an solche, die neu im Raum der Kirche Gemeinschaft und gegenseitige Unterstützung erfahren möchten.

Wiederum eine andere Antwort gibt die Gemeinwesenorientierung (3): Hier richtet sich Kirche auf alle Bewohner*innen eines bestimmten Gebiets aus, unabhängig von ihrer religiösen Zugehörigkeit und Überzeugung.

Element 4: Wie generalistisch oder wie arbeitsteilig soll sich die Kirche orientieren?

Die Ortsgemeinde ist ja bereits grundsätzlich generalistisch ausgerichtet und das Modell ihrer Stärkung (1) betont diesen Aspekt, gerade weil es im Moment starke Stimmen für eine arbeitsteilige Ausrichtung gibt: Sie ist zuständig für alle religiösen Bezüge einer bestimmten Konfession in einem Gebiet.

Das Regionalisierungsmodell (2) und das Modell der »Kirchlichen Orte« (4) befürworten hingegen ein arbeitsteiliges kirchliches Handeln: Bestimmte Gemeinden, Orte bzw. auch Pfarrpersonen und Mitarbeitende übernehmen hier bestimmte Aufgaben und Schwerpunkte, die klar ausgewiesen und für eine größere Region gestaltet werden.

Der Gemeinwesenansatz (3) nimmt eine Zwischenstellung zwischen den beiden Polen ein, die man vielleicht auch als spezifische Variante einer territorial-generalistischen Orientierung bezeichnen könnte: Sie versteht sich innerhalb eines bestimmten Territoriums nicht für alle religiösen Bezüge, wohl aber für die Lebensbedingungen der Menschen in ihm zuständig.

Die »Fresh Expressions of Church« (5) folgen einer sehr offenen Orientierung kirchlichen Handelns, die den Spuren von Menschen und Initiativen folgt. Sie sind daher schwer im Spektrum »generalistisch oder arbeitsteilig« zu verorten.

Element 5: Welche Rollen werden Hauptberuflichen und Ehrenamtlichen zugedacht?

Als erste Antwortvariante profiliert das Modell der klassischen Ortsgemeinde (1) den Pfarrberuf als kirchlichen »Schlüsselberuf«, der auch für das konkrete gemeindliche Leben eine dominante Rolle spielt (andere Berufsgruppen werden in dem Modell nicht erwähnt). Die Pfarrperson rekrutiert, bindet und begleitet Ehrenamtliche, die ihr gegenüber eine

Zuarbeitsfunktion haben. Sie ist selbst im Gemeindehaus in der Leitung von Gruppen und Kreisen präsent. Auch das Regionalisierungsmodell (2) ändert daran nicht zwingend etwas; die Beziehungen zwischen Haupt- und Ehrenamtlichen werden in ihm nur selten thematisiert. Allerdings bietet es Chancen zur Teambildung mit einer gleichberechtigten Aufgabenverteilung.

Im Gemeinwesenmodell (3) kann der Pfarrberuf schwer eine dominante Rolle bekommen, da Hauptamtliche unterschiedlicher Berufe miteinander kooperieren und es auch um nicht-theologische Kompetenzen geht, die auch Ehrenamtliche einbringen können. Zudem bildet die Arbeit im Sozialraum einen Schwerpunkt in der Ausbildung von Diakon*innen.

Eine andere Variante ist die Bestimmung von Hauptberuflichkeit als Unterstützung von Ehrenamtlichkeit, die von den Modellen 4 und 5 vertreten wird. Im Rahmen der »Fresh Expressions of Church« (5) fördern die Hauptamtlichen vorrangig die missionarisch tätigen Teams. Im Modell der »Kirchlichen Orte« (4) unterstützen und begleiten im gemeinschaftsorientierten Bereich Hauptamtliche (und dabei vor allem die gemeindepädagogischen Berufe) die Ehrenamtlichen in der Leitung von Gruppen und Kreisen. Im inhaltlich orientierten Bereich erfolgt eine Spezialisierung der kirchlichen Berufe je nach den mit dem Ort verbundenen inhaltlichen Schwerpunkten, die sie potenziell gemeinsam mit Ehrenamtlichen gestalten.

Element 6: Welche Rolle spielt Gemeinschaft in den Modellen?

Die Modelle 1 und 5 favorisieren die dauerhafte, sozial erfahrbare Gemeinschaft mit persönlichen Beziehungen. Das Modell »Stärkung der Ortsgemeinde« (1) ist daran interessiert, möglichst viele getaufte evangelische Christ*innen in ihre Aktivitäten und Angebote einzubinden und stabile Gruppen und Gemeinschaften zu pflegen. Die »Fresh Expressions of Church« (5) bieten neue Zusammenschlüsse von Menschen, die dann aber ebenfalls auf Dauer und in Verbindung mit persönlichen Beziehungen vergemeinschaftet werden. In beiden Varianten ist die sozial erfahrbare Gemeinschaft auch theologisch von Bedeutung, denn sie gehört nach ihrer Vorstellung unabdingbar zum Glauben dazu.

Im Regionalisierungsmodell (2) und in den »Kirchlichen Orten« (4) hat die Gemeinschaft eine unterstützende Bedeutung für den Glauben und wird als hilfreich für seine Pflege und Weiterentwicklung verstanden. Glaube entsteht allerdings in der Achse zwischen Gott und Mensch und nicht in der Zugehörigkeit zu einer bestimmten Gemeinschaftsform. Zudem werden unterschiedliche Formen von Gemeinschaft mit unterschiedlichen Graden von Nähe und Verbindlichkeit angestrebt. Diese sind nicht zwingend auf Dauer angelegt, sondern können auch für einen gewissen Zeitraum bestehen. Dies dürfte in ähnlicher Weise auch für die Gemeinwesenorientierung (3) gelten, ohne dass diese Frage thematisch im Vordergrund steht.

3. Alternativen

Wie lassen sich diese Modelle und ihre Elemente für das Nachdenken über die Zukunft der Kirche nutzen? Auch hier bieten sich drei Alternativen an.

Die erste Alternative: Orientierung an einem der Modelle
Möglicherweise bildet eines der Modelle eine überzeugende Antwort auf die Frage, wie man sich individuell oder als kirchenleitendes Gremium die Zukunft der Kirche vorstellt. Dann entspricht es vermutlich dem jeweiligen Kirchenbild und es passt auch zu dem jeweiligen Kontext, für den eine Entscheidung getroffen werden soll. Die Konsequenzen, die in den sechs Elementen deutlich wurden, erscheinen einem sinnvoll und angemessen für eine gelingende Kommunikation des Evangeliums.

In diesem Fall ist eine nähere Beschäftigung mit dem Modell sinnvoll, sowohl auf der Basis von Literatur als vielleicht auch im Gespräch mit Fachleuten für dieses Modell. Zu berücksichtigen ist dann kirchenpolitisch, wie weit die Entscheidungsbefugnis für das jeweilige Gremium in Bezug auf dieses Modell reicht. Manche Entscheidungen können nur auf landeskirchlicher Ebene getroffen werden, z.B. eine finanzielle und personelle Stärkung oder Schwächung von Ortsgemeinden. Andere Fragen sind auf der mittleren Ebene des Kirchenkreises oder des Dekanats zu entscheiden (je nach landeskirchlicher Verfassung unterschiedlich) und wieder andere in der Region oder auch in einer größeren Gemeinde. Hier muss geprüft werden, wie groß die Spielräume sind und welche Entscheidungen man in ihnen treffen kann.

Wenn ein Modell vor Ort nicht komplett umgesetzt werden kann, wäre zu überlegen, welche seiner Aspekte im kleineren Rahmen verwirklicht werden können. Dabei können die genannten sechs Elemente helfen. So kann überprüft werden, wie sich die Kommunikation des Evangeliums bisher gestaltet und ob sie sich nicht stärker an dem gewünschten Modell orientieren kann. Die (meist implizite) Orientierung an den Adressat*innen kann in den Blick genommen werden. Ein besonders wichtiger Hebel kann die Rollenverteilung zwischen Hauptberuflichen und Ehrenamtlichen sein – lässt sich diese in Richtung des gewünschten Modells verschieben? Welche Bilder von Gemeinschaft sind bisher leitend, und wie lassen sich diese verändern?

Gleichzeitig lässt sich auch auf kirchenpolitischer Ebene für das Modell arbeiten. Es kann mit Nachbargemeinden, mit kirchlichen Einrichtungen der Region, auf einem Pfarrkonvent, in der Kirchenkreissynode thematisiert werden oder auch in die Landessynode eingebracht werden. Schritte dazu vor Ort können auf andere überzeugend wirken.

Eine Stärke dieser Alternative ist die klare Orientierungsfunktion an einem Modell, das bereits durchdacht und zum Teil auch erprobt ist. Der Prozess ist zudem weniger aufwendig.

Eine Schwäche besteht darin, dass die Modelle nur selten komplett zu den Gegebenheiten vor Ort passen und nicht immer vollständig umsetzbar sind.

Die zweite Alternative: Inspiration durch die Modelle zu einem eigenen Modell

In einer zweiten Variante werden die fünf Modelle unter Berücksichtigung der sechs Elemente als Ideenpool für die Arbeit an einer eigenen Vision der künftigen Gestalt von Kirche verwendet. Dann bietet es sich an, die Modelle in noch kleineren Schritten, als es mit den sechs Elementen möglich ist, in ihre einzelnen Bestandteile zu zerlegen und deren Vor- und Nachteile zu erwägen.

Möglicherweise zeigt sich dabei, dass vorrangig Aspekte von zwei Modellen favorisiert werden, aus denen sich ein Kombinationsmodell gestalten lässt. Oder aber es entsteht tatsächlich noch einmal eine neue Idee, wie sich die Elemente kombinieren lassen. Dieses ist dann wie in der ersten Variante hinsichtlich der Reichweite der Entscheidungsmöglichkeiten vor Ort zu prüfen und ggf. ist für dieses zu arbeiten. Oder aber die Ideen sind bereits so gestaltet, dass sie in dem jeweiligen Entscheidungsgremium umsetzbar sind.

Stärken dieses Vorgehens sind die entstehende Kreativität, die eine hohe Motivation zur Veränderung freisetzen kann, die Beteiligungskultur und die Orientierung an konkreten Gegebenheiten vor Ort, wenn die Vision direkt in dem jeweiligen Kontext entwickelt wird.

Nachteilig ist der hohe Aufwand für diesen Prozess mit einem offenen Ergebnis, dessen Umsetzbarkeit sich dann noch erweisen muss.

Die dritte Alternative: Die Weiterarbeit mit den Elementen
In einer dritten Variante orientiert man sich zunächst nicht an den Modellen, sondern arbeitet gleich mit den Elementen weiter. Dann lässt sich dort ansetzen, wo im Moment die drängenden Fragen sind: Soll die Verteilung der Rollen von Hauptberuflichen und Ehrenamtlichen neu gestaltet werden? Geht es um die Frage, ob einer generalistischen Orientierung die Zukunft gehört oder ob stärker Schwerpunkte gesetzt und arbeitsteilig vorgegangen werden soll? Soll neu gefragt werden, für wen die Kirche eigentlich da sein soll? Von den Elementen ausgehend können die Modelle dann wieder ins Spiel kommen, wenn man sich anschließend fragt, wie sich diese oder jene Variante eines Elements dann in der Gestalt der Kirche niederschlagen könnte.

Eine Stärke dieses Vorgehens ist, dass man an genau den Fragen arbeiten kann, die vor Ort drängend sind.

Als Schwäche ist zu nennen, dass diese konkreten Fragen es dann oft an einer Vision fehlen lassen und die anstehende

Frage, welche Kirche eigentlich künftig gewollt wird, aus dem Blick geraten kann. Es besteht die Gefahr, sich im konkreten »Machen« zu verlieren, ohne dies theologisch und in den Konsequenzen für die Kirche zu reflektieren. Möglicherweise kann die Orientierung an den Elementen auch durch eine Vermeidung der eigentlich notwendigen Konsequenzen motiviert sein – dann wird es unwahrscheinlich, dass die Umsetzung gelingt, weil die Konflikte erst bei den praktischen Konsequenzen aufbrechen würden.

4. Anregungen zur Weiterarbeit

Fragen auf dem Weg zu einer eigenen Position

- Neige ich einem der Modelle spontan zu? Wenn ja, welches Anliegen erfüllt dies ganz besonders gut?
- Wie würde eine Kirche aussehen, die sich an diesem Modell orientiert?
- Lehne ich ein Modell besonders deutlich ab? Wenn ja, warum?
- Entdecke ich an einem Modell eine Idee, die mir wirklich neu ist? Was ist daran möglicherweise bedenkenswert? Gibt es einen Aspekt, der mich neugierig macht und Lust zur Weiterarbeit weckt?
- Welches der sechs Elemente ist mir besonders wichtig und warum?
- Welche der Alternativen im Vorgehen löst in mir Energie aus und motiviert mich zum Weiterdenken?
- Was spricht für die anderen Varianten?

Ein biblisch-bibliologischer Impuls:

1 Thess 5,16-24
Seid allezeit fröhlich, betet ohne Unterlass, seid dankbar in allen Dingen; denn das ist der Wille Gottes in Christus Jesus für euch. Den Geist löscht nicht aus. Prophetische Rede verachtet nicht. Prüft aber alles und das Gute behaltet. Meidet das Böse in jeder Gestalt. Er aber, der Gott des Friedens, heilige euch durch und durch und bewahre euren Geist samt Seele und Leib unversehrt.

Am Ende des Briefes an die Gemeinde in Thessalonich gibt Paulus der jungen, von ihm selbst gegründeten Gemeinde noch einiges mit auf den Weg. Zuvor hatte er seine Freude ausgedrückt, dass sie trotz Verfolgungen beim christlichen Glauben geblieben sind, und ihnen einige Fragen beantwortet. Es folgen nun einige Ratschläge für den Alltag, aber eigentlich sind sie mehr als das: Es geht darum, welche Haltung und welches Handeln dem christlichen Glauben entspricht.

Zunächst kommt eine Art grundlegende Lebenshaltung: Fröhlich sein, beten und dankbar sein – dass Menschen so sein können, entspricht dem Willen Gottes. Auf dieser Grundlage kann man den Geist Gottes aufmerksam wahrnehmen und sich von ihm inspirieren lassen. »Prophetische Rede« – die Menschen von Gott empfangen und anderen zusprechen als das, was man sich nicht selbst sagen kann – soll man ebenfalls ernst nehmen. Geht es gegenüber dem Geist und der prophetischen Rede darum, offen und aufmerksam zu sein für Impulse von außen, dann sind in dem nächsten Satz die Menschen als aktive Subjekte selbst gefragt: »Prüfet alles, das Gute behaltet.« Paulus traut den Menschen in Thessalonich zu und mutet es ihnen auch gleichzeitig zu, dass sie selbstständig

Entscheidungen treffen. Dafür empfiehlt er ihnen, alle Möglichkeiten in den Blick zu nehmen und sorgfältig zu prüfen, welche für den konkreten Fall gut und richtig sind. Dass das immer risikoreich ist, zeigt der nächste Satz: Man kann dabei durchaus auf den falschen, »bösen« Weg kommen, Erfolg ist nicht garantiert. Aber auch wenn Gott einem die Entscheidungen nicht abnimmt, ist er beim Entscheidungsprozess dabei und stärkt einen darin. Gott »heiligt« die Menschen, d.h. sie werden erfüllt mit Heiligem Geist und göttlicher Gegenwart. Dies gilt für Körper, Geist und Seele, sodass der ganze Mensch davon erfasst wird – eine gute Basis dafür, alles sorgfältig zu prüfen und das Gute zu behalten!

Paulus sagt an dieser Stelle nichts zum konkreten Vorgehen des Prüfens, aber es kann hier durchaus mitgedacht werden, dass zu solchen Entscheidungen auch Experimente und das Eingehen von Risiken gehören. Manchmal lässt sich erst am Ergebnis prüfen, was in einer bestimmten Situation »das Gute« ist.

Wie die Menschen damals die Worte des Briefes gehört haben und ob sie ihnen geholfen haben, ist uns nicht überliefert. Zumindest aber waren sie es ihnen wert, sie aufzubewahren und an die nächsten Generationen weiterzugeben, sodass sie bis heute zu lesen sind – möglicherweise auch als Impuls für Entscheidungen in kirchlichen Strukturfragen.

Eine methodische Idee für die gemeinsame Arbeit in einem kirchlichen Gremium:

Modelle bauen

Um die fünf beschriebenen Modelle noch besser zu verstehen, konkreter werden zu lassen und sich eingehender mit ihnen zu beschäftigen, kann es hilfreich sein, wenn man sie selbst baut. Dafür eignen sich Legosteine besonders gut, aber auch eine Vielfalt von Materialien (wie Holzstäbchen, Filzteile, Stoff, Murmeln, Naturmaterialien) ist denkbar. Dieser Zugang etabliert sich gerade auch im universitären Kontext. Lerntheoretische Forschungsergebnisse zeigen, dass die kreative Beschäftigung, bei der unterschiedliche Erfahrungsebenen angesprochen werden, einen wesentlich intensiveren Erkenntnisgewinn freisetzt als die reine Diskussion. Alle Gruppenmitglieder bekommen dann – im Falle der Lego-Variante – ein (möglichst identisches) Set mit unterschiedlichen Legosteinen, sowohl in der klassischen eckigen Form als auch mit anderen Formen wie Figuren, Blumen, Seilen etc., oder die anderen Materialien. Sie werden gebeten, eines oder mehrere der vorgestellten Modelle symbolisch mit den Legosteinen oder den Materialien zu bauen. Anschließend stellen sie sich ihre Werke gegenseitig vor und deuten sie dabei. Die anderen geben eine Rückmeldung, was sie in dem jeweiligen Bauwerk sehen.

Auch zu den sechs Elementen kann gebaut werden. Entweder nach eigener Wahl oder nach Zuteilung wird dann eines der Elemente in einem oder in mehreren Modellen gebaut, z.B. »die Rolle des Ehrenamtes im Modell der ›Kirchlichen Orte‹« oder »das Verständnis von Gemeinschaft bei den ›Fresh Expressions of Church‹«. Auch hier erfolgen nach der Bauphase Vorstellung und Austausch unter den Teilnehmenden.

Kapitel 6

Veränderungen im ehrenamtlichen Engagement

Einstieg: Szenen aus der kirchlichen Praxis

Szenario 1:
*Ein neuer Pfarrstellenplan ist erarbeitet worden und die Marthagemeinde trifft es hart: Statt wie bisher 2,5 Pfarrstellen werden ihr künftig nur noch 1,5 zur Verfügung stehen. Was wird das bedeuten für ihr lebendiges Gemeindeleben mit vielen Gruppen und Kreisen, die sich im Gemeindehaus treffen und deren Leitung und Begleitung sich die Pfarrer*innen bisher nach ihren Interessen aufgeteilt haben? Als darüber im Kirchengemeinderat diskutiert wird, kommt rasch der Vorschlag: Könnten diese Aufgaben nicht von Ehrenamtlichen übernommen werden?*

Szenario 2:
Im Einzugsgebiet der Samaritergemeinde wohnt schon lange eine Familie aus Afghanistan, die im Dorf gut integriert ist. Als sie abgeschoben werden soll, werden von ihrem Rechtsbeistand Gründe genannt, die einer Abschiebung entgegenstehen. Der Kirchengemeinderat überlegt, ob die Gemeinde der Familie ein Kirchenasyl anbietet, um ihr die Chance zu geben, alle rechtlichen Möglichkeiten zu nutzen. Als er sich näher damit beschäftigt, wird deutlich, dass die damit verbundene Arbeit über einen längeren Zeitraum die Möglichkeiten der Pfarrerin und der (wenigen) bisher engagierten Ehrenamtlichen weit übersteigt. Gibt es eine Chance, dafür

in der wenig kirchlich geprägten Gegend neue Ehrenamtliche in größerer Zahl zu gewinnen?

Szenario 3:
*In der aus ursprünglich vier Gemeinden fusionierten Philippusgemeinde herrscht kein Mangel an Ehrenamtlichen: Drei Prädikant*innen gestalten Gottesdienste, mehrere Gruppen werden rein ehrenamtlich geleitet, es gibt einen florierenden Besuchsdienstkreis mit Menschen, von denen einige Seelsorge-Fortbildungen besucht haben, in der Kinderkirche und bei der Gestaltung der Konfi-Zeit sind Ehrenamtliche verantwortlich beteiligt. Überhaupt ist der Kirchengemeinderat hoch engagiert und aus den Reihen der Engagierten kommen viele neue Ideen für die Gemeindearbeit. Allerdings knirscht und kracht es immer öfter in der Gemeinde, manchmal auch zwischen den Mitgliedern des Kirchengemeinderates und den anderen Ehrenamtlichen, vor allem aber zwischen den Hauptamtlichen – den Pfarrpersonen, der Diakonin und der Sekretärin – und den Ehrenamtlichen. Manche Ehrenamtliche fühlen sich nicht gut informiert und sehen sich manchmal in »ihren« Bereichen vor vollendete Tatsachen gestellt. Dann werden sie plötzlich eingeplant für neue Aktivitäten und zu Zeiten, die ihnen nicht gut passen. Und eigentlich wünschen sie sich auch mehr Beachtung und Wertschätzung, immerhin leisten sie viel für die Kirche. Die Hauptamtlichen schätzen zwar prinzipiell das ehrenamtliche Engagement sehr und wissen um seinen Wert für die Gemeindearbeit, haben aber manchmal auch das Gefühl, den Überblick zu verlieren. Außerdem finden sie die Ehrenamtlichen einfach in den Absprachen kompliziert – manches ginge schneller, wenn man es selbst machen würde. Ab und zu fragen sie sich auch, wo denn eigentlich ihre spezifi-*

sche Kompetenz zum Tragen kommt, wenn Ehrenamtliche in jedem Bereich tätig sind, für den sie einmal ausgebildet wurden. Unter den Konflikten leidet die Motivation aller, und die ersten Ehrenamtlichen haben bereits entschieden, dass sie sich künftig lieber im Kulturverein engagieren. Wie kann die Gemeinde aus diesen Konflikten herauskommen und in ihren Strukturen ein produktives, für alle Beteiligten zufriedenstellendes Miteinander von Ehrenamtlichen und Hauptberuflichen fördern?

1. Die Herausforderung

Das kirchliche Ehrenamt oder wie es auch heißt: die Freiwilligenarbeit in der Kirche hat in den letzten Jahren aus mehreren Gründen immer mehr an Bedeutung gewonnen. Wurde es noch in den 1990er Jahren als relativ selbstverständlich angesehen, dass Ehrenamtliche den Gemeindebrief austrugen, den Kaffee für den Senior*innennachmittag kochten, im Besuchsdienstkreis aktiv waren, die Kinderkirche unterstützten und im Kirchengemeinderat tätig waren, wird diese Arbeit mittlerweile stärker wahrgenommen und wertgeschätzt. In etlichen kirchlichen Verlautbarungen wird dieser »Schatz« der Kirche hervorgehoben und viele Gemeinden würdigen in Ehrenamtsfesten und bei anderen Gelegenheiten die Menschen, die sich unentgeltlich in der Kirche engagieren. Nicht an allen Orten erleben Ehrenamtliche aber diese Wertschätzung in einem hinreichenden Maße und nicht immer ist das Verhältnis von Ehrenamtlichen und hauptberuflich Tätigen (nicht nur, aber meist Pfarrer*innen) spannungsfrei und für alle Seiten bereichernd (vgl. das Szenario 3). Für bestimmte Aufgabenbereiche müssen Ehrenamtliche manchmal auch mühsam gesucht werden, nicht selten sogar für die Kandidatur im Kirchengemeinderat.

Gleichzeitig entstehen immer wieder Konflikte zwischen hauptberuflich und freiwillig in der Kirche Tätigen, deren Aufgaben, Verantwortlichkeiten und Befugnisse nicht immer klar voneinander abgegrenzt sind. Gerade in Gremientätigkeiten, möglicherweise auch mit Leitungsfunktionen, haben Ehrenamtliche oft eine hohe Macht- und Entscheidungsbefugnis. Die hauptberuflich Tätigen besitzen hingegen nicht selten einen Informationsvorsprung und können und müssen die getroffenen Entscheidungen nach eigenem Ermessen umsetzen. Dass die einen für die kirchliche Arbeit bezahlt werden und die anderen nicht, die bevorzugten Arbeitszeiten unterschiedlich sind und die Verbindlichkeiten anders geregelt sind, kann ebenfalls zu Konflikten führen (auch dazu vgl. das Szenario 3).

Dabei könnten doch zwei Entwicklungen eigentlich so gut zusammenpassen: Zum einen ist die Einsicht gewachsen, dass es im Sinne des Priestertums aller Gläubigen theologisch angemessen und im Sinne einer lebendigen Kirche sinnvoll ist, Kirche von vielen Menschen gemeinsam gestalten zu lassen. Zum anderen werden die Hauptamtlichen weniger und manche Arbeitsbereiche müssten von Ehrenamtlichen übernommen werden, wenn sie nicht wegfallen sollen (vgl. das Szenario 1). Diese beiden Motivationen sind nun allerdings nicht so gut miteinander zu vereinbaren, wie es vielleicht auf den ersten Blick wirken mag. Die Situation ist auch hier komplizierter, weil Geschichte und Gegenwart, Theologie und Strukturen, Gesellschaft und kirchliche Traditionen das Ehrenamt in der Kirche prägen und sich teilweise auch reiben.

2. Hintergrundwissen

2.1 Strukturen des kirchlichen Ehrenamtes

Ehrenamtliche Tätigkeit meint, freiwillig eine Verantwortungsrolle in einem bestimmten Aufgabengebiet zu übernehmen, die über ein Mitmachen hinausgeht. Der Begriff des Ehrenamtes ist vermutlich Anfang des 19. Jh. nach dem Vorbild politischer Ehrenämter in die Kirche eingewandert. Definiert wird dieser Bereich nach dem staatlichen Freiwilligensurvey von 2014 als Tätigkeit, die

- nicht auf materiellen Gewinn ausgerichtet ist,
- im öffentlichen Raum stattfindet (also nicht in der Familie oder der Nachbarschaft),
- in der Regel gemeinschaftlich ausgeübt wird,
- gemeinwohlorientiert ist
- und freiwillig ist.

Während im staatlichen Bereich mittlerweile der Begriff des »freiwilligen Engagements« häufiger genutzt wird, bezeichnen sich Freiwillige in der Kirche nach wie vor überwiegend als »Ehrenamtliche«, aber auch der Alternativbegriff findet Verwendung.

Der Begriff des »Ehrenamtes« bringt zum Ausdruck, dass keine nennenswerten materiellen und finanziellen Gegenleistungen für die Übernahme des Amtes zu erwarten sind. Wer sich engagiert, erhält jedoch »Ehre« zurück. Dies lässt sich theologisch deuten als Ausdruck der christlichen Freiheit: Weil man nach reformatorischer Überzeugung Gottes Gnade nicht durch Werke verdienen muss, kann man sich »aus Ehre« für andere einsetzen, ohne dafür etwas zu verlangen.

Es drückt sich aber auch zwischenmenschlich in Formen von sozialer Anerkennung für das Engagement aus. Sichtbar wird dies beispielsweise darin, dass Ehrenamtlichen Ressourcen der Kirche zur Verfügung stehen (z.B. Sachmittel, Fortbildungen, Raumnutzungen, Bekanntmachung der Tätigkeit in kirchlichen Medien etc.), mittlerweile aber auch häufig durch explizite Würdigung der Ehrenamtlichen in Ehrenamtsfesten etc. Sie kann auch eine Aufwandsentschädigung einschließen, die aber nicht der Finanzierung des Lebensunterhalts dient oder als Stundenlohn abgerechnet wird.

Dass man dabei von einem »Amt« spricht, gibt es auch außerhalb der Kirche. Im kirchlichen Bereich hat es jedoch zusätzlich eine theologische Bedeutung: Er erinnert an das Priestertum aller Gläubigen und macht daher theologisch plausibel, warum Ehrenamtliche – konkret die Mitglieder des Kirchengemeinderates – gemeinsam mit dem »Pfarramt« die Gemeinde leiten.

Der Unterschied zu den hauptberuflich in der Kirche Arbeitenden kann nicht mit einem geringeren theologischen Status begründet werden (vgl. 2.2). Auch das Bewusstsein einer »Berufung« ist kein Unterscheidungskriterium, da eine ehrenamtliche Tätigkeit häufig im Bewusstsein einer Berufung geschieht. Ebenso wenig sind es bestimmte Arbeitsbereiche – beispielsweise können auch die Sakramente von Prädikant*innen eingesetzt werden. Mit einem höheren Grad an Professionalität kann ebenfalls nicht argumentiert werden – man denke beispielsweise nur an die Architektin, die den Bauausschuss leitet, oder den Steuerprüfer, der die finanziellen Belange der Gemeinde regelt. Formal sind die Unterschiede eigentlich nur in der Bezahlung und in der Einbindung in kirchliche Ordnungen und Sanktionssysteme festzumachen: Pfarrer*innen kann man nötigen, im Pfarrhaus zu wohnen, und Gemeindepädagog*innen müssen dienstrechtliche Konsequenzen befürchten, wenn sie außerhalb ihres Urlaubs und ohne Krankschreibung wochenlang nicht zur Arbeit erscheinen – Ehrenamtliche nicht.

Ehrenamtliche Tätigkeit in der Kirche ist ausgesprochen vielfältig und individuell. Grob lassen sich jedoch drei Ausrichtungen unterscheiden:

- An dem einen Ende der Skala finden sich *alltagsnah* ausgeübte ehrenamtliche Tätigkeiten wie z.B. das Austragen des Gemeindebriefes, das Grillen auf dem Gemeindefest oder die Hausaufgabenhilfe mit geflüchteten Kindern. In diesem Bereich liegt die Aufgabe der Hauptamtlichen vor allem darin, zu motivieren und ggf. zu begleiten, nicht aber anzuleiten oder auszubilden, da diese Tätigkeiten durch vorhandene Kompetenzen oder einfach durch das Talent ausreichend bewältigt werden können.
- Am anderen Ende der Skala sind Tätigkeiten angesiedelt, bei denen seitens der Ehrenamtlichen mit einer hohen *fachlichen* Kompetenz gearbeitet wird. Beispiele dafür sind die Seelsorgekompetenz in der Telefonseelsorge und Krankenhausseelsorge und die Predigtkompetenz im Dienst der Prädikant*innen. In diesem Bereich haben die Hauptamtlichen die Aufgabe, dass sie für entsprechenden Kompetenzerwerb und Qualitätskontrolle sowie die Vertretung nach außen sorgen, teilweise tragen sie die fachliche Verantwortung. Bei den oben genannten Beispielen der Architektin und des Steuerprüfers übersteigt ihre fachliche Kompetenz die der Hauptamtlichen in den Bereichen, in denen sie ehrenamtlich tätig sind.
- In dem Bereich zwischen den beiden Extremen liegt solche ehrenamtliche Tätigkeit, in der die Ehrenamtlichen begrenzte *Teilkompetenzen* einsetzen oder erwerben. Dies

greift beispielsweise im Besuchsdienstkreis, in der Leitung einer Kinder- oder Jugendgruppe oder in der Koordination eines Kirchenasyls. Zu dieser Gruppe gehören z.B. auch die jugendlichen Konfi-Teamer*innen (von denen es in Deutschland gegenwärtig ca. 60.000 gibt). Dem entspricht auf Seiten der Hauptamtlichen eine Verpflichtung, die Ehrenamtlichen in einem nicht zu weiten Rhythmus regelmäßig fachlich zu begleiten (wobei der Kirchengemeinderat dafür formal die Verantwortung hat, die Aufgabe aber in der Regel von den Hauptamtlichen ausgeführt wird).

Aus allen drei Ausrichtungen können Ehrenamtliche in Leitungsämter gewählt werden. Als Mitglieder des Kirchengemeinderats kommen sie dann in eine Doppelrolle, weil sie einerseits Entscheidungs- und Aufsichtsfunktion über andere Ehrenamtliche haben und gleichzeitig Teil dieser Gruppe sind. Dies verschärft sich, wenn von ihnen jemand den Vorsitz des Kirchengemeinderates oder auch dessen Stellvertretung übernimmt.

2.2 Die theologische Konstruktion von Amt und Ehrenamt

Besonders in der lutherischen Kirche ist das Verhältnis von Amt und Ehrenamt ausgesprochen kompliziert – es wäre geradezu erstaunlich, wenn es nicht zu Konflikten führen würde. Sie steht mit ihrem Amtsverständnis quasi in der Mitte zwischen dem katholischen und dem reformierten Verständnis. Im römischen Katholizismus ist der Priester den »Lai*innen« theologisch eindeutig vorgeordnet: Der Priester repräsentiert Christus, der das Haupt der Gemeinde ist; das Amt hat daher einen anderen geistlichen Charakter als alle, die nicht zum Priester geweiht sind. In den reformierten Kirchen wird das Amt hingegen der Gemeinde klarer nachgeordnet: Pfarrpersonen werden von der Gemeinde angestellt und das Presbyterium bildet die eigentliche Leitung der Gemeinde.

In den lutherischen Kirchen hingegen hat weder das Amt noch das Priestertum aller Gläubigen eine klare Priorität. Statt einer Hierarchie kann man von einer Ellipse mit zwei Brennpunkten sprechen, die Kirche gemeinsam gestalten sollen. Die Amtsträger*innen haben keine besondere geistliche Qualität wie in der katholischen Kirche, sie stehen Gott nicht näher als alle Gläubigen. Martin Luther hat dies so formuliert: »Was aus der Taufe gekrochen ist, das darf sich rühmen, dass es schon Priester, Bischof und Papst sei [...]« (in der Schrift »An den christlichen Adel« von 1520, Weimarer Ausgabe 6, 404-469, hier 408,11-12.) Und: »Darum sind alle Christenmänner Pfarrer, alle Frauen Pfarrerinnen [!], es sei jung oder alt, Herr oder Knecht, Frau oder Magd, gelehrt oder Laie« (in der Schrift »Ein Sermon von dem Neuen Testament, das ist von der Heiligen Messe« von 1520, Weimarer Ausgabe 6, 353-378, hier 370,25-27). Aufgrund der Taufe sind damit alle Menschen theologisch ungeachtet ihrer Funktion und ihres Status gleichrangig.

Andererseits spricht die Confessio Augustana, eine der wichtigsten Bekenntnisschriften der lutherischen Kirchen von 1530, in ihrem 5. Artikel von einem von Gott direkt (also nicht von der Gemeinde) eingesetzten eigenständigen Amt, das das Evangelium verkündigen und die Sakramente reichen soll. Das Amt ist um der Ordnung in der Gemeinde willen nötig, damit nicht alle durcheinander predigen und niemand mehr weiß, wofür wer zuständig ist. Luther formulierte: [...] obwohl wir alle gleichermaßen Priester sind, so können wir doch nicht allesamt dienen oder schaffen und predigen« (in der Schrift »Von der Freiheit eines Christenmenschen« von 1520, Weimarer Ausgabe 7, 20-38, hier 28,33-35). Dahinter steht das Anliegen, dass die öffentliche Gemeinde geordnete Verhältnisse braucht, damit nicht ungeregelte Machtausübung Schwächere an die Seite drängt und damit das allgemeine Priestertum wieder aushebelt. Es sind zudem auch bestimmte Kenntnisse und Kompetenzen erforderlich, die nicht alle in der Gemeinde haben können und müssen, insbesondere theologische Kompetenz, die im Studium erworben wird. Gerade an dieser Stelle wurde das geistliche Amt von Martin Luther aber wieder in seiner Macht beschränkt: Für den Fall, dass in den oft unklaren Verhältnissen in der Anfangszeit der Reformation der Amtsträger unreformatorisch predigte, sollte die Gemeinde die Amtsträger entsprechend ermahnen oder auch aus ihrem Amt entlassen.

Die Konstruktion ist ja bemerkenswert: Es gibt ein von Gott eingesetztes Amt und eine von der Gemeinde eingesetzte Person für dieses Amt. Dieser kommt theologisch keine besondere Qualität zu, aber sie muss in einem höheren Maße als die anderen Priesterinnen und Priester theologisch gebildet sein. Über deren »rechte Verkündigung« dürfen jedoch wiederum diejenigen, die nicht Theologie studiert haben, entscheiden. Eigentlich sind Konflikte und Spannungen damit vorprogrammiert. Sollen diese vermieden werden, müssen die Rechte und Pflichten aller Beteiligten sehr gut geklärt werden.

2.3 Historische Wurzeln des kirchlichen Ehrenamtes

Für ihre jeweiligen theologischen Konstruktionen von »Amt und Ehrenamt« berufen sich alle christlichen Konfessionen auf die Bibel. Dies ist deshalb möglich, weil sich in den verschiedenen Büchern der Bibel zum Thema »Amt« unterschiedliche Traditionen finden. In den Evangelien wird einerseits von zwölf Männern berichtet, die Jesus besonders nahestanden und von ihm auch für Predigten, Heilungen und Dämonenaustreibungen bevollmächtigt wurden (vgl. den biblisch-bibliologischen Impuls unten). Gleichzeitig haben sie aber auch vieles von seiner Botschaft nicht verstanden und sind Irrwege gegangen. Darüber hinaus lesen wir von einem größeren Kreis von Jünger*innen, von denen einige, gerade auch Frauen, als Zeug*innen von Jesu Sendung und seiner Auferstehung hervorgehoben werden. Dabei sind einerseits hierarchiekritische Tendenzen zu erkennen (z.B. der Rangstreit unter den Jüngern Mk 10,35-45), andererseits finden sich besondere Hervorhebungen einzelner Personen (z.B. der Primat des Petrus Mt 16,18-19).

Paulus spricht in seinen Briefen von Aposteln und auch Apostelinnen, die ihn darin unterstützen, das Evangelium von Jesus Christus unter Menschen zu verbreiten. In den spätesten Büchern der griechischen Bibel, den Pastoralbriefen, ist dann bereits von Ämtern die Rede – was zeigt, dass diese sich im jungen Christentum relativ rasch entwickelt haben.

Im Mittelalter kann von einer verantwortungsvollen Mitarbeit von Laien oder gar Laiinnen nicht die Rede sein, übrigens auch außerhalb der Kirche nicht. In der mittelalterlichen Gesellschaftsstruktur war der Familienverband zuständig für Probleme und Nöte. Wo dies nicht funktionierte, litten oder starben Menschen – oder fanden höchstens Unterstützung in Klöstern und bei den klosterähnlichen Gemeinschaften der Beginen. Zudem gab es nicht das Konzept von Freizeit, das man bewusst mit sinnvoller Tätigkeit füllen konnte.

Da diese Gesellschaftsstruktur auch nach der Reformation bis in die Neuzeit hinein fortbestand, entstand auch nicht sofort eine blühende ehrenamtliche Tätigkeit in den lutherischen Gemeinden. Auch in der Gesellschaft insgesamt entwickelten sich Vorläufer des heutigen Ehrenamtes erst im 18. Jh., zunächst im Bereich der Armenfürsorge und Armenpflege. Und in der Kirche wurde im Zuge der »bürgerlichen Revolution« 1848 der gewählte Kirchenvorstand eingerichtet und damit die ehrenamtliche Leitung in der Kirche etabliert.

Noch wichtiger für das Ehrenamt war die Gemeindebewegung Ende des 19. Jh. (vgl. Kapitel 2). Vorbild für die neue Idee der Ortsgemeinde als tatkräftige Gemeinschaft waren die Vereine gerade auch mit ihrem ehrenamtlichen Engagement von Menschen. Damit niemand geistlich oder sozial durch die Maschen ihres Netzes fällt, wurde die Gemeinde in kleine Einheiten unterteilt, für die Ehrenamtliche als »Bezirkshelfer« zuständig waren. Ehrenamtliche leiteten auch die »geselligen Abende« im neu entstandenen Gemeindehaus und die Gruppen für junge Männer, junge Frauen, Eheleute und ältere Menschen. Dabei standen sie allerdings deutlich unter dem Pfarrer, der die Weisungsbefugnis besaß. Es entwickelte sich das Bild der Gemeinde als Familie: Der Pfarrer stellt das Familienoberhaupt dar, der seine Kinder in emotionaler Verbundenheit führt und lenkt. Die Ehrenamtlichen changieren in diesem Modell zwischen der in der patriarchalen Gesellschaft deutlich unter dem Vater stehenden Mutterrolle und den älteren Kindern, denen man etwas Verantwortung zutraut, ohne sie als gleichwertige Erwachsene zu behandeln.

Anstöße dazu, dies zu verändern, kamen erst im Kontext der 68er-Revolution auf, die mehr Mitbestimmung und Aufwertung der Ehrenamtlichen forderte. Allerdings verstummte die Kirchenreformbewegung relativ rasch wieder und seit Ende der 1970er Jahre erfolgte weitgehend eine Restauration traditioneller kirchlicher Strukturen und Orientierungen. Die missionarische Gemeindeaufbaubewegung setzte in den 1980er Jahren einige Akzente in Richtung einer Aufwertung des Ehrenamtes, allerdings ohne durchschlagende Wirkung. Intensiv wurde die Diskussion in den 1990er und 2000er Jahren wiederaufgenommen, als finanzielle Zwänge die Kirche nötigten, stärker über ihre Strukturen, aber auch über ihre Potenziale nachzudenken, und das Ehrenamt als einer der wichtigsten »Schätze« der Kirche hervorgehoben wurde. Anders war dies in den vom Pietismus geprägten landeskirchlichen Gemeinschaften und freien Werken wie z.B. dem CVJM, die durchgehend von einer stärker ausgeprägten Freiwilligenkultur geprägt waren und heute noch sind.

2.4 Freiwilligenarbeit in der Gesellschaft heute

Da die Kirche immer ein Teil der Gesellschaft ist und teil hat an den gesellschaftlichen Entwicklungen, wird auch der Charakter des kirchlichen Ehrenamtes durch die gesellschaftlichen Entwicklungen beeinflusst. Hier zeigen sich im Moment zwei sehr interessante Entwicklungen:

Zum einen hat das Ehrenamt insgesamt in der Gesellschaft Konjunktur. Vermutlich waren noch nie so viele Menschen ehrenamtlich bzw. freiwillig engagiert wie heute. Für die Zunahme freiwilligen Engagements gibt es diverse Gründe wie ein größeres Maß an Freizeit, die längere Lebenserwartung nach dem Ruhestand, aber auch das Bewusstsein der Notwendigkeit und Sinnhaftigkeit von Partizipation und Engagement. Beim letzten deutschen Freiwilligensurvey 2014 waren 43,6 % der Wohnbevölkerung Deutschlands im Alter ab 14 Jahren freiwillig engagiert. Der Bereich Religion und Kirche nahm dabei mit 7,6 % des Engagements den 5. Rang ein nach den Bereichen Sport und Bewegung (16,3 %), Schule und Kindergarten (9,1 %), Kultur und Musik (9,0 %) und dem sozialen Bereich (8,5 %). Dabei sind oft dieselben Menschen in mehreren Bereichen gleichzeitig oder nacheinander aktiv. Wie das Leben heute insgesamt von Entscheiden und Wählen in der Fülle von Angeboten geprägt ist, wählen Menschen heute auch bewusst aus, wo und wie sie sich freiwillig engagieren, so dass eine gewisse Konkurrenz um sie entsteht.

Zum anderen zeigt sich in den letzten Jahren ein Wandel des Ehrenamtes. Das sog. »neue Ehrenamt« unterscheidet sich vom »alten« dadurch, dass die Ehrenamtlichen viel stärker als Subjekte in Erscheinung treten: Sie engagieren sich nicht, weil eine Tätigkeit gemacht werden muss und jemand dafür gebraucht wird, sondern weil sie eine Tätigkeit als sinnvoll und erfüllend einschätzen. Sie möchten dabei ihre persönlichen Fähigkeiten einsetzen bzw. auch entdecken und weiterentwickeln. Sie möchten über den Umfang und die Art der Tätigkeit selbst entscheiden und sie auch wieder beenden dürfen. Sie möchten durchaus etwas Gutes für andere tun, aber dabei auch sich selbst etwas Gutes tun – d.h. es muss Freude machen, zum eigenen Lebensabschnitt passen und ihnen so »etwas bringen«. Sie sind sich ihres Wertes dabei durchaus bewusst und erwarten von der Organisation, in der und für die sie sich engagieren, Wertschätzung. Insofern möchten sie wahrgenommen, anerkannt sowie freundlich und kompetent begleitet werden. Dabei verbinden sich in der Selbstwahrnehmung der Ehrenamtlichen in der Regel »altruistische« und »egoistische« Motive: Es tut gut, gebraucht zu werden, und etwas zu tun, was wirklich nötig ist, gibt Sinn. Denkt man jedoch von der Organisation aus, bedeuten das »alte« und das »neue« Ehrenamt zwei unterschiedliche Denkrichtungen: Möchte die Organisation Menschen zur Mitarbeit gewinnen, weil sie sie für bestimmte Tätigkeiten benötigt, oder möchte sie Menschen die Möglichkeit eröffnen, nach ihren eigenen Vorstellungen sinnvoll für sich und andere tätig zu sein? Die erste Variante denkt von der Organisation aus, während die zweite von den Menschen aus denkt.

Beide Varianten sind für Organisationen durchaus legitim, sofern sie diese transparent machen. Natürlich sind auch Mischformen denkbar, aber der Akzent wird in der Regel auf der einen oder der anderen Variante liegen. Statistisch nimmt die Bereitschaft zum »alten« Ehrenamt ab und zum »neuen« Ehrenamt zu (was auch eine Generationenfrage ist). Nicht nur Kirchen, sondern auch Sportvereine, Parteien und Gewerkschaften haben Schwierigkeiten, Menschen für bestimmte Tätigkeiten zu finden. Die Situation nötigt alle Organisationen, besonders gute Bedingungen bereitzustellen. Eine enorme ehrenamtliche Bereitschaft zeigte sich 2015, als der große Schwung von Geflüchteten aus Syrien nach Deutschland kam. Er ist so zu erklären, dass es vielen Menschen plausibel erschien, sich zu engagieren. Zudem hatten sie den Eindruck, mit ihren Fähigkeiten am richtigen Ort zu sein. Der Trend zum informellen Engagement wurde dabei sehr deutlich.

Auf beide Tendenzen reagieren auch »Ehrenamtsbörsen« oder »Freiwilligenagenturen«, die Menschen beraten, das für sie sinnvolle und stimmige Betätigungsfeld zu finden. Sie nehmen sich Zeit, die Fähigkeiten, Bedürfnisse, Motivationen und Ansprüche von Menschen zu erfragen, vielleicht auch erst mit ihnen zu entdecken und ihnen dann das stimmige Feld dafür vorzuschlagen. Zu den Aufgaben gehört es auch, die Rahmenbedingungen der Organisationen zu prüfen, an die sie Ehrenamtliche vermitteln – und danach zu entscheiden, mit welchen sie überhaupt zusammenarbeiten. Auch diese Qualitätsanforderung verändert auf Dauer die Engagementkultur und ist für viele kirchliche Einrichtungen ungewohnt.

Solche Einrichtungen gibt es mittlerweile auch in der Kirche; sie beraten dann Menschen, in welcher Gemeinde oder welcher kirchlichen Einrichtung sich jemand in welchem Aufgabengebiet gut und sinnvoll engagieren kann. Damit nehmen sie Abstand von der Idee, dass sich Menschen selbstverständlich in der Gemeinde engagieren, zu der sie nominell gehören.

3. Alternativen

Für die Frage, wie sich die Kirche hinsichtlich der Zukunft ihres Ehrenamtes orientiert, kann die idealtypische Unterscheidung von »altem« und »neuem« Ehrenamt hilfreich sein, auch wenn diese, wie gesagt, in der Selbstwahrnehmung von ehrenamtlich tätigen Menschen nicht klar zu erkennen ist. Für die Kirche verändert die Unterscheidung jedoch die Haltung und auch die Maßnahmen zur Gewinnung von und zum Umgang mit Ehrenamtlichen.

Die erste Alternative: Menschen für bestimmte Aufgaben gewinnen

Die erste Variante bildet eine klare Entscheidung für die Orientierung an den Bedürfnissen der Gemeinde. Es empfiehlt sich dann, sich im Kirchengemeinderat (und möglichst auch gemeinsam mit anderen ehrenamtlich tätigen Menschen) darüber zu verständigen, für welche Tätigkeiten genau Menschen gesucht werden und wie diese zu beschreiben sind. Ebenso muss überlegt werden, welche Menschen mit welchen Fähigkeiten gewünscht werden und auf welchen Wegen diese erreicht werden können. Argumente, warum welche Tätigkeit lohnend ist, werden dann ebenso erwogen wie neue Wege, dies über die gewohnten Bahnen hinaus zu kommunizieren (beispielsweise auf dem Elternabend der kirchlichen Kita, in der lokalen Presse etc.). Gleichzeitig ist es sinnvoll, an den Rahmenbedingungen für ehrenamtliches Engagement zu arbeiten: feste Ansprechpartner*innen zu benennen, einen guten Informationsfluss zu gewährleisten, Fortbildungen zu ermöglichen, eine angemessene Erstattung von Auslagen zu garantieren, auf Versicherungsleistungen hinzuweisen und passende Formen der Anerkennung und Wertschätzung zu erarbeiten. Für ein möglichst konfliktfreies Zusammenwirken mit den Hauptamtlichen und anderen Ehrenamtlichen sind klare Vereinbarungen über Freiräume und Verantwortlichkeiten hilfreich: Was genau umfasst die Tätigkeit? Gibt es einen Anfang und ein Ende oder gilt die Tätigkeit »bis auf Weiteres«? Welche Form von Begleitung dürfen Ehrenamtliche erwarten? Was dürfen/sollen sie gestalten und entscheiden und wo sind die Grenzen? Wer ist im Konfliktfall verantwortlich?

Die Stärke dieses Vorgehens ist die relativ rasche Umsetzbarkeit, weil nur bestehende Strukturen verbessert werden müssen. Es gibt ein klar definiertes Ziel, das die Verantwortlichen im Blick haben und kontrollieren können.

Eine Schwäche ist, dass diese Bemühungen tendenziell eher Menschen der älteren Generation als der jüngeren anziehen dürften und damit in die Zukunft gedacht zunehmend schwieriger werden. Wer dazukommen möchte, findet wenig

Raum für eigene Ideen. Die Kirche muss in dieser Variante permanent plausibel machen, warum das Engagement für ihre Aufgaben wichtiger und/oder attraktiver ist als in anderen Bereichen. Zudem werden die »Bedürfnisse der Gemeinde« in der Regel von einer bestimmten Gruppe definiert – andere würden sie vermutlich anders beschreiben. Die Argumentation, dass genau diese Aufgaben wichtig und unverzichtbar sind, muss auch auf Dauer von ihr geleistet werden und dürfte vermutlich eher schwieriger als leichter werden.

Die zweite Alternative: Räume für die Verwirklichung der eigenen Themen und Interessen bieten

Eine zweite Variante besteht darin, als Ortsgemeinde oder nicht-parochiale Einrichtung, Kirchenkreis/Dekanat oder Landeskirche der Tendenz zum »neuen« Ehrenamt zu folgen. Damit geht eine Veränderung der Rollen einher: Hauptamtliche begleiten dann mit einem größeren Teil ihrer Arbeitszeit als bisher Ehrenamtliche. Im Sinne eines »Empowerments« unterstützen sie sie darin, ein für sie passendes Betätigungsfeld zu finden, sie helfen ihnen, sich darin zurechtzufinden, sind Ansprechpersonen für sie und fördern sie menschlich und fachlich. Entsprechend weniger leiten und gestalten sie selbst Gruppen und Kreise. Um die Veränderung an einem Beispiel deutlich zu machen: Wenn beispielsweise auffällt, dass in der Region viele Menschen mit Trauerarbeit beschäftigt sind, konzipiert nicht ein*e Hauptamtliche*r ein Angebot und lädt dazu ein, sondern die Person würde versuchen, mit betroffenen Menschen gemeinsam herausfinden, welche Form von Angebot sie benötigen (eine feste Gruppe?, eine Gottesdienstreihe?, eine Reise?, ein Trauercafé?) und wer Lust hätte, dies zu leiten und sich entsprechend dafür fortzubilden.

Damit wird die konkrete Gestaltung der gemeindlichen Arbeit weniger von Hauptamtlichen und Kirchengemeinderat geplant. Was in einer Gemeinde konkret geschieht, ist davon geprägt, was Gemeindeglieder für wichtig halten und wofür sie sich engagieren möchten. Die Leitungsgremien entscheiden dann welche Bereiche ihres Erachtens aus theologischen Gründen unverzichtbar sind für die gemeindliche Arbeit – von allem anderen gilt (natürlich nach einer angemessenen Übergangsfrist): »Was sich nicht trägt, wird nicht gemacht.« Das »Unverzichtbare«, das dann von Hauptamtlichen durchgeführt wird, muss jedoch einen deutlich geringeren Umfang haben als bisher (sicher nicht mehr als 50 %), damit sie wirklich Kapazitäten haben, die Ehrenamtlichen zu begleiten – auch dann, wenn die Zahl der Hauptamtlichen weiter zurückgeht. Die in Variante 1 beschriebenen guten Rahmenbedingungen für Ehrenamtliche (Fortbildungen, Erstattung von Auslagen, klare Vereinbarungen) gelten selbstverständlich auch hier.

Eine Stärke dieser Variante ist, dass die Rollen von Amt und Ehrenamt deutlicher als bisher geklärt sind. Es werden zudem ausgezeichnete Bedingungen für das »neue Ehrenamt« bereitgestellt, was gute Chancen beinhaltet, dass sich mehr und andere Menschen als bisher für das kirchliche Ehrenamt interessieren und sich dort engagieren.

Nachteilig ist, dass es eine nicht unerhebliche Umstellung der gemeindlichen Arbeit und des pastoralen, aber auch der diakonischen und der gemeindepädagogischen Berufe bedeutet und natürlich auch zunächst Menschen enttäuscht, die die pastorale Gestaltung des Senior*innenkreises, des Frauenfrühstücks etc. schätzen. Es setzt eine hohe Flexibilität aller Beteiligten voraus und erfordert die Bereitschaft, Kontrolle abzugeben und Gemeindeleben stärker als sich entwickelnden Prozess zu betrachten.

Die dritte Alternative: Eine Mischform aus »altem« und »neuem« Ehrenamt suchen

Ebenso ist es auch möglich, sich für eine Mischform beider Varianten zu entscheiden. Dann werden einige Arbeitsfelder identifiziert, für die konkret mit den oben genannten Maßnahmen Ehrenamtliche gesucht und gehalten werden. Gleichzeitig werden andere Arbeitsfelder reduziert oder aufgegeben, um Räume für selbstbestimmtes ehrenamtliches Engagement und seine Begleitung zu ermöglichen. Wichtig dabei ist eine genaue Klärung, auch zeitlicher Art, möglicherweise verbunden mit einer Zielbestimmung: Soll die Mischform ein Übergangsstadium sein, das mehr und mehr zum neuen Ehrenamt führt, oder ist die Konstruktion auf Dauer gewünscht?

Der Vorteil dieser Variante ist sicher das risikoärmere Experimentieren mit neuen Wegen, ohne die alten aufzugeben. Es können mehr Handlungsfelder gehalten werden als in Variante 2, die den Entscheidungsträger*innen wichtig sind.

Ihr Nachteil ist, dass zum einen beide Wege zeitliche und personelle hauptamtliche Ressourcen benötigen, die dann für eigene Aktivitäten noch weniger zur Verfügung stehen. Zum anderen dürfte die Veränderung der Haltung in dem Verständnis von Ehrenamtlichkeit schwieriger sein, wenn sie nur zum Teil vollzogen wird, als wenn sie konsequent umgesetzt wird. Wenn es nicht gelingt, die unterschiedlichen Wege transparent zu machen, birgt es zudem Konfliktpotenzial, wenn z.B. manche Projekte in der Anfangsphase relativ viel hauptamtliches Engagement brauchen oder das Ende eines zeitlich begrenzten Projekts als »Misserfolg« gedeutet wird.

4. Anregungen zur Weiterarbeit

Fragen auf dem Weg zu einer eigenen Position

- Welche Formen des Ehrenamtes habe ich bisher erlebt – bei mir selbst und bei anderen? Welche Vor- und welche Nachteile hatten sie für mich und für andere?
- Wie sähen für mich selbst die idealen Rahmenbedingungen für die ehrenamtliche Tätigkeit aus? Was würde ich brauchen, damit ich Zufriedenheit und Sinn in einem Ehrenamt erfahren würde? Kann ich mir Menschen vorstellen, die sich ganz andere Bedingungen wünschen?
- Welche Bilder des Verhältnisses von Hauptberuflichkeit und Ehrenamt habe ich? Was ist mir dabei besonders wichtig? Was ist daran besonders attraktiv? Was ist ihr größtes Hindernis?
- Welche Menschen wünsche ich mir konkret als Ehrenamtliche in meinem kirchlichen Umfeld – und in der Kirche insgesamt? Was brauchen sie, damit ihnen der Rahmen plausibel und attraktiv erscheint?
- Welche Themen und Inhalte mit welchen Menschen kann ich mir vorstellen, wenn die Kirche ihre Räume für die Initiativen und das Engagement anderer stärker öffnen würde?
- Wie würde sich die Kirche bzw. die Gemeinde dadurch verändern? Was erscheint daran wünschenswert? Welche Befürchtungen gibt es?
- Was erscheint mir »unverzichtbar« an bisheriger kirchlicher Arbeit und warum? Welches sind die Kriterien dafür?
- Wie stellen sich diese Fragen für andere Generation dar als die, der man selbst angehört? Welche Form von Ehrenamtlichkeit ist für sie plausibel und sinnvoll?

- Was bedeutet dies für die Ehrenamtlichkeit in 10, 20, 50 Jahren? Welche Weichen müssen wir heute wie stellen, um dies vorzubereiten?

Ein biblisch-bibliologischer Impuls:

Markus 6,7-13: Die Aussendung der Zwölf
Und er rief die Zwölf zu sich und fing an, sie auszusenden je zwei und zwei, und gab ihnen Macht über die unreinen Geister und gebot ihnen, nichts mitzunehmen auf den Weg als allein einen Stab, kein Brot, keine Tasche, kein Geld im Gürtel, wohl aber Schuhe an den Füßen. Und zieht nicht zwei Hemden an! Und er sprach zu ihnen: Wo ihr in ein Haus geht, da bleibt, bis ihr von dort weiterzieht. Und wo man euch nicht aufnimmt und euch nicht hört, da geht hinaus und schüttelt den Staub von euren Füßen, ihnen zum Zeugnis. Und sie zogen aus und predigten, man sollte Buße tun, und trieben viele Dämonen aus und salbten viele Kranke mit Öl und machten sie gesund.

Schon eine Weile sind sie mit Jesus unterwegs, die er berufen hat, ihm nachzufolgen. Hautnah bekommen sie mit, wie er predigt, wie er heilt, wie er böse Geister austreibt. Eines Tages aber ruft Jesus sie zu sich und gibt ihnen eine neue Rolle: Jetzt geht es nicht mehr nur darum, ihm nachzufolgen und dabei zu sein, jetzt sollen sie selbst verantwortlich aktiv werden. Zweierlei ist dabei offensichtlich wichtig: Sie sollen diese Aufgabe nicht allein erfüllen, sondern sind immer mit jemand anderem unterwegs. Und: Sie sind nicht auf ihre eigenen Fähigkeiten und Kräfte angewiesen, sondern bekommen etwas mit, was in der damaligen Gedankenwelt als »Macht über die unreinen Geister« beschrieben wird – wir würden heute vielleicht sagen: eine Kraft, die stärker ist als das, was Menschen bindet und beherrscht.

Von der Reaktion der Zwölf wird gar nicht berichtet. Viele Regungen sind denkbar – von Stolz bis Überforderung, von Zuversicht bis Sorge, von Freude über das in sie gesetzte Vertrauen bis zu Ärger darüber, nicht gefragt zu werden, von Lust am Ausprobieren bis Abwehr der Verantwortung. Stattdessen spricht Jesus weiter und gibt ihnen Verhaltensregeln mit, eine Art Rahmen und Struktur für die Aufgabe, die vor ihnen liegt. Sie sollen als sie selbst, als Personen, unterwegs sein und sich nicht mit diesem und jenem umgeben, sondern nur das bei sich haben, was sie wirklich für diese Tätigkeit brauchen: einen Stab und Schuhe. Sie werden darauf angewiesen sein, dass Menschen ihnen und dem, was sie anzubieten haben, ihre Türen öffnen – aber auch damit rechnen müssen, dass das nicht überall der Fall sein wird und sie nicht immer erfolgreich sein werden. In diesem Fall sollen sie sich nicht ärgern, sich keine Vorwürfe machen, keine Minderwertigkeitskomplexe bekommen, sondern einfach woanders hingehen – in dem Vertrauen, dass es beim nächsten Mal gelingen wird.

Mit dem schlichten Satz »und sie zogen aus« wird deutlich, dass die Zwölf ihre neue Rolle annehmen. Wenn wir uns vorstellen, dass Jesus ihnen nachblickt, wie sie je zwei und zwei losziehen, um nun selbst vollmächtig das zu tun, was er ihnen vorgelebt hat, eröffnet sich eine ganze Palette an Gefühlen zwischen Zweifeln und Zutrauen.

Offensichtlich war das Zutrauen jedoch völlig berechtigt. Die Zwölf sind in der Lage, alles zu tun, was Jesus ihnen für ihre neue Rolle aufgetragen hat: Sie predigen, sie treiben böse Geister aus und sie heilen Menschen. Ob sie dabei eigene, vielleicht bisher ungeahnte Kompetenzen bei sich entdecken, ob die Situation überraschende Seiten an ihnen zutage bringt oder ob die Macht, die sie mitbekommen haben, der entscheidende Faktor ist: Es gelingt.

Eine erste Erzählung vom »Empowerment« von Menschen in der Kommunikation des Evangeliums – vielleicht auch anregend für heute?

Eine methodische Idee für die gemeinsame Arbeit in einem kirchlichen Gremium:

Mit den Eingangsszenarien weiterarbeiten
Die drei Szenarien vom Anfang des Kapitels werden ausgelegt (in größeren Gruppen je zwei- oder dreimal). Die Teilnehmenden suchen sich eine Fragestellung aus, mit der sie sich vor dem Hintergrund der Informationen dieses Kapitels näher befassen möchten. Nach dem Vorgehen des »think – pair – share« beschäftigen sie sich in einem ersten Schritt alleine mit folgenden Fragen:

- Welche Inhalte aus dem Kapitel sind für dieses Szenario wichtig – was sollte die jeweilige Gemeinde in ihrer Situation wissen?
- Was wäre ihr angesichts dessen zu raten?
- Was sollte sie bei ihrem Vorgehen besonders beachten?

Anschließend suchen sich alle eine*n Partner*in mit dem gleichen Szenario und tauschen sich dazu aus. Im dritten Schritt werden die Erkenntnisse im Plenum geteilt und abschließend auf der Metaebene die Frage gestellt: Was ist für die Zukunft des Ehrenamtes in der Kirche besonders wichtig?

Kapitel 7
Die Zukunft des Pfarrberufs

Einstieg: Szenen aus der kirchlichen Praxis

Szenario 1:
*Nach der Fusion dreier Gemeinden besteht die Paulusgemeinde jetzt aus drei großen und weiteren kleineren Dörfern. Sie hat bisher noch drei Pfarrpersonen, die sich die Zuständigkeit regional aufgeteilt haben und auch in den Pfarrhäusern der drei größeren Dörfer wohnen. Es ist absehbar, dass mindestens eine Pfarrstelle nicht wiederbesetzt werden wird, wenn jemand von den drei Pfarrpersonen die Gemeinde verlässt. Die Kolleg*innen denken seit längerem über eine engere Zusammenarbeit nach, haben allerdings – in unterschiedlichem Maße – gleichzeitig Bedenken, ob sie damit nicht ihre Gestaltungsfreiheit aufgeben und viel Zeit auf Absprachen verwenden müssen. Gleichzeitig haben sie auch sehr unterschiedliche Neigungen und Talente und eigentlich wären alle froh, wenn sie sich stärker auf die Bereiche konzentrieren könnten, die sie besonders gut ausfüllen. Und ob es so sinnvoll ist, in jeder Kirche der Gemeinde jeden Sonntag einen nicht besonders gut besuchten Gottesdienst zu feiern, haben sie sich auch schon öfter gefragt ...*

Szenario 2:
In Apostelstadt sind insgesamt zwölf Pfarrpersonen tätig – sieben in verschiedenen Konstellationen in Ortsgemeinden, eine im Diakonischen Werk des Kirchenkreises, eine in der Citykirche, eine in der Krankenhausseelsorge, eine in der

*Blinden- und Sehbehindertenseelsorge und eine in der Tourismusseelsorge. Sie treffen sich beim Pfarrkonvent und gelegentlich bei Veranstaltungen, manche haben auch privaten Kontakt, arbeiten jedoch völlig unabhängig voneinander in ihren Arbeitsgebieten. Bei einigen wächst die Unzufriedenheit, als »Einzelkämpfer*in« tätig zu sein, sich um jede Vertretung im Kirchenkreis aufwendig kümmern zu müssen und in ihrem Selbstverständnis jeweils allein für »Kirche« stehen zu müssen. Andere ziehen aber auch einen großen Gewinn aus dieser Arbeit alleine. Nun sieht der Stellenplan des Kirchenkreises mehrere Pfarrstellenkürzungen in dieser Region in den nächsten Jahren vor. Wie können die Pfarrpersonen künftig enger zusammenarbeiten, sich als Team begreifen und stärker gemeinsam Kirche in dieser Region gestalten?*

Szenario 3:
*Die Thomasgemeinde ist unzufrieden mit ihrer neuen Pfarrerin. Sie ist zwar einerseits immer beschäftigt und man traut sich kaum, sie mit persönlichen Anliegen anzusprechen, aber andererseits ist dem Kirchengemeinderat und den Gemeindegliedern gar nicht richtig klar, was sie eigentlich den ganzen Tag tut. Natürlich finden Gottesdienste, Taufen, Trauungen und Beerdigungen statt, sie macht die Konfi-Arbeit und ab und zu gibt es auch einmal ein besonderes Projekt, das in die Region ausstrahlt. Aber sie macht keine Hausbesuche wie ihr Vorgänger, lässt sich nur selten im Senior*innenkreis blicken, begleitet die Eltern-Kind-Gruppe nicht, hat den Literaturkreis nicht weitergeführt und ist irgendwie gar nicht so richtig präsent. Der Kirchengemeinderat hatte vor der Anstellung zwar gewusst, dass der Gemeinde nur noch eine halbe Pfarrstelle zusteht und dass die neue Pfarrperson dann zu 50 % in der Ortsgemeinde und zu*

50 % im Frauenwerk tätig sein wird. Er war aber froh, dass die Stelle mit einer so sympathischen und tatkräftig wirkenden Person wiederbesetzt werden konnte und hatte gehofft, dass sich gegenüber dem Vorgänger nicht allzu viel ändern müsse. Die Pfarrerin hingegen hat das Gefühl, auch mit 60 Stunden Arbeitszeit den Erwartungen nicht gerecht zu werden und nur das Dringendste zu schaffen. Vor lauter Arbeit kommt sie auch kaum zu den konzeptionellen Überlegungen, wie sich die beiden halben Stellen gut gestalten lassen. Und auch zur Supervision, zu der ihr dringend geraten wird, ist keine Zeit. Was kann hier weiterhelfen?

1. Die Herausforderung

Was macht heute eigentlich den Pfarrberuf aus? Wer mit Kirche näher zu tun hat, käme zwar nicht auf die manchmal immer noch kolportierte Idee, dass Pfarrer*innen »sonntags Gottesdienst und in der Woche frei« haben. Da der Arbeitsalltag im Pfarramt jedoch sehr unterschiedlich aussehen kann und ein großes Spektrum von Handlungsfeldern und Aufgaben umfasst, die zudem noch einmal sehr unterschiedlich ausgefüllt werden, liegt die Frage jedoch nahe. Manchmal stellen sich Pfarrpersonen diese Frage auch selbst – meist dann, wenn sie den Eindruck haben, dass sich ihr Alltag mit vielen Tätigkeiten füllt, die sie als »uneigentlich« und nicht ihrem eigenen Berufsbild entsprechend empfinden.

In der aktuellen Situation von Veränderungen in der Kirche verschärft sich die Frage in mehrfacher Hinsicht. Ganz praktisch stellt sie sich, wenn deutlich wird, dass z.B. durch den Rückgang von Pfarrstellen Entscheidungen getroffen werden müssen, welche bisher von zwei Pfarrpersonen verantworteten Arbeitsgebiete man nun alleine weiterführt und welche nicht: Welche Tätigkeiten und Arbeitsfelder erscheinen unverzichtbar und welche können in der Entscheidungssituation (zumindest in der pastoralen Verantwortung) aufgegeben werden? Die Frage stellt sich aber auch mit der gewachsenen Wertschätzung des Ehrenamtes und der Aufmerksamkeit für die Kompetenzen der Ehrenamtlichen (vgl. Kapitel 6) – was sind die Spezifika des Pfarrberufs? Ganz grundsätzlich wird die Frage in den gegenwärtigen Veränderungsprozessen aktuell: Welche Rolle soll der Pfarrberuf in der Kirche der Zukunft spielen? Soll er der »Schlüsselberuf«, wie er manchmal genannt wird, bleiben bzw. als solcher neu profiliert werden? Ist seine flächendeckende Präsenz wichtig – und wie verhält sich dies zu der zurückgehenden Zahl an Pfarrpersonen? Welchen Charakter soll er künftig haben? Was sind seine vorrangigen Aufgaben und seine besonderen Kompetenzen, zu denen (nur) das Theologiestudium befähigt? Mit diesen Fragen ist die Suche nach einer tragfähigen Gestalt der künftigen Kirchen eng verbunden: Fast jede Entscheidung zu den Strukturen und dem Charakter von Kirche hat Auswirkungen auf den Pfarrberuf und umgekehrt – auch wenn er zahlenmäßig weniger als 10 % der kirchlichen Hauptamtlichen ausmacht: Für 2018 nennt die Statistik der EKD 21.000 Pfarrpersonen und 238.000 hauptamtlich Beschäftigte in der evangelischen Kirche (vgl. https://www.ekd.de/statistik-haupt-und-ehrenamt-44292.htm, abgerufen am 10.12.2020).

Dabei kann es hilfreich sein, sich vor Augen zu führen, dass die Fragen nach dem Charakter, dem Sinn und den Aufgaben des Pfarrberufs nicht neu sind. Im Grunde wird über diesen Beruf nachgedacht, seit es ihn gibt, und ganz besonders, seit nicht mehr eine selbstverständliche Autorität der Kirche und damit auch dieses Berufs gegeben ist. Es scheint geradezu zum Pfarrberuf dazuzugehören, dass nicht klar festgelegt werden kann, wie sein Charakter zu beschreiben ist und welche konkreten Aufgaben er erfüllen soll. Eigentlich ist dies auch nicht erstaunlich. Wenn die Grundaufgabe des Pfarrberufs ebenso wie die der gesamten Kirche die Kommunikation des Evangeliums ist, dann ist dieser Beruf abhängig von der jeweiligen Zeit und Gesellschaft, von den jeweiligen kirchlichen Strukturen und Organisationsformen und von den jeweiligen konkreten Bedingungen vor Ort. Zudem ist es auch noch abhängig von der eigenen Person, wie der Beruf gefüllt und ausgeübt wird, denn er ist – wie die anderen religiösen Berufe auch – ein sog. »Gesinnungsberuf«, der eng mit der persönlichen (Glaubens-)Einstellung, aber auch den persönlichen Gaben, Neigungen und Orientierungen verbunden ist.

Gleichzeitig ist jedoch nicht zu verleugnen, dass das Nachdenken über den Pfarrberuf heute unter anderen Rahmenbedingungen erfolgt als in früheren Generationen und dass manche Konstellationen wirklich neu und besonders herausfordernd sind. Dazu gehört ganz sicher der jetzt bereits spürbare und in den nächsten Jahren rasant zunehmende Rückgang der Pfarrpersonen, um den die Kirche zwar schon lange wusste, auf den sie aber strukturell dennoch schlecht vorbereitet ist. Dazu muss man sich allerdings klarmachen, dass dies ein Rückgang aus einer vermutlich einmaligen historischen Situation einer außergewöhnlichen Dichte von Pfarrpersonen und einer außergewöhnlich komfortablen finanziellen Situation bedeutet. Im Vergleich zu anderen Ländern und Kontinenten und auch im Vergleich zu früheren Generationen im hiesigen Kontext war diese eine Ausnahmesituation? Denn zwischen 1945 und 1995 sind die der Kirche zur Verfügung stehenden Finanzmittel (in der Kirchensteuer ja gekoppelt an die Einkommenssteuer) 50 Jahre lang beständig angestiegen. Im Zuge der ständig steigenden Einnahmen hatte man v.a. in den 1970ern und 1980ern viele zusätzliche Pfarrstellen eingerichtet. Zwischen 1958 und 1997 stieg die Zahl der Pfarrer*innen im Bereich der EKD von 40 auf 91 pro 100.000 Gemeindeglieder (vgl. Karl-Wilhelm Dahm: Art. Pfarrer/Pfarrerin VI. Statistisch, in: RGG IV [2003], 1205-1208, 1205). Mit einem Teil davon wurde über die nicht-parochialen Pfarrstellen (vgl. Kapitel 4) der Vervielfältigung von Arbeitsfeldern begegnet. Vor allem aber wurde in den ortsgemeindlichen Strukturen das Konzept, »Kirche nah bei den Menschen« bzw. »Kirche der kurzen Wege« zu sein, mit der Vermehrung der Pfarrstellen viel engmaschiger umgesetzt. Viele Gemeinden wurden geteilt (manchmal reichte schon der Konflikt zweier Amtsinhaber*innen dafür aus) und viele neue Gemeinden entstanden, beispielsweise in den zahlreichen Neubaugebieten dieser Zeit.

Diese in den finanziell »fetten Jahren« etablierten kirchlichen Strukturen haben – sowohl innerhalb der Kirche als auch in der Wahrnehmung der gesellschaftlichen Öffentlichkeit – den Anspruch an ihre Pfarrer*innen entstehen lassen, dass sie mit vielfältigen Angeboten aktiv und sichtbar sind und dabei noch intensive persönliche Beziehungen pflegen. Das ist selbstverständlich ein positives Anliegen und hat viel zur flächendeckenden Präsenz und auch zur volkskirchlichen Selbstverständlichkeit beigetragen.

Dieses Bild hat trotz der geringeren Ressourcen bislang weder in der Öffentlichkeit noch bei den kirchenleitenden Gremien und auch nicht unbedingt bei den engagierten Gemeindegliedern eine klare Korrektur erfahren. Mit zurückgehenden finanziellen und vor allem personellen Mitteln wird vielfach immer noch versucht, ein möglichst großes Spektrum von pastoralen Angeboten am eigenen Ort aufrechtzuerhalten. Wenn Stellen gestrichen werden und Pfarrpersonen entweder gesamtkirchliche Aufgaben hinzubekommen oder die bisher von Kolleg*innen geleistete Arbeit in der Gemeinde zusätzlich übernehmen, ist es oft ihnen persönlich überlassen, wie sie mit den gestiegenen Anforderungen und auch ihren eigenen Idealen umgehen und wie sie sich vor Überlastung schützen.

Die Situation bedeutet für die derzeit amtierenden Pfarrpersonen eine erhebliche Herausforderung. Sie erleben einen Verlust an Kolleg*innen (wenn jemand geht, kommt längst nicht immer jemand nach) und ein Schwinden ihres Berufsstandes. Sie müssen ihre eigene Arbeit umgestalten und erleben dies besonders hinsichtlich des persönlichen Kontakts oft selbst als Verlust. Sie bekommen die Enttäuschung von Gemeindegliedern über den Wegfall von Arbeitsgebieten ab, sie werden von kirchenleitender Seite zu Grundsatzentscheidungen aufgefordert und nicht zuletzt werden von ihnen noch innovative und zukunftsfähige neue Formen von Kirche erwartet, während sie auch häufig selbst mit dem Relevanzverlust der Kirche zu kämpfen haben. Die Überforderungstendenzen, die in Kapitel 2 für die Ortsgemeinde skizziert wurden, gelten ebenso für viele Pfarrer*innen ganz persönlich. Im Rahmen der Ortsgemeinde sind sie strukturell besonders ausgeprägt, sie betreffen aber ebenso Pfarrpersonen in Diensten, Werken und Einrichtungen. Diese Erfahrungen motivieren junge Menschen zudem nicht unbedingt dazu, diesen Beruf anzustreben.

Gefragt sind daher neue Bilder des Pfarrberufs in einer veränderten Kirche, die die Arbeitsformen, den Charakter und vor allem die Allzuständigkeit dieses Berufs so gestalten lassen, dass zufriedenstellende Arbeitsverhältnisse und Rahmenbedingungen möglich sind. Um diese zu entwickeln, ist ein wenig Hintergrundwissen hilfreich.

2. Hintergrundwissen

2.1 Wozu und für wen ist der Pfarrberuf da?

Sollte es naheliegen, diese Frage zu beantworten mit der Formulierung »um das Evangelium mit seiner Gemeinde zu kommunizieren«, so dürfte durch die bisherige Lektüre des Buches bereits deutlich geworden sein, dass diese Antwort zu einfach ist. Das gilt gleich in mehrfacher Hinsicht:

Zum einen ist der Pfarrberuf nicht auf die gemeindliche und schon gar nicht auf die ortsgemeindliche Arbeit beschränkt. In der evangelischen Kirche in Deutschland arbeiten 5.600 der insgesamt 21.000 Pfarrer*innen in sog. »Funktionspfarrämtern« (teils ausschließlich und teils zusätzlich zur ortsgemeindlichen Tätigkeit), also in Diensten, Werken und Einrichtungen (vgl. https://www.ekd.de/statistik-hauptund-ehrenamt-44292.htm, abgerufen am 10.12.2020), wobei der Prozentsatz in den einzelnen Landeskirchen sehr unterschiedlich ist. Sie kommunizieren Evangelium jenseits der Sozialform der Ortsgemeinde (vgl. Kapitel 4). Andere Pfarrpersonen sind in der Fortbildung, in der Beratung von Einzelpersonen oder in der Unterstützung von Gemeinden und Einrichtungen tätig. Sie sorgen dann für gute Rahmenbedingungen für die Kommunikation des Evangeliums (wobei sich z.B. im Rahmen einer Fortbildung oder einer Gemeindeberatung durchaus auch Kommunikation des Evangeliums ereignet!). Auch dies gehört zu den pastoralen Aufgaben dazu ebenso wie ja Pfarrpersonen in der Ortsgemeinde mit einem nicht geringen Teil ihrer Arbeit nicht direkt Evangelium kommunizieren, sondern für dessen gute Rahmenbedingungen sorgen (wenn sie beispielsweise Ehrenamtliche begleiten, an

Teamsitzungen teilnehmen oder Projekte organisieren). Insofern sind Pfarrpersonen sowohl für die Kommunikation des Evangeliums als auch für die Arbeit an dessen Rahmenbedingungen da – innerhalb und außerhalb von Gemeinden.

Zum anderen ist der Pfarrberuf in den großen Kirchen nicht nur auf Gemeinde- und auch nicht nur auf Kirchenmitglieder ausgerichtet, sondern er ist ein öffentlicher Beruf. Darin unterscheidet er sich von der Ausrichtung von vielen Freikirchen und von der kirchlichen Landschaft insgesamt in vielen anderen Ländern. In den evangelischen Landeskirchen in Deutschland ist der Pfarrberuf jedoch »auf der Schwelle« zwischen Kirche und Gesellschaft angesiedelt, wie Ulrike Wagner-Rau es beschreibt (Ulrike Wagner-Rau: Auf der Schwelle. Das Pfarramt im Prozess kirchlichen Wandels, Stuttgart 2009). Seine Aufgabe ist es auch, die christliche Stimme (gemeinsam mit Kolleg*innen anderer Konfessionen) in der Gesamtgesellschaft zu repräsentieren und zur Geltung zu bringen. In der Logik der Institution (vgl. Kapitel 2) haben sie eine Ausrichtung auf und eine Aufgabe für das Gemeinwesen. Konkret wird dies beispielsweise, wenn Pfarrer*innen Beiträge in öffentlichen Medien verfassen (sei es in Print-Medien oder digital), wenn ihre Präsenz bei gesellschaftlichen Ereignissen wie Einweihungen, Feuerwehrfesten etc. erwartet und geschätzt wird, wenn sie zum Umgang mit der Coronakrise befragt werden, wenn sie im interreligiösen Dialog zum Zusammenleben von Menschen verschiedener Religionen beitragen etc. Dabei brauchen sie einerseits ein erkennbares christliches Profil, mit dem die Botschaft des Evangeliums deutlich wahrnehmbar wird, andererseits jedoch Offenheit und eine Gesprächsfähigkeit, die die christlichen Inhalte in den Dialog bringt mit anderen Weltdeutungen und mit ihnen gemeinsam »der Stadt Bestes« (Jer 29,7) sucht.

Allerdings: Diese Rolle gilt nicht mehr überall und schon gar nicht ungebrochen. In Ostdeutschland ist sie durch die gesellschaftliche Marginalisierung der Kirche in der DDR deutlich weniger im Bewusstsein als im Westen. Aber auch in vielen Gegenden Westdeutschlands erleben Pfarrer*innen, dass sie weniger als öffentliche Figuren gefragt sind als noch vor einigen Jahrzehnten und dass gesellschaftliche Ereignisse offensichtlich auch gut ohne ihre Präsenz auskommen. In der heutigen Gesellschaft werden Traditionen und Autoritäten nicht selbstverständlich anerkannt, sondern kritisch daraufhin befragt, wozu sie gebraucht werden und wer etwas von ihnen hat. Die Kirche und damit auch die Pfarrpersonen finden sich auf einem weltanschaulichen und religiösen »Markt« wieder, auf dem neben die christlich-kirchliche Orientierung andere Religionen und Religiositäten getreten sind, die ebenfalls plausibel und attraktiv sein können. Das gilt auch für Felder, die ehemals klar der Kirche und dem Pfarrberuf vorbehalten waren: Philosophische Praxen bieten Lebenshilfe an, Malkurse eröffnen mit religiösen Elementen spirituelle Dimensionen, Ritualbegleiter*innen und Trauerredner*innen gestalten Lebensübergänge etc.

Das aber bedeutet: Pfarrer*innen müssen in der Öffentlichkeit plausibel machen, warum sie sinnvoll sind und vor allem: warum die christliche Botschaft sinnvoll ist und wozu sie gebraucht wird. Die Kolumne in der Lokalzeitung muss gerne gelesen werden, der Beitrag auf dem Feuerwehrfest muss ansprechend und relevant sein, aus dem interreligiösen Dialog muss ein für andere sichtbarer Ertrag entstehen etc. Das sind hohe Anforderungen, die nicht leicht zu erfüllen sind – zumal es nur selten einen direkten »Erfolg« der Bemühungen gibt: Dass Menschen (wieder) in die Kirche eintreten oder regelmäßig den Gottesdienst besuchen, weil sie eine gute Erfahrung mit einer Pfarrer*in gemacht haben, geschieht eher selten. Insofern liegt dann manchmal doch eher die vorrangige Orientierung an der (Kern-)Gemeinde und die Ausrichtung der Arbeit auf diese nahe, weil hier oft mehr Rückmeldung und persönlicher Kontakt erfolgt.

Hinzu kommt, dass die gesellschaftliche Situation heute, in der nicht mehr die Mehrheit der Bevölkerung christlich sozialisiert aufwächst, neue Anforderungen an die Pfarrer*innen stellt, auf die sie im Studium und im Vikariat bislang nur wenig vorbereitet werden. Wenn gesellschaftlich keine Vertrautheit mit christlichen Formen mehr vorauszusetzen ist, wenn die Menschen selbst über ihre Zugänge zu Glauben und Kirche entscheiden und wenn Religion und Kirche vielfältiger werden, dann brauchen Pastor*innen andere Kompetenzen als in einer christlich geprägten Gesellschaft. Sie brauchen in noch höherem Maße als bisher die Bereitschaft und die Fähigkeit, hinzuhören und wahrnehmen, worum es Menschen geht und wie ihre Zugänge zu einer spirituellen Dimension sind. Und sie benötigen die theologische Kompetenz, christliche Inhalte und Wirklichkeitsdeutungen verständlich, lebensnah und plausibel zum Ausdruck zu bringen. Sie müssen Menschen nicht nur im Glauben bestätigen oder in Situationen des Zweifels begleiten, sondern müssen Erstbegegnungen mit dem Evangelium eröffnen können. Sie müssen »pluralitätsfähiger« werden, also sich bewusst sein, dass ihr eigener Zugang zum Glauben nur einer unter vielen möglichen ist, und die Zugänge anderer wertschätzen können. Das bedeutet gerade nicht, keine eigene religiöse Position zu haben, sondern sich dieser so klar bewusst zu sein, dass sie die Begegnung mit anderen gut aushält und die eigenen Fragen nicht daran hindern, andere auf deren Wegen gut zu begleiten. Gleichzeitig ist es dabei hilfreich, wenn sich Pfarrer*innen auch als suchende

Menschen zeigen, die nicht auf alles eine Antwort haben und mit manchen Traditionsstücken des Christentums vielleicht auch ringen und hadern.

Damit dürfte deutlich geworden sein: Wozu und für wen Pfarrer*innen da sind, ist äußerst vielfältig. Insofern hilft es auch nicht weiter, wenn man in der Situation der Überlastung die Forderung nach einer Konzentration auf ein »Kerngeschäft« stellt oder »zurück zum Eigentlichen« ruft. Dies ist auch theologisch unsachgemäß, denn die Kommunikationswege des Evangeliums sind ebenso vielfältig, wie es Gottes Wege mit den Menschen sind. Im Blick auf die Aufgabe der Kirche, das Evangelium mit aller Welt zu kommunizieren, wäre es theologisch problematisch, wenn sich der Pfarrberuf auf bestimmte Kommunikationswege beschränken würden. Und gleichzeitig sind für diesen Beruf ebenso Entscheidungen über das »Tun« und das »Lassen« zu treffen, wie sie in Kapitel 2 für die Ortsgemeinden markiert wurden – dazu unten mehr.

2.2 Die »Lebensförmigkeit« des Pfarrberufs

Als »Gesinnungsberuf« ist der Pfarrberuf unweigerlich mit der eigenen Person verbunden. Er setzt eine Zustimmung zu den grundlegenden christlichen Gehalten evangelischer Prägung voraus und eine grundsätzlich positive Beziehung zur Kirche. Die persönliche Dimension der Berufswahl wird traditionell mit dem Stichwort »Berufung« umschrieben, was ebenso Chancen hat, wie es problematisch ist. Der Begriff macht deutlich, dass eine eigene innere Neigung und Eignung von den mitgebrachten Talenten und »Charismen« her eine sinnvolle Voraussetzung ist, um diesen Beruf zu ergreifen. Diese unterliegt nicht nur dem eigenen Willen und Können, sondern rechnet mit einer externen Größe – mit Gott. Schwierig wird der Begriff dann, wenn er eingeengt wird auf einen expliziten »Ruf« Gottes, mit dem Gott zu der ausgewählten Person spricht – und eine solche spezifische Erfahrung als Norm für den »richtigen« Zugang zum Pfarrberuf verstanden wird.

Die grundsätzliche Zustimmung zu Kirche und Christentum bedeutet jedoch nicht, ihr unkritisch gegenüberzustehen oder Glaubensinhalte nicht zu hinterfragen. Im Gegenteil gehört heute zum evangelischen Pfarrberuf eine eigene Auseinandersetzung, Meinungsbildung und Positionierung zu Christentum und Kirche dazu – dies ist ein wesentliches Ziel des Theologiestudiums, das auf theologische Bildung und Urteilsbildung zielt. Daraus folgt eine große Freiheit in der Verkündigung, die nur in Extremfällen einer groben Verletzung christlicher Grundlagen (wie beispielsweise die dezidierte Leugnung der Existenz einer göttlichen Wirklichkeit) kirchlicherseits eingeschränkt wird. In einem weiten Rahmen sind Pfarrpersonen dem Evangelium verpflichtet (und daher in ihrer Verkündigung auch nicht dem Kirchengemeinderat Rechenschaft schuldig). Da dieses Evangelium selbst vielstimmig in der Bibel und den auf sie bezogenen evangelischen Bekenntnissen bezeugt wird, gründet in der Bindung an die Bibel zugleich die Freiheit der persönlichen und kontextbezogenen Auslegung.

Gleichzeitig wird von ihnen eine Lebensführung erwartet, die ebenfalls christlichen Grundsätzen entspricht. Dies hat bereits biblische Wurzeln: Im 1. Timotheusbrief (3,2) werden von einem »episkopos« (der später zu einem Bischof wurde) bestimmte Eigenschaften erwartet wie beispielsweise, dass er Mann nur einer einzigen Frau sei. Was eine christlich angemessene Lebensführung konkret bedeutet, wurde allerdings durch die Zeiten sehr unterschiedlich verstanden. So wurde es im 18. Jh. beispielsweise als unangemessen für eine christliche Lebensführung empfunden, wenn der Pfarrer sich an Tanz und Geselligkeit beteiligte, er sollte schwarze Kleidung tragen und seine Familie sollte bürgerlichen Idealen entsprechen. Heute würde vermutlich eher eine extrem unökologische Lebensweise, eine rigide Kindererziehung, Missachtung partnerschaftlicher Ideale, menschliche Kommunikationsunfähigkeit oder unsoziales Verhalten als anstößig empfunden. In jedem Fall ist das private Leben der Pfarrpersonen nicht gleichgültig für ihre Berufsausübung. Ob sie noch als »Vorbilder« für ihre Gemeindeglieder im Blick auf ein christliches Leben gesehen werden, dürfte unterschiedlich sein, in konservativen Gemeinden sicherlich mehr als in liberalen. Zumindest ihr Umgang mit Scheitern, Konflikten und Krisen (beispielsweise bei einer Trennung oder angesichts einer schweren Krankheit oder eines Todesfalls) dürfte aufmerksam wahrgenommen werden: Wie zeigt sich in ihrem Leben die christliche Überzeugung, dass diese Dimensionen zum Menschsein dazugehören und dass Menschen auch dann von Gott gehalten sind?

Galt dieses öffentliche Interesse an dem privaten Leben der Pfarrperson bereits von den Anfängen der Kirche an, kam mit der Gemeindebewegung Ende des 19. Jh. (vgl. Kapitel 2) ein weiteres Element hinzu. Die Idee von sozialer Gemeinschaft, persönlichem Kontakt und Organisation von Freizeit veränderten den Pfarrberuf grundlegend. Während er bis dahin vor allem liturgische und pädagogische Funktionen hatte, kamen jetzt kommunikative und soziale, vor allem aber auch organisatorische Aufgaben dazu. Jetzt wurde der persönliche Kontakt zum Pfarrer für die Beziehung zur Kirche wichtig und teilweise auch für den christlichen Glauben. Der Beruf bekam eine stark emotionale Dimension. Vom Pfarrer wurde gefordert: »Seine ganze Seele, sein ganzes Leben muß allen Gemeindegliedern angehören.« (Emil Sulze, Die evangelische Gemeinde, Leipzig ²1912, 185)

Persönliche Kontakte und das volle Gemeindehaus wurden damit geradezu zu einem Qualitätsmerkmal des Pfarrers. Mit wie vielen der seiner Gemeinde zugehörigen Kirchenmitgliedern er in Kontakt steht und wie viele regelmäßig an den kirchlichen Angeboten teilnehmen, wurde zunehmend seiner Ausstrahlung und Leistungsfähigkeit zugeschrieben. Auch wenn wir heute aufgrund von empirischen Untersuchungen wissen, dass es sehr unterschiedliche Gründe gibt, warum Menschen an den Angeboten der Ortsgemeinde teilnehmen, ist dieses Bild immer noch wirksam.

Damit ist gleichzeitig eine Erwartung derjenigen verbunden, die sich als sogenannte »Kerngemeinde« aktiv in der Ortsgemeinde engagieren: Die Pfarrperson soll für sie sichtbar und präsent sein. Geschätzt wird, dass in traditioneller Gemeindearbeit durchschnittlich ca. 15 % der Gemeindeglieder ca. 75 % der Arbeitszeit eines Pastors bzw. einer Pastorin beanspruchen. Gleichzeitig ist die emotionale Orientierung der Pfarrpersonen an dieser Zielgruppe verständlicherweise stark – schon weil der Beruf in besonderer Weise beziehungsorientierte Personen anzieht. Zudem sind die fachlichen Anforderungen in vielen Arbeitsbereichen in den letzten Jahrzehnten beständig gestiegen, was die Erwartung nach sich zieht, dass Pfarrer*innen in vielen Bereichen hohe Kompetenzen haben.

Nicht wenige Pfarrer*innen erleben es als Belastung und Überforderung, die bis zum Burnout gehen kann, so unterschiedliche Ebenen zu vereinbaren: ein intensives gemeindliches Leben mit einer starken Beziehungsebene, Kirche in der Öffentlichkeit zu repräsentieren, neue Formen und Formate von Kirche zu gestalten und Kirche für andere Menschen als bisher zugänglich zu machen. »Es geht nicht alles gleichzeitig«, ist eine Erfahrung vieler Pfarrpersonen. Als vor allem im ersten »Lockdown« der Coronakrise das »normale« gemeindliche Leben nicht möglich war, haben nicht wenige diese Situation als Freiraum für neue und kreative Formen von Kirche erlebt, sowohl digital als auch in reduzierten Kontakten. Anschließend standen sie oft in der Spannung, dass sie diese Formate gerne selbst weitergeführt hätten und/oder es eine Erwartung von Gemeindegliedern dazu gab, während gleichzeitig die bisherigen Formen gefordert waren. Aus einem solchen Dilemma können nur Abgrenzungen und Entscheidungen, was Vorrang hat und was gelassen wird, herausführen.

Dazu kommt auch noch, dass organisatorische Aufgaben oft einen nicht unerheblichen Teil der Arbeitszeit von Pfarrer*innen beanspruchen. Manche Pfarrpersonen verbringen viel Zeit mit Tätigkeiten, die sie als nicht zu ihren eigentlichen Aufgaben gehörig empfinden. Dass Aufgaben bei den Pfarrer*innen landen, die nicht ausdrücklich anderswo verortet sind, ist sicherlich Bestandteil des generalistischen Charakters des Pfarrberufs. Gegenwärtig wird in einigen Landeskirchen über die Einsetzung von Gemeindemanager*innen nachgedacht und erste Versuche mit diesem neuen Amt wurden gestartet. Dies würde den Pfarrberuf entlasten und gleichzeitig auch verändern.

2.3 Die Freiheit und die »Unendlichkeit« des Pfarrberufs

Der Pfarrberuf beinhaltet eine große Gestaltungsfreiheit, die zunächst einmal sehr attraktiv ist. Es gibt keine klar definierten Strukturen, von wann bis wann welcher Tätigkeit nachgegangen werden muss und welches Ergebnis dabei herauskommen soll. Das »Pflichtprogramm« ist überschaubar: Pfarrer*innen sind zu Gottesdienst (einschließlich der Kasualien), Unterricht und Seelsorge verpflichtet – aber wie sie dies gestalten (also wie lange sie eine Beerdigung oder einen Sonntagsgottesdienst vorbereiten, in welcher Form sie Seelsorge anbieten und auf welche Weise sie mit Konfis arbeiten), bleibt ihnen überlassen. Eine festgelegte Größe ist in manchen Landeskirchen allerdings der Umfang des zu erteilenden Religionsunterrichts, der entsprechend oft als einengend empfunden wird. Was die Pfarrer*innen darüber hinaus tun und welche Schwerpunkte sie dabei setzen, war ihnen traditionell weitgehend selbst überlassen und lässt auch heute noch einen relativ großen Entscheidungsspielraum, auch wenn die Tendenz zur Regionalisierung und zum Teampfarramt stärker zu Absprachen nötigt. Dabei dürfen und sollen sie auch persönliche Gaben und Interessen einbringen, gerade in Teamkonstellationen. Wer Lust und Talent zu Jugendarbeit hat, kann in diesem Bereich viel bewirken, und wessen Herz für die Diakonie schlägt, kann den entsprechenden Schwerpunkt für die ganze Region gestalten.

Diese Freiheit ist aber auch eine Gestaltungsaufgabe, die angesichts der gerade beschriebenen Konstellation wirklich herausfordernd ist. Pfarrer*innen wird ein hohes Maß an persönlicher Strukturierungsleistung abverlangt, die auch misslingen kann. Sie müssen klare Entscheidungen treffen, denn »wer nicht weiß, was er will, wird schnell von den Erwartungen der anderen verschlungen« (Wagner-Rau 2009, 27).

Das bedeutet eine gute Strukturierung der Arbeitszeiten, eine gelingende Balance zwischen Beruf und Privatleben und eine persönliche und sachliche Abgrenzung. Damit sind viele konkrete Fragen nach der Residenzpflicht, freien Tagen, kollegialen Abstimmungen für Notfälle u.ä. eng verbunden. Im Generationenverhältnis gelingt dies tendenziell den jüngeren Generationen besser als den älteren, zumal sie bereits in dem Bewusstsein in den Beruf eingetreten sind, dringend gebraucht zu werden.

Damit erscheint manchmal als Generationenkonflikt, was strukturell ein heikles Thema des Pfarrberufs darstellt: Die »Berufsförmigkeit« des Pfarramtes. Die Tatsache, dass es keine festgelegte Stundenzahl gibt, für die Pfarrer*innen bezahlt werden, kann einen Überblick, wie viele Stunden man arbeitet, und eine Struktur, welche Arbeitsgebiete einem zufriedenstellenden Arbeitsumfang entsprechen, erschweren. Mit dem Stichwort der »Lebensförmigkeit« wird darauf hingewiesen, dass der Pfarrberuf kein »nine-to-five-Job« sei und dass die christliche Verantwortung für die Gemeinde nicht mit einem Feierabend endet. Daran ist selbstverständlich richtig, dass Pfarrpersonen häufig auch nach 17.00 Uhr arbeiten und kein regelmäßiges freies Wochenende beanspruchen können. Ebenso können (und wollen) sie sich nicht mit dem Hinweis auf Arbeitszeiten einem dringenden Hilferuf in der Nacht oder am freien Tag verwehren – was die meisten ohnehin als Christenmenschen nicht tun würden. Der oben dargestellte Zusammenhang zwischen Beruf und Person sollte jedoch nicht an der bewussten Gestaltung von Arbeitszeit hindern. Es gehört im Gegenteil zum Pfarrberuf dazu, die Kommunikation des Evangeliums in seinen realistischen Möglichkeiten zu reflektieren und die Arbeitszeit als Ressource dafür in den Blick zu nehmen.

Über den Umfang der Arbeitszeit im Pfarrberuf ist in den letzten Jahren viel diskutiert worden. Einige Jahre lang wurde dabei immer wieder von 54 Stunden für eine volle Stelle gesprochen. Diese Zahl halte ich persönlich für willkürlich, nicht begründet und schlicht zu hoch. Der Pfarrberuf ist ein kreativer und anstrengender Beruf, der auch von schöpferischen Pausen lebt. Er braucht eine spirituelle Grundlage, die Zeit benötigt. Vor allem aber wird das Evangelium nicht überzeugend kommuniziert, wenn diese Tätigkeit Erschöpfung bedeutet. Burnouts im Pfarramt sind deswegen nicht nur ein Problem kirchlicher Fürsorgepflicht, sondern auch ein theologisches Problem: Welche Inhalte kommuniziert eine Kirche indirekt mit kraftlosen, ausgelaugten, mit sich selbst nicht gut umgehenden Mitarbeitenden? Die Arbeitszeit muss so bemessen sein, dass Personen, die hauptberuflich mit dem Evangelium befasst sind, nicht daran gehindert werden, Gelassenheit, Freude am Leben und den Blick für das Wesentliche auszustrahlen. Es leuchtet nicht ein, warum damit eine höhere Arbeitszeit verbunden sein soll, als im hiesigen Kontext üblich ist.

Wenn man dann von ca. 40 Wochenstunden ausgeht, dürfte es sinnvoll sein, diese im Jahresmittel anzusetzen. Der Pfarrberuf hat nämlich auch einen »saisonalen« Charakter: In der Adventszeit, in der Passionszeit, bei Konfirmationen oder bei der Jugendfreizeit in den Sommerferien wird die Arbeitswoche häufig mehr als 40 Stunden haben. Dafür können und sollten es dann in anderen Phasen auch deutlich weniger sein. Ohne mindestens einen wirklich freien Tag in der Woche kommt vermutlich kein Mensch auf Dauer ohne gesundheitliche Schäden davon. Zur Gestaltung des pfarrberuflichen Alltags gehört zudem auch Zeit für Ungeplantes und Unverzwecktes. Pfarrer*innen kommunizieren indirekt auch Evangelium mit einem Verständnis von Zeit, das nicht im »Geschäft des Alltags« aufgeht.

2.4 Begrenzung und Profil des Pfarrberufs

Es dürfte deutlich geworden sein: Begrenzung und Entscheidung gehören zum Pfarrberuf hinzu. Diese Aufgabe muss auch in vielen anderen Berufen gelöst werden, wenn ihnen keine Struktur vorgegeben ist. Aufgrund der »generalistischen« Tradition der Allzuständigkeit in Verbindung mit der inneren Verpflichtung ist sie für den Pfarrberuf jedoch eine besonders große Herausforderung. Neben tragfähigen theologischen Kriterien (s.u.) und dem Mut zum Risiko braucht es dann aber auch persönliche Stärke. Werden bisherige Tätigkeitsfelder eingestellt, müssen Enttäuschung und Zorn ausgehalten werden. Denn ein Handeln, dass mehr und andere Menschen erreichen will, verärgert zwangsläufig die, die bisher stärker im Blick waren. Man kann es nicht allen recht machen. Dies auszuhalten in dem Bewusstsein, dass Bedürfnisse von Kirchenmitgliedern aufmerksam zu hören sind, jedoch auch theologischen Kriterien unterzogen werden, braucht Stärke – und eine gute Unterstützung, beispielsweise mit Supervision oder Coaching.

Drei Überlegungen können bei diesem Prozess hilfreich sein:

(1) Die geistliche Dimension der Begrenzung

Hier greift die gleiche gedankliche Figur, die ich in Kapitel 2 in Bezug auf die Überforderung von Ortsgemeinden dargestellt hatte: Da das Evangelium immer viel größer ist als das, was Menschen noch so umfassend tun können, bleibt jede pastorale Tätigkeit ohnehin fragmentarisch. Dies kann von dem Druck entlasten, im Rahmen des pastoralen Stellenumfangs möglichst viele Handlungsfelder zu »bespielen« oder gar eine »Vollständigkeit« zu erreichen. Die Kommunikation des Evangeliums ist keine Frage von Quantität. Die seit der Idee des »lebendigen Gemeindehauses« leitende Überzeugung, dass »mehr« in jedem Fall besser ist, ist nicht sinnvoll. Wenn es um eine exemplarische Möglichkeit dafür geht, eine gelingende Begegnung zwischen Menschen und Evangelium zu ermöglichen, kann die bewusste und liebevolle Gestaltung eines Handlungsfeldes sinnvoller sein, als drei Arbeitsbereiche zu »versorgen«.

Die geistliche Dimension der Begrenzung dürfte für viele Pfarrer*innen besonders wichtig sein. Dass Menschen ständig Erfahrungen mit ihren Grenzen machen, fragmentarisch und unvollkommen sind (und daher, theologisch gesprochen, immer auch in der Sünde verfangen), predigen sie, vermitteln es in Seelsorge und Unterricht – und haben es in der Gestaltung ihres beruflichen Lebens manchmal besonders schwer, mit den Grenzen ihres eigenen Tuns umzugehen, nicht zuletzt wegen der hohen Ansprüche, die sie an sich selbst stellen.

(2) Die Unausweichlichkeit von Begrenzung in Form von Entscheidungen

Bei der Akzeptanz von bewussten Entscheidungen kann weiter die Einsicht unterstützen, dass Pfarrpersonen faktisch permanent entscheiden, was sie tun und was sie lassen. In der Perspektive der unendlichen Möglichkeiten der Kommunikation des Evangeliums bildet das »Tun« immer nur einen kleinen Teil des Möglichen ab – und das, was man nicht tut, bildet den viel größeren Bereich. Insofern geht es »nur« darum, die faktisch schon immer getroffenen Entscheidungen zu bewussten, konzeptionell und vor allem: theologisch reflektierten Entscheidungen zu machen.

(3) Der theologische Charakter von Entscheidungen

Werden die Entscheidungen, was man tut und was man lässt,

nicht bewusst und reflektiert getroffen, folgen sie oft dem, was (oder wer) am lautesten ruft, oder auch dem, was einem selbst am meisten liegt. Diese Faktoren sind zwar in den Entscheidungsprozess mit einzubeziehen. Leitend sollte jedoch die theologische Frage sein, was – nach dem immer begrenzten derzeitigen Kenntnisstand – in Situation und Kontext voraussichtlich Evangelium am sinnvollsten kommuniziert: nämlich so, dass das menschlich Machbare dazu getan wird, dass Menschen vom Evangelium erreicht werden.

Dies zu reflektieren und zu formulieren, gehört zu den wesentlichen Aufgaben des Pfarrberufs mit seinem Schwerpunkt auf der theologischen Dimension. Dabei ist es selbstverständlich nicht auf Pfarrpersonen beschränkt, über die Kommunikation des Evangeliums nachzudenken. Aber Pfarrer*innen sind dazu in besonderer Weise durch ihr Theologiestudium qualifiziert, die kirchlichen Handlungsfelder als Kommunikation des Evangeliums zu reflektieren. Möglicherweise macht heute genau dies das theologische Profil dieses Berufes aus: Die kirchlichen Arbeitsgebiete theologisch zu deuten als einen Weg, wie die Relevanz der christlichen Botschaft für Menschen heute erfahrbar wird. Dies gilt auch über die eigenen Arbeitsgebiete hinaus für die gesamte Kirche. Damit begreift sich der Pfarrberuf nicht mehr von seiner religiösen Zuständigkeit für ein bestimmtes Gebiet her, sondern von der Kommunikation des Evangeliums in bestimmten Handlungsfeldern als Teil der weltweiten Kirche Jesu Christi.

Dies als grundlegende pastorale Aufgabe anzunehmen, ist ein zudem hilfreicher Schritt für die Überwindung des Gegenübers von ortsgemeindlichen und nicht-parochialen Pfarrstellen. Wenn Pfarrer*innen aktiv mit anderen – innerhalb der Kirche und außerhalb von ihr – überlegen und deutlich machen, wie darin Evangelium kommuniziert wird, dann kommunizieren sie gleichzeitig die Relevanz des Evangeliums für das Leben von Menschen und die Gesellschaft. Hier hat der Pfarrberuf als öffentlicher Beruf besondere Chancen, die Kommunikation des Evangeliums auch in der Öffentlichkeit präsent zu halten.

3. Alternativen

Was bedeuten diese Überlegungen für die Zukunft des Pfarrberufs? Auch hier sind drei Alternativen denkbar.

Die erste Alternative: Generalistisches Pfarramt mit individuellen Entlastungen
In einer ersten Variante wird der generalistische Charakter des Pfarrberufs aufrechterhalten und neu betont. Es werden weder grundsätzliche Richtungsentscheidungen zum Charakter und den Aufgaben des Pfarrberufs getroffen (wie in Alternative 3) noch organisatorische Strukturen zur Abstimmung festgelegt (wie in Alternative 2). Stattdessen entscheiden die Pfarrpersonen jeweils für sich, wie sie mit den theoretisch unbegrenzten Möglichkeiten der Kommunikation des Evangeliums umgehen und auf welcher Basis sie die Entscheidungen treffen. Im Blick darauf, welche Arbeitsbereiche es geben und welche es nicht geben wird, müssen sie sich in der Ortsgemeinde mit dem Kirchengemeinderat absprechen und in nicht-parochialen Pfarrämtern die Vorgesetzten sowie ggf. den Beirat für das Handlungsfeld o.ä. einbeziehen. Sowohl im Blick auf den Umfang der Arbeitszeit als auch wie diese gefüllt wird, fallen die wesentlichen Entscheidungen jedoch

individuell. Ob und wie sie sich damit mit Kolleg*innen sowie ggf. mit den anderen Hauptamtlichen (vgl. Kapitel 8) abstimmen, bleibt ebenfalls der persönlichen Entscheidung überlassen. Für diese Prozesse können die Pfarrer*innen Supervision, Coaching oder Geistliche Begleitung in Anspruch nehmen, aber auch dies ist ihre persönliche Entscheidung. Für den Charakter des Pfarrberufs als solchen bedeutet dies nach wie vor eine theoretische »Allzuständigkeit« für die kirchliche Arbeit, insofern es keine strukturellen Beschränkungen des Berufsbildes gibt.

Die Stärke dieses Vorgehens ist, dass es für die kirchenleitenden Gremien unaufwendig ist und keinen größeren Prozess benötigt. Zudem können die Entscheidungen sehr konkret auf die jeweilige Person und den jeweiligen Kontext hin ausgerichtet sein. Bei der inhaltlichen Entscheidung über Tun und Lassen kann nach persönlichen Anliegen und Fähigkeiten entschieden werden.

Die Schwäche besteht zunächst darin, dass den Pfarrpersonen eine hohe Last aufgebürdet wird, mit der sie tendenziell alleingelassen werden. Sie müssen sich mit den Gremien ihres Kontextes, den Dienstvorgesetzten, den Erwartungen von Menschen und ihrem eigenen Gewissen, aber auch mit ihrem privaten Umfeld auseinandersetzen und dies vermutlich nicht nur einmal, sondern immer wieder, wenn deutlich wird, dass andere Personen andere Prioritäten setzen. Die Entscheidungen sind zudem weiterhin von den realen Verhältnissen abhängig und müssen immer wieder ganz neu erwogen werden, wenn Stellen im Umfeld wegfallen. Außerdem kommen theologische Kriterien der Entscheidungen nicht verbindlich zum Tragen – ebenso ist es möglich, das »Tun« und »Lassen« nach Neigungen, gefühlter Dringlichkeit oder Druck von außen zu entscheiden.

Die zweite Alternative: Teampfarramt in Abstimmung
Diese zweite Variante wird gegenwärtig zunehmend häufiger praktiziert. Auch hier gibt es durchaus individuelle Entscheidungsspielräume für die Pfarrpersonen, aber sie entscheiden in Abstimmung mit Kolleg*innen, mit denen sie ein (mehr oder weniger enges) Team bilden. Dieses Team kann aus den anderen ortsgemeindlich tätigen Pfarrpersonen einer Region bestehen, aber auch alle in einer Region tätigen Pfarrpersonen und/oder ebenso die anderen kirchlichen Hauptamtlichen einbeziehen. In dieser Variante gehen die Abstimmungsprozesse über reine Vertretungsregelungen hinaus in Richtung verbindlicher Absprachen darüber, wer welches Arbeitsgebiet in einer Region verantwortet. Damit wird Abstand genommen von einer primär räumlichen Aufteilung, nach der eine Pfarrperson in territorialer Logik für ein Gebiet zuständig ist – dies entspräche eher der Alternative 1 –, sondern der Pfarrberuf wird arbeitsteilig konturiert. Auch hier bleibt der Pfarrberuf insgesamt breit aufgestellt, jedoch konzentriert sich die jeweilige Pfarrperson auf bestimmte Bereiche. So kann beispielsweise ein Pfarrer für die Kinder- und Jugendarbeit sowie die Konfi-Zeit zuständig sein, während die Kollegin die diakonische Arbeit und alternative Gottesdienste gestaltet und der Diakon die Senior*innenarbeit innehat und bestimmte Projekte anbietet.

Der Vorteil dieses Vorgehens ist, dass Pfarrpersonen sich nicht nur gegenseitig stärken und unterstützen, sondern die Entscheidungen über Tun und Lassen in dem Bewusstsein treffen, dass ihre Kolleg*innen Arbeitsgebiete füllen, die sie selbst nicht machen. Dabei können sie ihre Talente und Interessen berücksichtigen, aber auch – wenn ein entsprechender Prozess erfolgt – den theologischen Kriterien im Blick auf die ihnen am sinnvollsten erscheinenden Kommunikationsformen des Evangeliums folgen. Zudem wird die bisherige Kultur behutsam weiterentwickelt und Reichweite und Tempo der Veränderungen können unterschiedlich stark ausgeprägt sein.

Ein Nachteil ist, dass es von dem Kooperationswillen und der persönlichen »Chemie« der Beteiligten abhängt, wie gut die Abstimmung gelingt. Wie in allen anderen Lebensbereichen auch, steckt in der Verweigerung die größte Macht: Teamunwillige oder auch teamunfähige Menschen erschweren solche Prozesse für eine ganze Region erheblich. Zudem besteht die Gefahr, dass bei diesem Vorgehen vorrangig die bisherigen Arbeitsgebiete aufgeteilt werden und damit eher der Mangel aufgefangen wird, als dass neue Wege gegangen werden. Wie die Kirche neue Formen entwickeln und andere Menschen als bisher ansprechen kann, gerät dann möglicherweise aus dem Blick. Wenn diese Variante, wie es häufig faktisch der Fall ist, nur auf die ortsgemeindlichen Pfarrer*innen beschränkt wird, bleibt zudem sowohl die Vielfalt der Pfarrämter als auch der kirchlichen Berufe unberücksichtigt.

Die dritte Alternative: Pfarramt mit klarem Profil

Eine dritte Variante setzt sich zum Ziel, den Pfarrberuf im Blick auf die aktuellen Herausforderungen und die künftige Gestalt der Kirche neu zu denken und klarer zu profilieren. Gefragt wird dann nicht, wie die bestehenden Arbeitsformen sinnvoller und gerechter verteilt werden können, sondern welche Tätigkeiten in welchem Verhältnis für diesen Beruf sinnvoll sind und welche Strukturen gute Arbeitsbedingungen ermöglichen. Dabei wird die Arbeitsteiligkeit aus der zweiten Alternative zu berücksichtigen sein. Eine mögliche Lösung wären unterschiedliche Stellenprofile beispielsweise nach den vier in Kapitel 2 vorgestellten Logiken von Institution, Organisation, Gruppe und Bewegung. Zudem wird der Pfarrberuf sicher stärker an seinen theologischen Kompetenzen orientiert sein als bisher – beispielsweise in der besonderen Zuständigkeit für das Nachdenken über die Kommunikation des Evangeliums wie oben beschrieben. Das bedeutet nicht, sämtliche Leitungsaufgaben als »uneigentliche« Tätigkeit abzugeben. Gerade Leitung sorgt für gute Rahmenbedingungen der Kommunikation des Evangeliums und erfordert daher theologische Reflexion. Für klassische Verwaltungsaufgaben können allerdings durchaus »Gemeindemanager*innen« angestellt werden. Sie würden entweder für eine fusionierte Großgemeinde oder für mehrere kleinere Ortsgemeinden die Verwaltungsaufgaben übernehmen, die über das klassische Sekretariat hinausgehen und bislang häufig von den Pfarrer*innen vorgenommen werden.

Bei dem Nachdenken über das Profil des Pfarrberufs sollte erwogen werden, ob es wirklich weiterhin sinnvoll ist, Pfarramt und Gemeinde in einer so engen organisatorischen und emotionalen Verbindung zu denken, wie es vor allem für die Ortsgemeinde seit Ende des 19. Jh. üblich ist. Dies wird sicher nicht bedeuten, eine anonyme pastorale »Versorgung« durch eine beliebige Pfarrperson ohne persönlichen Kontakt zu etablieren, denn menschliche Beziehungen werden weiterhin eine wichtige Rolle in der Kommunikation des Evangeliums spielen. Denkbar ist jedoch die Zuständigkeit eines Teams (idealerweise nicht nur aus Pfarrpersonen, sondern aus unterschiedlichen Berufsgruppen zusammengesetzt, vgl. Kap. 8) für mehrere Gemeinden mit bestimmten Schwerpunkten und Aufgaben. Unter diesen können Gemeindeglieder ihre persönliche Bezugsperson finden. Der Tradition einer »Allzuständigkeit« der Pfarrperson (einerseits als Erwartung von Gemeindegliedern und andererseits als Selbstbild der Pfarrer*innen) könnte möglicherweise auf diesem Wege einfacher begegnet werden. Denkbar ist auch (wie es bereits mancherorts versucht wird), die Tätigkeit in einer Ortsgemeinde mit einer Tätigkeit in einem nicht-parochialen Arbeitsfeld zu kombinieren. Dann würde beispielsweise eine Pfarrperson zu 50 % in der Ortsgemeinde tätig sein und zu 50 % im Diakonischen Werk, oder jemand ist neben einer dreiviertel Stelle in der Ortsgemeinde zu 25 % in der Jugendkirche tätig. Die Schwierigkeit dieser Konstruktionen ist bisher allerdings häufig, dass die notwendige Abgrenzung vor allem gegenüber den Erwartungen in der Ortsgemeinde individuell von der Pfarrperson geleistet werden muss, was zu inneren und äußeren Konflikten führen kann (vgl. das Szenario 3).

Ein zentraler Punkt für das künftige pastorale Berufsbild dürfte auch die Position »auf der Schwelle« zwischen Kirche/ Gemeinde und Öffentlichkeit sein – der Pfarrberuf dürfte künftig noch stärker als öffentlicher Beruf relevant werden. Dies schließt auch die Präsenz im digitalen Raum ein, die gegenwärtig immer wichtiger wird. In dieser Variante sollten die anderen kirchlichen Berufe und die Pfarrstellen außerhalb der Ortsgemeinde in jedem Fall einbezogen werden, um ein sinnvolles Miteinander in der Kommunikation des Evangeliums zu erreichen. Diese Alternative hat Auswirkungen auf die Aus- und Weiterbildung der Pfarrpersonen und insbesondere das auf das Vikariat.

Die Stärke dieses Vorgehens ist seine Kreativität und die Chance, den Pfarrberuf wirklich an dem Auftrag der Kirche und den gegenwärtigen Herausforderungen zu orientieren. Gerade wenn den jüngeren und den kommenden Generationen von Pfarrpersonen eine wichtige Stimme dabei zuerkannt wird, besteht die Chance, mehr junge Menschen als bisher für diesen Beruf zu gewinnen – denn gerade für die jetzigen Generationen junger Menschen spielen gut strukturierte Rahmenbedingungen und eine ausgeglichene Life-Work-Balance eine besonders wichtige Rolle. Die gegenwärtigen Strukturen schrecken nicht wenige junge Menschen ab, das Studium aufzunehmen, es zu Ende zu führen oder danach den Weg in das Pfarramt einzuschlagen.

Der Nachteil dieses Vorgehens ist auch hier, dass der Prozess aufwendig ist und ein hohes Maß an Innovationsbereitschaft verlangt. Was für die Veränderung der kirchlichen Strukturen dargestellt wurde, gilt auch für den Pfarrberuf: Von der »Dienstleistung« für das Evangelium her zu denken statt von den vorhandenen Strukturen aus, stellt eine erhebliche Herausforderung dar.

4. Anregungen zur Weiterarbeit

Fragen auf dem Weg zu einer eigenen Position

- Wie ist mein bisheriges Bild vom Pfarrberuf? Welches sind meine Erwartungen und Wünsche?
- Welche Tätigkeiten für welche Gruppen von Menschen in welchem Umfang entsprechen diesem Bild? Wer wird dabei weniger erreicht? Wie verhält sich dieses Bild zur vorgeschlagenen Position des Pfarrberufs zwischen Gemeinde und Öffentlichkeit?
- Was sind die Stärken dieses Bildes im Blick auf die Gesamtkirche? Was sind seine Schwächen?
- Welche alternativen Bilder sind für mich denkbar? Was sind deren Stärken, was sind deren Schwächen?
- Welche Formen der Begrenzung und Entscheidung in diesem Beruf halte ich für sinnvoll? Warum?

- Was würde diesen Beruf attraktiver für den Nachwuchs machen als bisher?
- Sehe ich noch weitere Vor- und Nachteile in den drei Handlungsalternativen?

Ein biblisch inspirierter Impuls aus der Kirchengeschichte:

Gönne dich dir selbst!
Bernhard von Clairvaux (ca. 1090 - 1153 n. Chr.), Abt des Zisterzienser-Klosters in Clairvaux, schreibt an seinen ehemaligen Schüler Papst Eugenius III.:

»Wo soll ich anfangen? Am besten bei Deinen zahlreichen Beschäftigungen, denn ihretwegen habe ich am meisten Mitleid mit Dir [...] Ich fürchte, dass Du, eingekeilt in Deine zahlreichen Beschäftigungen, keinen Ausweg mehr siehst und deshalb Deine Stirn verhärtest; dass Du Dich nach und nach des Gespürs für einen durchaus richtigen und heilsamen Schmerz entledigst. Es ist viel klüger, Du entziehst Dich von Zeit zu Zeit Deinen Beschäftigungen, als dass sie Dich ziehen und Dich nach und nach an einen Punkt führen, an dem du nicht landen willst. Du fragst, an welchen Punkt? An den Punkt, wo das Herz hart wird. Frage nicht weiter, was damit gemeint sei: wenn Du jetzt nicht erschrickst, ist Dein Herz schon so weit.

Das harte Herz ist allein; es ist sich selbst nicht zuwider, weil es sich selbst nicht spürt. Was fragst Du mich? Frage den Pharao (Ex 7,13 u.a.). Keiner mit hartem Herzen hat jemals das Heil erlangt, es sei denn, Gott habe sich seiner erbarmt und ihm, wie der Prophet sagt, sein Herz aus Stein weggenommen und ihm ein Herz aus Fleisch gegeben (Ez 36,26). [...]

Wenn Du Dein ganzes Leben und Erleben völlig ins Tätigsein verlegst und keinen Raum mehr für die Besinnung vorsiehst, soll ich Dich da loben? Darin lobe ich Dich nicht. Ich glaube, niemand wird Dich loben, der das Wort Salomons kennt: ›Wer seine Tätigkeit einschränkt, erlangt Weisheit‹ (Sir 38,25). Und bestimmt ist es der Tätigkeit selbst nicht förderlich, wenn ihr nicht die Besinnung vorausgeht.

Wenn Du ganz und gar für alle da sein willst, nach dem Beispiel dessen, der allen alles geworden ist (1 Kor 9,22), lobe ich Deine Menschlichkeit – aber nur, wenn sie voll und echt ist. Wie kannst Du aber voll und echt Mensch sein, wenn Du Dich selber verloren hast? Auch Du bist ein Mensch. Damit Deine Menschlichkeit allumfassend und vollkommen sein kann, musst Du also nicht nur für alle anderen, sondern auch für Dich selbst ein aufmerksames Herz haben. Denn was würde es Dir sonst nützen, wenn Du – nach dem Wort des Herrn (Mt 16,26) – alle gewinnen, aber als einzigen Dich selbst verlieren würdest? Wenn also alle Menschen ein Recht auf Dich haben, dann sei auch Du selbst ein Mensch, der ein Recht auf sich selbst hat. Warum solltest einzig Du selbst nicht von Dir alles haben? Wie lange bist Du noch ein Geist, der auszieht und nie wieder heimkehrt (Ps 78,39)? Wie lange noch schenkst Du allen andern Deine Aufmerksamkeit, nur nicht Dir selber? [...]

Ja, wer mit sich schlecht umgeht, wem kann der gut sein? Denk also daran: Gönne Dich Dir selbst. Ich sage nicht: Tu das immer, ich sage nicht: Tu das oft, aber ich sage: Tu es immer wieder einmal. Sei wie für alle anderen auch für Dich selbst da, oder jedenfalls sei es nach allen anderen.«

(Bernhard von Clairvaux: Gotteserfahrung und Weg in die Welt [hg. von Bernardin Schellenberger], Olten 1982, 73-77)

Eindrücklich formuliert ein ca. 900 Jahre alter Text, was geschieht, wenn sich Menschen in ihren »zahlreichen Beschäftigungen« so verlieren, dass sie sich selbst verlieren. Bernhard von Clairvaux macht dem geistlichen Oberhaupt der gesamten westlichen Kirche klar, dass es die Persönlichkeit des Menschen betrifft und sie geradezu deformiert, wenn er wie im Hamsterrad agiert und ohne Pause arbeitet. Er empfiehlt in dieser Situation zweierlei: Besinnung und Einschränkung. Dies ist nötig um der Menschen selbst willen, aber auch um der Tätigkeiten willen! Mit Sirach 38,25 sagt er: »*Wer seine Tätigkeit einschränkt, erlangt Weisheit.*«

Dabei erkennt Bernhard die gute Absicht des rund um die Uhr tätigen Papstes durchaus an: Nach dem Vorbild Jesu möchte er sein Leben der Aufgabe widmen, für alle da zu sein. Wenn er sich selbst dabei aus dem Blick verliert, muss dieses Ansinnen jedoch scheitern. Er verliert darüber seine Menschlichkeit, wenn er nicht sich selbst gegenüber aufmerksam ist und sich um sich selbst kümmert. Es braucht die »Heimkehr« des Geistes zu sich selbst und zu Gott, statt nur im »Außen« zu agieren. Und nur diejenigen, die mit sich gut umgehen, können auch gut mit anderen umgehen.

Das ist nicht damit zu verwechseln, stattdessen (wir würden heute sagen: narzisstisch) um sich selbst zu kreisen. Bernhard ist sich auch bewusst, dass es das Amt des Papstes erfordert, sich um vieles zu kümmern. Es geht jedoch darum, sich *auch* um sich selbst zu kümmern, notfalls *nachdem* man sich um die anderen gekümmert hat – aber keinesfalls *ohne* dies. »Du sollst deinen Nächsten lieben wie dich selbst«, heißt es in Lev 19,18, und dieser Satz wird als Zitat dieser Bibelstelle auch als Antwort Jesu auf die Frage nach dem höchsten Gebot (neben der Liebe zu Gott) überliefert (Mk 12,31).

Diese Worte als Ratschlag an einen Papst im Mittelalter lassen darüber staunen, wie sehr sich Strukturen und Herausforderungen, aber auch gute Lösungen in ganz verschiedenen Zeiten und Kontexten ähneln können! Im Blick auf die Zukunft des Pfarrberufs scheinen mir beide Impulse fruchtbar zu sein: einerseits regelmäßig innezuhalten und sich zu besinnen (und sich dabei auch bewusst zu werden, was man warum tut) und andererseits seine Tätigkeiten einzuschränken. Nur so können Pfarrpersonen sich selbst und der eigenen psychischen und geistlichen Gesundheit, aber auch ihren Aufgaben und ihrem Dasein für andere gerecht werden.

Eine methodische Idee für die gemeinsame Arbeit in einem kirchlichen Gremium:

Eine ideale Woche im Pfarrberuf …
Im Raum liegen Moderationskarten mit typischen Tätigkeiten des Pfarrberufs innerhalb und außerhalb der Ortsgemeinde: Gottesdienstvorbereitung und Gottesdienst, Gespräche mit Ehrenamtlichen, Konfirmand*innenarbeit und ihre Vor- und Nachbereitung, Kasualgespräche und Kasualien, Gremiensitzungen, Treffen in der Jugendkirche, Seelsorgegespräche, Planungsgespräch mit einer Partnerkirche, Gespräch mit der Bürgermeisterin, Meditationsgruppe, diakonische Arbeit, Anwesenheit bei der Tafel, Bibelstudium, Gebet oder Meditation, Erwachsenenbildung, Senior*innenkreis, Gremiensitzungen, Verwaltung etc. Die Teilnehmenden werden gebeten, sich zu dritt zusammenzutun und sich möglichst auf eine in ihren Augen ideale Woche eines*r Pfarrer*in zu einigen. Grundlage ist dabei ein Zeitraum außerhalb besonderer Phasen im Kirchenjahr. Allerdings sollten sie mitbedenken, dass

aufgrund der Arbeitsverdichtung in diesen Phasen in »normalen« Wochen ein gewisser Ausgleich im Arbeitszeitvolumen erfolgen sollte.

Dabei diskutieren sie, in welchen Bereichen sie welche Schwerpunkte setzen wollen. Welche Karten möchten sie vielleicht ganz herausnehmen? Mit welchen Argumenten?

Anschließend erfolgt ein Austausch im Plenum über die Bilder vom Pfarrberuf, die in den Tagesabläufen deutlich geworden sind.

Kapitel 8

Die Bedeutung der gemeindepädagogisch-diakonischen Berufe

Einstieg: Szenen aus der kirchlichen Praxis

Szenario 1:
Die fünf Gemeinden einer Region haben neben ihren zweieinhalb Pfarrstellen ein Budget für drei weitere hauptamtliche Stellen (einschließlich der Kirchenmusik) zur Verfügung und dürfen gemeinsam entscheiden, wie sie diese mittelfristig verwenden. Die Diakonin der einen Gemeinde geht in den Ruhestand und ein anderer Diakon orientiert sich neu. Der Gemeindepädagoge möchte bleiben, ist aber offen für neue Konstellationen und Schwerpunkte. Der Koordinierungsausschuss der Region muss jetzt entscheiden, welche Mitarbeitendenstellen der Region künftig zur Verfügung stehen. Rasch stellt er fest, dass dafür ein Konzept nötig ist, wie sich die kirchliche Arbeit in der Region künftig orientieren soll und welche Schwerpunkte gesetzt werden sollen. Welches kirchliche Berufsbild wird für welche Aufgaben benötigt?

Szenario 2:
In der Johannes- und Jakobusgemeinde sind die schon lange schwelenden Konflikte unter den Hauptamtlichen nun offen ausgebrochen: Während sich die neue Pfarrerin und der schon länger tätige Pfarrer mit viel gutem Willen und Kompromissen bisher immer noch über ihre unterschied-

*lichen Vorstellungen kirchlicher Arbeit und ihre Aufgabenverteilung einigen konnten, machen jetzt der Diakon und die Gemeindepädagogin deutlich: So können wir nicht weiterarbeiten. Schon lange fühlen sie sich bei wichtigen Entscheidungen übergangen und in Absprachen spät und schlecht einbezogen, manchmal nicht einmal informiert. Sie erkennen kein Gesamtkonzept kirchlicher Arbeit, in dem ihre Handlungsfelder organisch eingebunden sind, und sie haben den Eindruck, dass ihre Arbeit neben den pastoralen Tätigkeitsfeldern als zweitrangig betrachtet wird. Nachdem jetzt die Pfarrerin eine Kinderbibelwoche geplant und eine Stärkung des Freizeitelements in der Konfizeit angekündigt hat, ohne die für Kinder-, Jugend- und Konfirmand*innenarbeit zuständige Gemeindepädagogin einzubeziehen und den für die Tafel und die Kleiderkammer zuständigen Diakon nur nachträglich über einige Veränderungen in diesem Bereich informiert hat, beantragen die beiden eine Sondersitzung des Kirchengemeinderats: Er soll dafür sorgen, dass die beiden Pfarrpersonen sich auf ihre Aufgaben beschränken und nicht in ihre Arbeitsgebiete eingreifen. Diese wehren sich: Sie hätten als Pfarrer*innen schließlich die Gesamtverantwortung für die Gemeinde und müssten selbst entscheiden dürfen, welche Schwerpunkte sie setzen. Im Kirchengemeinderat wird deutlich, dass der Konflikt neben der zwischenmenschlichen auch eine strukturelle Ebene hat: Es gibt kein Konzept für die sinnvolle Arbeitsverteilung unter den Hauptamtlichen und keine Strukturen für ihre Zusammenarbeit. Die Frage ist: Welches Berufsbild hat welche Aufgaben und was kann helfen, zugunsten einer gelingenden Kommunikation des Evangeliums im Miteinander der Berufsgruppen gut zusammenzuarbeiten?*

Szenario 3:
*Auf der Kirchenkreissynode steht das Thema »Rückgang der Pfarrstellen« auf der Tagesordnung. In einem der ersten Wortbeiträge wird gefragt, ob man nicht einfach entsprechend mehr Gemeindepädagog*innen und Diakon*innen einstellen könnte, die die bisher von Pfarrpersonen geleistete Arbeit übernehmen würden. Die hätten doch eine ganz andere Ausbildung und andere Aufgaben und sie dürften auch vieles gar nicht machen, das den Pfarrer*innen vorbehalten sei, wird daraufhin eingewendet. Was genau dies sei, wird zurückgefragt. Und sei es denn heutzutage nicht wichtiger, dass die Arbeit gemacht wird, als dass man auf einem dienstrechtlichen Status besteht? Offensichtlich muss grundsätzlicher gefragt werden: Was ist das Profil der verschiedenen kirchlichen Berufe und wofür kann welche Berufsgruppe eingesetzt werden?*

1. Die Herausforderung

Das in den beiden letzten Kapiteln dargestellte komplexe und manchmal auch komplizierte Miteinander von Ehrenamtlichen und Pfarrer*innen wird noch komplexer durch die dritte Gruppe der in der Kirche Tätigen: die so genannten Mitarbeiter*innen in kirchlichen Berufen. Dabei umfasst der Ausdruck »kirchliche Mitarbeiter*innen« eigentlich alle, die beruflich in der Kirche arbeiten (mit Ausnahme der Pfarrpersonen), also beispielsweise auch die Juristin im Landeskirchenamt, den Sekretär im Gemeindebüro oder die für die Öffentlichkeitsarbeit zuständige Journalistin. Hier soll der Fokus jedoch auf den Gemeindepädagog*innen und

Diakonin*innen liegen. Ihre Berufsbilder und -profile sind ebenso in der Diskussion wie die der Pfarrpersonen und stehen daher in enger Verbindung mit der Frage nach der künftigen Gestalt der Kirche. Dies würde eigentlich auch für die Kirchenmusiker*innen gelten. Da diese jedoch in der Musik einen klaren Fokus haben, stellen sich bei ihnen die Fragen noch einmal anders, sodass sie hier nicht behandelt werden. Denn für Gemeindepädagog*innen und Diakon*innen gilt die gleiche Problematik einer nicht zufriedenstellend geklärten Zuständigkeit und möglicher Rollenkonflikte wie für Pfarrpersonen, wenn auch in anderer Weise. Dies wird vor allem in der Ortsgemeinde deutlich, aber auch in anderen kirchlichen Arbeitsbereichen, zumal wenn angesichts des Rückgangs von Pfarrpersonen überlegt wird, welche bisher pastoral besetzten Stellen künftig auch von anderen Berufsgruppen ausgefüllt werden könnten (vgl. Szenario 3). Zudem gibt es nicht selten Abstimmungs- und Abgrenzungsprobleme zwischen den Berufen wie in dem zweiten Szenario: Gemeindepädagog*innen und Diakon*innen sind weder zum Pfarramt noch zu ehrenamtlicher Arbeit und schon gar nicht zueinander klar abgegrenzt.

In der Praxis treten nicht selten Konkurrenzen zwischen Pfarrpersonen einerseits und Gemeindepädagog*innen und Diakon*innen andererseits auf. Selbstverständlich gibt es auch gelingende kollegiale Verhältnisse, aber die unklaren Rollen und Abgrenzungen schaffen tendenziell ungünstige Voraussetzungen für die Zusammenarbeit. Verschärft werden diese in den meisten Landeskirchen dadurch, dass die Pfarrer*innen von der Landeskirche und die Gemeindepädagog*innen und Diakon*innen von den Gemeinden angestellt werden, was hierarchische Verhältnisse begünstigt. Wenn dann Kommunikationsprobleme und vielleicht eine nicht gut passende menschliche Konstellation dazukommen, sind Konflikte naheliegend.

Angesichts der Einsparungsnotwendigkeiten sind in den letzten Jahren etliche Mitarbeitendenstellen abgebaut worden – im Zweifel hatte der Pfarrberuf häufig Vorrang. Bereits im Blick auf die Vielfalt der Wege für die Kommunikation des Evangeliums ist es fraglich, ob diese Orientierung sinnvoll war. Erst recht muss jetzt mit dem Rückgang des pastoralen Nachwuchses noch einmal neu gefragt werden, welche Chancen und Möglichkeiten diese Berufe in der künftigen Kirche haben und welche Rolle und Bedeutung ihnen zukommen soll – wobei allerdings auch in diesen Berufen Nachwuchsprobleme zu verzeichnen sind.

2. Hintergrundwissen

2.1 Der Charakter von »religiösen Berufen«

Auch wenn alle Christ*innen dazu aufgefordert sind, in Glaubensfragen sprachfähig zu sein, christlich zu handeln und damit Evangelium zu kommunizieren, wurden von den Anfängen des Christentums an bestimmte Aufgaben an bestimmte Menschen delegiert. Die Kommunikation des Evangeliums kann sinnvoller geschehen, wenn Zuständigkeiten transparent geregelt sind, wenn Menschen mit entsprechenden Fähigkeiten und Kenntnissen Bereiche gestalten und wenn Menschen für bestimmte Aufgaben aus- und fortgebildet werden. Solche religiösen Berufe und Tätigkeiten haben nun bestimmte Charakteristika.

Religiöse Berufe sind sog. »Gesinnungsberufe« und Tätigkeiten in einer religiösen Einrichtung sind »Gesinnungstätigkeiten«. Sie sind mit einer inneren Einstellung, einer weltanschaulichen Überzeugung verbunden. Dies ist gesellschaftlich nicht einzigartig – dass ein Veganer im Schlachthof arbeitet, ist ähnlich unwahrscheinlich wie das Szenario, dass eine überzeugte AfD-Wählerin beruflich in der Unterstützung von Geflüchteten tätig ist. Im Bereich von Religion und Kirche ist dies jedoch besonders prominent aufgrund der äußerlich sichtbaren Anforderung zumindest an die Hauptberuflichen, Kirchenmitglied zu sein. Aber auch eine innere religiöse Haltung wird hier in einer relativen Selbstverständlichkeit erwartet. Sie ist auch für die Mitarbeitenden selbst bedeutsam, weil es auf Dauer schwer zu vereinbaren ist, ohne eine christliche Grundüberzeugung in der Kirche tätig zu sein.

Damit verbinden sich Bereiche, die sonst in unserer Gesellschaft in der Regel getrennt werden, wenn Religion der privaten und der Beruf der öffentlichen Sphäre zugerechnet wird. Das Privatleben von Menschen in religiösen Berufen wird in der Öffentlichkeit unter dem Aspekt der Glaubwürdigkeit im Verhältnis zu den Grundsätzen der Kirche betrachtet. Wenn der Diakon seine Kinder schlägt, die Vorsitzende des Kirchengemeinderates ein extrem umweltschädliches Auto fährt oder die schmutzige Scheidung des Gemeindepädagogen bekannt wird, wird dies in Relation zu christlichen Überzeugungen (in der Regel so, wie man sie selbst interpretiert) gesehen. Auch das ist übrigens nicht einzigartig, denn auch das Privatleben von Politiker*innen und Prominenten ist nicht privat und ebenso sind die Verantwortlichen bei Greenpeace nicht frei in der Wahl ihres Autos oder ihrer (Fern-)Reiseziele.

Theologisch gesprochen verbinden sich bei religiösen Berufen eine »vocatio externa« mit einer »vocatio interna«: Die Beauftragung durch die Kirche hat etwas mit einer inneren

»Berufung« zu tun. Die religiösen Berufe sind damit »ganzheitlicher« als viele andere Berufe und bieten die Möglichkeit, sich beruflich mit Inhalten zu beschäftigen, die persönlich bedeutsam sind. Eine der Kehrseiten davon ist wie beim Pfarrberuf die Schwierigkeit, Beruf und Privatleben voneinander abzugrenzen. Es wird ein wenig dadurch gemildert, dass Gemeindepädagog*innen und Diakon*innen als Angestellte Arbeitsverträge über eine bestimmte Stundenzahl haben und häufiger eine Arbeitsplatzbeschreibung vorhanden ist; dennoch aber steht auch bei ihnen einem Freizeitausgleich häufig das eigene Engagement und Gewissen im Wege.

2.2 *Wer sind und was tun Gemeindepädagog*innen und Diakon*innen?*

Wie breit das Aufgabenspektrum dieser Berufe ist und wie komplex das Berufsbild, zeigt sehr schön ein Blick auf die zentrale Homepage der EKD www.gemeindepädagogik.de (abgerufen am 18.12.2020), wo es heißt:

»Aufgaben von Gemeindepädagoginnen/Gemeindepädagogen bzw. Gemeindediakoninnen/Gemeindediakonen:

- pädagogische Prozesse in Kirche und Gemeinde, Verbänden, Werken und Bildungseinrichtungen, Projekten und Initiativen initiieren, konzipieren, anleiten und durchführen,
- elementare Grunderfahrungen des Glaubens in pädagogischer und diakonischer Perspektive zielgruppenspezifisch und situationsbezogen ermöglichen, gestalten und unterstützen,
- mit Gruppen und Einzelnen in situationsangemessener Form arbeiten,

- Menschen mit systematischer Benachteiligung und besonderem Förderbedarf in inklusiver Perspektive unterstützen,
- seelsorgliche, gottesdienstliche und andere spirituelle Erfahrungen im sinnstiftenden Horizont des christlichen Glaubens für alle Generationen ermöglichen und gestalten,
- an kirchlichen Orten und zu lebenslaufbezogenen Anlässen das Evangelium kommunizieren,
- zur kulturellen und religiösen Pluralitätsfähigkeit beitragen,
- formale, informelle und non-formale Bildungsprozesse bei Kindern, Jugendlichen und Erwachsenen fördern,
- evangelisches Bildungshandeln von Kirche und Diakonie mit anderen Partnern und Einrichtungen in öffentlicher und freier Trägerschaft im Gemeinwesen, insbesondere mit der Schule, vernetzen und kooperieren,
- Ehrenamtliche motivieren, begleiten und fördern sowie zum Aufbau selbsttragender Strukturen beitragen,
- in Teams mit anderen beruflichen und ehrenamtlichen Mitarbeitenden arbeiten,
- zur Konzeptionsentwicklung gemeindepädagogischer Praxis beitragen,
- die gemeindepädagogische Praxis in Kirche und Gesellschaft vertreten.«

Die Zusammenstellung zeigt: Ein Schwerpunkt dieser Berufsprofile liegt in der pädagogischen Dimension des kirchlichen Handelns. Dies ist allerdings nicht, wie es manchmal missverstanden wird, auf Kinder und Jugendliche beschränkt, sondern wird dezidiert auf alle Altersgruppen bezogen. Neben dem Handlungsfeld der Bildung haben sie auch Aufgaben im Bereich von Seelsorge, Gottesdienst und Kasualien (wie das

Stichwort »lebenslaufbezogene Anlässe« zeigt). Ebenso sind sie in den diakonischen Handlungsfeldern tätig und haben insbesondere die Inklusion aller Menschen im Blick. Dabei wird auch die Gemeinwesenorientierung des kirchlichen Handelns explizit genannt, die die öffentliche Rolle der Kirche stärkt (vgl. Kapitel 5). Ein weiterer Schwerpunkt liegt in der Arbeit mit Ehrenamtlichen und mit Gruppen.

Sie arbeiten aber nicht nur direkt mit Menschen, sondern haben auch konzeptionelle Aufgaben, sie arbeiten an Strukturen und überlegen, planen und initiieren Projekte. Damit tragen sie zu einer Stärkung der gemeindepädagogischen Praxis insgesamt bei (zu diesem Begriff unten mehr), die sie auch in der Öffentlichkeit vertreten. Auch sie kommunizieren in all diesen Aufgabenbereichen Evangelium bzw. tragen zu einer Verbesserung der Rahmenbedingungen bei, in denen Evangelium und Menschen sich begegnen. In ihrer grundlegenden Aufgabe unterscheiden sie sich also nicht von den Pfarrer*innen.

Mit diesen vielfältigen Aufgabenbereichen sind Gemeindepädagog*innen und Diakon*innen in Ortsgemeinden tätig, aber bei weitem nicht nur, sondern sie arbeiten potenziell in allen Organisationsformen und auf allen Ebenen der Kirche: in Ortsgemeinden, Verbänden, Werken und Einrichtungen, Arbeitsstellen auf der Ebene von Kirchenkreisen bzw. Dekanaten und auf landeskirchlicher Ebene (z.B. in landeskirchlichen Arbeitsstellen der Kinder- und Jugendarbeit oder der Erwachsenenbildung).

Im Einzelnen pflegen die Landeskirchen in Deutschland allerdings sehr unterschiedliche Traditionen, wie und wo sie diese Berufsgruppen einsetzen und welche Rolle und auch welcher Status ihnen jeweils zukommt. Dabei ist auch die Frage wichtig, ob sie ordiniert werden (was in nur wenigen Landeskirchen der Fall ist: in der Ev. Kirche Berlin-Brandenburg-schlesische Oberlausitz, der Ev. Kirche in Mitteldeutschland, der Ev. Kirche der Pfalz sowie der Ev. Kirche im Rheinland) und ob sie dienstrechtlich den Pfarrer*innen gleichgestellt werden oder – faktisch – einen minderen Status haben.

Auch die Bezeichnungen dieser Berufsgruppen variieren zwischen den Landeskirchen. Schon die Frage, ob Gemeindepädagog*innen und Diakon*innen eigentlich unterschiedliche Berufsbilder ausfüllen, wird nicht einheitlich beantwortet. In den Gesetzestexten und Verordnungen kommt die Berufsbezeichnung »Diakon/-in« in 17 der 20 evangelischen Landeskirchen in Deutschland vor und »Gemeindepädagoge/-in« in acht von ihnen. Das bedeutet, dass manche nur die eine oder die andere und manche beide Bezeichnungen nebeneinander verwenden. In den Begriffen klingen unterschiedliche Traditionen an: Bei den Diakon*innen die sozial-diakonische Dimension und bei den Gemeindepädagog*innen die pädagogische Dimension. In manchen Landeskirchen existieren aber auch noch andere Berufsbezeichnungen für die gleichen Aufgaben wie Katechet*in, Religionspädagog*in, Gemeindehelfer*in, Jugendreferent*in und Sozialdiakon*in.

Auch die Ausbildungsgänge für diese Berufe sind unterschiedlich: Häufig wird an einer Fachhochschule der Studiengang »Gemeindepädagogik« mit einem Bachelorabschluss absolviert, in dem pädagogische und theologische Kompetenzen miteinander verbunden und praxisnah vermittelt werden. In manchen Landeskirchen ist aber auch eine Fachschule oder eine missionarische Ausbildung für das Berufsfeld Gemeindepädagogik ausreichend. Besonders mit der Berufsbezeichnung Diakon*in kann es jedoch auch ein Studium der Sozialen Arbeit sein, wie z.B. an der Ev. Hochschule für soziale Arbeit und Diakonie in Hamburg mit einer Doppelqualifikation, wo der staatliche Abschluss im Fach Soziale Arbeit mit dem kirchlichen Abschluss als Diakon*in verbunden wird.

Geeint werden diese Berufe durch ihre gemeindepädagogischen Qualifikationen und Tätigkeiten. Mit dem Begriff der »Gemeindepädagogik« öffnet sich jedoch das nächste komplexe und uneindeutige Feld, denn er wird auf zwei unterschiedlichen Ebenen verwendet. Er kann die pädagogischen Handlungsfelder bzw. den Bereich der Bildung im gemeindlichen und kirchlichen Leben meinen: die Arbeit mit Kindern, Jugendlichen und Familien, mit Senior*innen und mit anderen gesellschaftlichen Gruppen (z.B. Männer, Singles, transidente Menschen, Menschen mit besonderem Unterstützungsbedarf etc.), die Arbeit mit Konfirmand*innen oder die Förderung und Begleitung Ehrenamtlicher. Dieses Verständnis nennt man *sektoral,* weil es um einen bestimmten Bereich der kirchlichen Arbeit (einen »Sektor«) geht. Ebenso kann er aber auch *dimensional* verstanden werden: Dann wird die Kirche insgesamt in der Dimension des lebenslangen gemeinsamen Lernens auf der Basis des christlichen Glaubens verstanden. Kirche ist in dieser Sicht ein Ort, an dem sich Menschen mit ihren ganz unterschiedlichen Eigenschaften, Fähigkeiten, Anliegen und Fragen zusammenfinden, sich in diesen gegenseitig unterstützen und damit im Glauben und im Leben wachsen. In diesem Verständnis ist Gemeindepädagogik eng mit Kirchenreform verbunden: Kirche und Gemeinde ist nicht nur das, was sie jetzt ist, sondern wird auch von der Vision der gemeinsamen Lerngemeinschaft her gesehen, so wie sie sein könnte und vor allem sein soll. Eine solche Sicht hat Konsequenzen für die Strukturen und Funktionen der Kirche: Kirche muss so gestaltet sein, dass sie gemeinsames Lernen und persönliche Entwicklungsprozesse sehr unterschiedlicher Menschen fördert.

2.3 Wie sind diese Berufe entstanden?

Um die heutigen Fragen rund um diese Berufe noch etwas vertiefter zu verstehen, ist ein kurzer Blick in deren Entstehung und Entwicklung hilfreich.

Das Diakon*innenamt kann sich bereits auf biblische Wurzeln berufen: Der Timotheusbrief (1 Tim 3,8-12) nennt auch für den »diakonos« bestimmte Anforderungen an die persönliche Lebensführung, wie sie in Kapitel 7 schon für den »episkopos« skizziert wurden: »Desgleichen sollen die Diakone ehrbar sein, nicht doppelzüngig, keine Säufer, nicht schändlichen Gewinn suchen«, heißt es in Vers 8. Hat dieser eindeutig Männer im Blick (es heißt in Vers 12, dass der »diakonos« Mann einer einzigen Frau sein soll), grüßt Paulus im Brief an die Gemeinde in Rom (Röm 16,1) die Diakonin Phoebe, die für die Armenfürsorge in den christlichen Gemeinden zuständig ist. Offensichtlich stand das Amt ursprünglich Frauen ebenso offen wie Männern.

Das Amt des Diakons gab es zwar auch im Mittelalter, aber die christliche Hilfeleistung wurde in dieser Zeit vor allem in den dörflichen Strukturen und den Klöstern gelebt. Für die extremen sozialen Notlagen im 19. Jh. reichte dies bei weitem nicht mehr aus, zumal diese sich ja vor allem in den Großstädten mit einem viel höheren Grad an Anonymität und Vereinzelung abspielten.

So gründeten Friederike und Theodor Fliedner 1836 in Kaiserswerth das erste Mutterhaus für Diakonissen. Dies war eine Ausbildungsstätte für junge Frauen, die Tätigkeiten in der Gemeindearmenpflege und Gemeindekrankenpflege, in der Kleinkindererziehung oder in der Arbeit mit entlassenen weiblichen Strafgefangenen lernten zu einer Zeit, in der Frauen nur selten außerhalb des Hauses tätig waren. Die Diakonissen lebten kommunitätsähnlich nicht nur in einer Dienst-, sondern auch in einer Lebensgemeinschaft zusammen, blieben unverheiratet, trugen Tracht und bekamen keine persönliche Entlohnung.

Auch für Männer entwickelte sich der Beruf des Diakons ebenfalls in einer Lebensgemeinschaft, noch breiter als die Diakonissen für vielfältige soziale Notlagen ausgebildet. Die von Johann Hinrich Wichern gegründete »Rettungsanstalt« des Rauhen Hauses in Hamburg war die erste Ausbildungsstätte für Diakone in Deutschland. Das Rauhe Haus und Kaiserswerth sind heute übrigens Träger von kirchlichen Fachhochschulen und bilden u.a. diese Berufsgruppen aus.

Im Laufe des 19. Jh. wuchs mit der Zunahme solcher Häuser die Zahl der Diakonissen und Diakone stetig. Seit 1894 konnten Frauen den Beruf der Diakonieschwester auch mit einem Familienleben verbinden – ein wichtiger Schritt in Richtung Professionalität. Diakone konnten jetzt »Gemeindehelfer« werden, die Küsterdienste übernahmen, Gottesdienste vorbereiteten, im ländlichen Raum aber auch Katechismus und Kirchenlied unterrichteten. So entstand faktisch ein Hilfsamt neben dem des Pfarrers und der Beruf verlor sein eigenständiges Profil. Dieses Berufsbild kam in den 1960er Jahren in die Krise: Mit der Hierarchiekritik der 68er-Bewegung wurde der auf den Pfarrer bezogene Hilfsdienst unattraktiv, und mit dem Bildungs- und Professionalisierungsschub der 1970er Jahre wurde der in Bibelschulen oder Fachschulen relativ knapp ausgebildete gemeindliche »Allrounderberuf« unplausibel.

In der BRD wurde in der Aufbruchssituation der 1970er mit den Anliegen Demokratie, Teilhabe und Bildung das neue Berufsbild ausgestaltet: Die neuen kirchlichen Berufe sollten gut ausgebildet sein und ein klares Profil in der pädagogischen

Kompetenz haben. In ihrer »theologisch-pädagogischen Qualifikation« sollten sie sich vom Pfarramt mit dessen »theologisch-hermeneutischer Qualifikation« und von den Ehrenamtlichen ohne professionelle Qualifizierung unterscheiden. Sie sollten einerseits Kinder-, Jugend- und Erwachsenengruppen unterrichten und begleiten und für den Bereich der Bildung zuständig sein (die »sektorale« Dimension des Berufsbildes). Andererseits sollten sie aber auch »dimensional« für das ganze Gemeindeleben denken und Bildung und lebenslanges Lernen in den Anforderungen der spätmodernen Gesellschaft als Aufgabe der Kirche reflektieren und sicherstellen. Für dieses Berufsbild wurden kirchliche Fachhochschulen gegründet und die Bezeichnung »Gemeindepädagogin/Gemeindepädagoge« geprägt. Das neue Profil der Gemeindepädagogik wurde dabei immer auch im Kontext von Kirchenreform in Richtung einer partizipativen, integrativen und attraktiven Kirche gedacht, die von Beteiligung und Engagement statt von pastoraler Versorgung lebt.

Die Kirche in der DDR ging einen anderen und radikaleren Weg. Hier wurde den kirchlichen Mitarbeiter*innen eine besonders wichtige Rolle im Umbauprozess von der Volkskirche zu einer Minderheitenkirche in einer atheistischen Gesellschaft zugesprochen. Sie konnten näher an den konkreten Lebens- und Glaubensthemen der Menschen und weniger unter dem kritischen Auge des Staates als die Pfarrer*innen agieren. Als Leitbild war die kirchliche »Lerngemeinschaft« wichtig, deren Hauptamtliche mit verschiedenen Gaben und Aufgaben prinzipiell gleichrangig sein sollten. 1975 wurde auf der sog. »Ausbildungssynode« eine »Gemeinschaft von vier gleichrangigen Diensten« ohne eine Dominanz des Pfarramtes vorgeschlagen: der Gemeindetheologe, der Gemeindepädagoge, der Gemeindefürsorger und der Gemeindemusiker (in der damaligen Gepflogenheit für alle Geschlechter sprachlich rein männlich formuliert). In der Ortsgemeinde sollte es potenziell nur eine dieser »Bezugspersonen« geben, die mit Menschen die Bibel auslegt, Gottesdienst feiert, Seelsorge übt und Kasualien hält. Auf regionaler Ebene kämen in der Zusammenarbeit von allen vieren die spezialisierten Kompetenzen zum Tragen. Wenn das Konzept so radikal auch nicht umgesetzt wurde, wurde besonders der Beruf der Gemeindepädagog*innen in der DDR deutlich aufgewertet, was sich auch in deren Ordination zeigte.

2.4 *Die kirchlichen Berufe und die künftige Gestalt der Kirche*

Wenn die zukünftige Gestalt der Kirche von der Kommunikation des Evangeliums her gedacht wird, muss gefragt werden: Welche Kompetenzen und Berufsprofile brauchen wir in welchen Bereichen, damit die Chance zu einer Begegnung unterschiedlicher Menschen mit dem Evangelium groß wird? Denkt man die bisherigen Kapitel und vor allem die in Kapitel 5 vorgestellten Modelle mit den Berufsprofilen von Diakon*innen und Gemeindepädagog*innen zusammen, sind deren Kompetenzen in folgenden Bereichen besonders wichtig:

Mit ihren gemeindepädagogischen Fähigkeiten scheinen sie sehr geeignet, die *Neuorientierung der ehrenamtlichen Arbeit* zu fördern, wenn diese sich in Richtung des »neuen Ehrenamtes« entwickeln soll. Ihre Aufgabe ist dann, gute Bedingungen für das ehrenamtliche Engagement zu schaffen und in diesem Rahmen als Freiwilligenkoordinator*innen Ehrenamtliche zu gewinnen, zu begleiten und zu fördern. Auch sie würden dann vorrangig nicht selbst Gruppen und Kreise konzipieren, anbieten und leiten, sondern Menschen darin unterstützen, sich zu einem Thema in einer ihnen angemessenen Form zusammenzufinden – wie dies im Modell der *»Kirchlichen Orte«* vorgeschlagen wurde.

Im Blick auf die von den Berufsgruppen selbst durchgeführten inhaltlichen Angebote sind sie besonders für den Bereich der *Bildung* qualifiziert. Sie initiieren dann an unterschiedlichen Stationen des Lebenslaufes Begegnungen mit dem Evangelium, die dessen Bedeutung für Leben und Glauben entdecken lassen. Dabei ist es sowohl theologisch als auch im Blick auf die Zukunft der Kirche wichtig, dass diese Angebote keinen Kontakt mit dem christlichen Glauben in der Familie voraussetzen und auch Menschen *ohne bisherige Begegnung mit Christentum und Kirche* im Blick sind. Hierfür setzen die *»Fresh Expressions of Church«* wichtige Impulse.

Genauso wichtig dürften die *diakonischen Kompetenzen* für die Zukunft der Kirche sein. Die öffentliche Überzeugungskraft und Ausstrahlung von Kirche setzt ein glaubwürdiges Tun voraus. Nicht umsonst enthält bei allen Umfragen unter Kirchenmitgliedern und auch unter Nichtkirchenmitgliedern der Bereich der Diakonie durchgehend die höchsten Zustimmungswerte. Aber auch inhaltlich-theologisch ist die Kommunikation des Evangeliums nicht denkbar ohne das für das Wirken Jesu so zentrale Hilfehandeln. Gleichzeitig wird das christliche Profil der diakonischen Einrichtungen häufig – sowohl von innen als auch von außen – als zu wenig ausgeprägt empfunden. Die Frage, wie dieses Selbstverständnis bei den diakonischen Mitarbeitenden zu stärken ist, wird vielerorts gestellt. Für diese Thematik können Diakon*innen eine wichtige Brückenfunktion übernehmen.

Eine sehr sinnvolle Möglichkeit für die diakonische Dimension in der künftigen Gestalt der Kirche bildet die *»Gemein-*

wesenorientierung«. Für die intensive Vernetzungsarbeit sowie den Aufbau und die Pflege von Kontakten mit Menschen im Dorf oder im Stadtteil aufzunehmen sind Diakon*innen besonders gut qualifiziert. Ebenso bringen sie die erforderlichen Kenntnisse und Kompetenzen im Bereich der sozialen Arbeit sowie im Projektmanagement mit.

Eine Schnittstelle zwischen diakonischen und pädagogischen Kompetenzen bildet die Herausforderung der *Inklusion*, die für die Zukunft der Kirche ebenfalls eine wichtige Rolle spielen dürfte. Bisher hat diese die Konsequenz des Evangeliums, dass die Liebe Gottes alle Menschen gleichermaßen einschließt, nur ansatzweise in ihren Formen und ihren Teilhabemöglichkeiten umgesetzt und steht noch vor der Aufgabe, konsequent inklusiv zu denken und entsprechend zu handeln. Auch hierfür sind die Fähigkeiten und Profile der kirchlichen Mitarbeiter*innen vonnöten.

Diese Berufe tragen nicht selten strukturell zur *Regionalisierung* bei, da Gemeindepädagog*innen und Diakon*innen mittlerweile aus finanziellen Gründen häufig nicht von einer Einzelgemeinde angestellt sind, sondern ihre Stelle von mehreren Gemeinden getragen werden (teils sind sie dann vom Kirchenkreis bzw. vom Dekanat angestellt). Sie haben dadurch die (möglichen) Schwerpunkte und Profile der einzelnen Gemeinden ebenso wie die Nahtstellen ihrer Zusammenarbeit besonders gut im Blick. Zum Zusammenwachsen zu einer Region oder, wenn gewünscht, zur Fusion zu einer Großgemeinde können sie daher Wertvolles beitragen.

In der Perspektive, dass Gemeindepädagog*innen und Diakon*innen gemeinsam mit Pfarrpersonen, Kirchenmusiker*innen und Ehrenamtlichen zuständig sind für die Kommunikation des Evangeliums, liegt das Verständnis eines *Teams aus unterschiedlichen Berufsgruppen* nahe. Der

Gedanke der »multiprofessionellen Teams« in der Kirche gewinnt gegenwärtig zu Recht an Bedeutung.

Zu diesem Konzept vgl. aktuell:

Gunter Schendel: Multiprofessionalität und mehr. Multiprofessionelle Teams in der evangelischen Kirche – Konzepte, Erfahrungen, Perspektiven, SI-Kompakt 3/2020

Wurde bereits in der Kirchenreformbewegung und den Kirchen der DDR in den 1970er Jahren in diese Richtung gedacht, gewinnt der Gedanke heute neue Attraktivität. Dafür ist zum einen die zurückgehende Zahl an Pfarrpersonen verantwortlich, zum anderen aber auch die Öffnung in den Sozialraum und die Orientierung an den Bedürfnissen von Menschen, auf die in einem Team mit unterschiedlichen Kompetenzen besser eingegangen werden kann als jeweils von einer Person. Die meisten Landeskirchen beschäftigen sich mit diesem Thema, allerdings in unterschiedlicher Intensität und in unterschiedlicher Weise.

Konkrete Schritte und Modelle dazu gibt es bisher in verschiedenen Landeskirchen:

- In der Ev. Kirche im Rheinland besteht bereits seit 2005 die Möglichkeit, dass Gemeinden sich für ein »Gemeinsames Pastorales Amt« eines gleichberechtigten Teams aus den diakonisch-gemeindepädagogischen Berufen und den Pfarrpersonen entscheiden, neuerdings ergänzt durch Gemeindemanager*innen.
- In der Ev. Kirche von Westfalen läuft seit 2016 eine Erprobungsphase, in der bisher pastorale Aufgaben bei einer dauerhaften Vakanz der Pfarrstelle oder bei einer Neuausrichtung eines Arbeitsbereiches durch andere Berufsgruppen übernommen werden können.
- Verbindlicher ist das Modell der »Dienstgruppen« in der Ev. Kirche in Baden: Pfarrpersonen und Gemeindediakon*innen einer Ortsgemeinde bilden eine »Dienstgruppe«, in der Verwaltung, Leitung und Repräsentation zwischen den Berufsgruppen gleichberechtigt verteilt werden. Künftig soll dieses Modell auf die

Region und über die Ortsgemeinde hinaus ausgeweitet werden und dann auch Kirchenmusiker*innen, Seelsorger*innen in Krankenhäusern oder Gefängnissen oder Religionslehrer*innen (nicht aber Ehrenamtliche) integrieren.

- In der Ev.-Luth. Kirche in Bayern ist seit 2016 der Berufsbildprozess »Miteinander der Berufsgruppen« in enger Verbindung mit dem Kirchenentwicklungsprozess »Profil und Konzentration« gestaltet worden. Danach soll das kirchliche Handeln nahe bei den Menschen in »Handlungsräumen« organisiert werden, in denen ein Team aus verschiedenen Berufen je nach den jeweiligen Erfordernissen zusammengesetzt wird. Ein Teil der Stellen soll berufsübergreifend ausgeschrieben werden, sodass sich Angehörige verschiedener kirchlicher Berufe mit bestimmten Kompetenzen bewerben können.
- In der Ev. Landeskirche in Anhalt sind seit 2018 »Mitarbeiter*innenverbünde« aus Pfarrdienst, Gemeindepädagogik, Kirchenmusik, Verwaltung und Diakonie vorgesehen, die in sog. »Arbeitsgemeinschaften« aus mehreren (autonom bleibenden) Ortsgemeinden bestehen. Dabei soll besonders die Gemeindediakonie gestärkt werden, um besser im säkularen Raum präsent zu sein.
- Im Kirchenkreis Mecklenburg der Ev.-Luth. Kirche in Norddeutschland gibt es seit 2003 in der Tradition der in der DDR etablierten »Dienstgemeinschaft« das Konzept der Gemeinschaft der Dienste. Es bezieht sich auf die gemeindliche Stellenplanung im Kirchenkreis für vier Berufsgruppen – Gemeindepädagog*innen, Kirchenmusiker*innen, Küster*innen und Pfarrer*innen – mit dem umzusetzenden Proporz in der Region. Zu diesem Modell gehört auch ein gemeinsames Weiterbildungsgesetz für die vier Berufsgruppen sowie gemeinsame Weiterbildungen, worum sich mittlerweile auch auf Nordkirchenebene bemüht wird.

3. Alternativen

Auch hinsichtlich der gemeindepädagogisch-diakonischen Berufe sollen drei Alternativen vorgestellt werden.

Die erste Alternative: Individuelles Aushandeln der Schwerpunkte und Aufgaben

Eine erste Möglichkeit führt die bisher überwiegend geübte Praxis weiter: Eine Gemeinde oder eine kirchliche Einrichtung schreibt eine Stelle mit gemeindepädagogischem oder diakonischem Profil aus und nimmt dafür bestimmte Tätigkeitsbereiche in den Blick. Wie diese dann gestaltet werden und welche Aufgaben in Abgrenzung zu den Pfarrpersonen einerseits und den ehrenamtlich Engagierten andererseits genau übernommen werden, bleibt den jeweiligen Personen und den Absprachen zwischen den Beteiligten überlassen. Die kirchlichen Berufe erhalten ihr Profil dann einerseits von ihrer Ausbildung und andererseits von den Vorstellungen und Bildern der jeweiligen Gemeinde oder Einrichtung her. Diese lassen sich im Laufe der Zeit durchaus auch modifizieren, und im Idealfall sind oder werden das berufliche Selbstverständnis der Mitarbeiter*innen und die Erwartungen ihres Kontextes nahezu deckungsgleich.

Die Stärke dieses Vorgehens ist, dass die Aufgabenbereiche und Tätigkeiten der Mitarbeiter*innen relativ flexibel vor Ort gemeinsam entschieden und ihre jeweiligen Persönlichkeiten und Fähigkeiten dabei eingebracht werden können.

Seine Schwäche ist, dass das berufliche Profil und die konkreten Erwartungen an die Mitarbeiter*innen ungenau bleiben. Ob es eine Passförmigkeit zwischen ihnen und ihrem Arbeitsumfeld gibt, bleibt dem Zufall oder auch ihrer Flexibilität und ihren Kommunikationsfähigkeiten überlassen. Die Abgrenzungen zu ehrenamtlichen und pastoralen Aufgabenbereichen müssen immer wieder neu ausgehandelt werden, was im Einzelfall hohe Reibungsverluste und auch Frustrationen bedeuten kann. Zudem bleibt die Rolle der kirchlichen Mitarbeiter*innen in den Reformen und der künftigen Gestalt der Kirche ungeklärt.

Die zweite Alternative: Konzeptionelle Festlegung von Berufsbildern
In dieser Alternative werden in einem landeskirchenübergreifenden Prozess die Berufsbilder aller kirchlichen Berufe überdacht und auch in eine Beziehung zum ehrenamtlichen Engagement gesetzt. Dabei entschieden, für welche Tätigkeitsbereiche welche Kompetenzen erforderlich sind, wie diese erworben werden und was welchem Beruf vorbehalten ist – oder in welchen Bereichen sich welche Berufe überschneiden und wie dann die Abgrenzung im Einzelfall zu regeln ist. Dies gewinnt einerseits besondere Bedeutung vor dem Hintergrund des Rückgangs der Pfarrstellen: Können bestimmte (oder alle?) bisher pastoral verantwortete Tätigkeiten und Aufgaben auch von Gemeindepädagog*innen und Diakon*innen gestaltet werden, ohne dass diese zu Lückenbüßer*innen werden? Gleichzeitig dürften sowohl die Dimension der religiösen Bildung als auch die der Diakonie künftig eine zentrale Rolle spielen, sodass die originären Kompetenzen dieser Berufe dringend benötigt werden. Andererseits sind auch die Rollen gegenüber dem »neuen Ehrenamt« zu bedenken: Was bedeutet es für die gemeindepädagogischen Berufe, wenn die ehrenamtlich Engagierten zunehmend selbstständig Gruppen leiten und kirchliche Arbeitsbereiche gestalten, die bisher von kirchlichen Mitarbeiter*innen verantwortet wurden?

Wie oben vorgeschlagen, würden die Gemeindepädagog*innen dann für die Gewinnung, Begleitung und Förderung von Ehrenamtlichen verantwortlich sein, die in der Kirche der Zukunft im Sinne des »neuen Ehrenamtes« (vgl. Kapitel 6) ausgezeichnete Rahmenbedingungen für ihr Engagement finden würden. Andererseits würden sie den Bereich der religiösen Bildung verantworten, der angesichts der zunehmenden Zahl von Menschen ohne eine selbstverständliche christliche Sozialisation immer wichtiger werden wird. Im Sinne des dimensionalen Verständnisses von Gemeindepädagogik würden sie Kirche als Ort gestalten, an dem Menschen gemeinsam und mit professioneller Begleitung in ihren religiösen Fragen und Themen wachsen und daraus Impulse für ihr Leben ziehen können.

Ebenso ist die diakonische Kompetenz für die Kirche der Zukunft unbedingt erforderlich. Dafür müssen neue Formen gesucht werden, unter denen die Gemeinwesenorientierung eine sehr produktive Richtung darstellt (vgl. Kapitel 5).

Die Stärke dieses Vorgehens ist die Klärung der Rollen und Zuständigkeiten der Berufsbilder, was dann einiges an Konflikten und Reibungsverlusten ersparen würde. Es muss nicht mehr grundsätzlich jeweils neu vor Ort ausgehandelt werden, wer welche Aufgaben übernimmt (bzw. übernehmen muss oder übernehmen darf), sondern die konkrete Arbeit vor Ort kann auf geklärten Grundlinien aufbauen. Die gemeindepädagogischen und diakonischen Berufe dürften dadurch an Attraktivität gewinnen.

Eine Schwierigkeit liegt zum einen in den zu erwartenden Widerständen in der Übergangsphase, wenn bisherige Konstellationen nicht zu den neuen Klärungen passen. Zudem können individuelle Schwächen weniger gut durch andere Berufsgruppen ausgeglichen werden, weil diese dann weniger selbstverständlich das übernehmen, was jemandem weniger gut liegt, obwohl das zum Berufsbild gehört.

Die dritte Alternative: Kirchliche Berufe in multiprofessionellen Teams

Eine dritte Variante denkt die kirchlichen Berufe konzeptionell gemeinsam mit dem Pfarrberuf, mit Kirchenmusiker*innen und möglicherweise auch mit künftigen Gemeindemanager*innen sowie Ehrenamtlichen als Teil eines multiprofessionellen Teams. Ausgehend von der Aufgabe, das Evangelium mit möglichst vielen unterschiedlichen Menschen und Bevölkerungsgruppen zu kommunizieren, fragt sie, für welche Tätigkeiten welche Kompetenzen und damit welche beruflichen Profile benötigt werden (vgl. 2.4). Die unterschiedlichen Berufsprofile werden wertgeschätzt und als gleichberechtigte Chancen zur Kommunikation des Evangeliums verstanden. Die Beispiele aus den Landeskirchen zeigen, dass es im Einzelnen durchaus unterschiedliche Möglichkeiten gibt, multiprofessionelle Teams zu konzipieren. Wählt man diese Alternative, wäre es langfristig wünschenswert, eine deutschlandweite Einigung zumindest in der Grundausrichtung zu erreichen, in der Gemeindepädagog*innen und Diakon*innen einerseits ein klares Berufsprofil erhalten und andererseits mit einem gewissen Spielraum in den Aufgaben flexibel auf die Herausforderungen in ihrem jeweiligen Kontext reagieren können.

Diese Alternative teilt sich mit der zweiten Variante den Vorteil geklärter Rollen. Hinzu kommt die Förderung des Teamcharakters kirchlicher Arbeit, die gerade in den gegenwärtigen Herausforderungen Motivation und Gestaltungsfreude wecken kann und auch im Blick auf eine gegenseitige Entlastung sinnvoll ist. Gerade die jüngeren Generationen können sich zu großen Teilen die Arbeit in der Kirche nur im Team vorstellen. Zudem ermöglichen multiprofessionelle Teams, dass sich unterschiedliche Kompetenzen gemeinsam für die Kommunikation des Evangeliums engagieren, so wie es vor Ort benötigt wird.

Auch hier liegt eine mögliche Schwäche in Schwierigkeiten in der Übergangszeit. Hinzu kommt, dass jedes Team von zwischenmenschlichen Problemen dominiert werden kann, was der Qualität der Arbeit und der Lust an ihrer Gestaltung abträglich ist.

4. Anregungen zur Weiterarbeit

Fragen auf dem Weg zu einer eigenen Position

- Welche Erfahrungen mit Gemeindepädagog*innen und Diakon*innen habe ich (nicht) gemacht? Welche Bilder habe ich von diesen Berufsgruppen?
- Wie war mein bisheriges inneres Bild von dem Verhältnis von Pfarrer*innen, den kirchlichen Mitarbeiter*innen und Ehrenamtlichen? Würde ich mit der Lektüre der letzten drei Kapitel jetzt eine andere Verhältnisbestimmung vornehmen?
- Welche Qualifikationen von Hauptamtlichen wünsche ich mir konkret für den kirchlichen Kontext, den ich vor Augen habe? Welche Tätigkeiten sind damit verbunden?
- Wie würde sich die Kirche bzw. die Gemeinde dadurch verändern? Was erscheint daran wünschenswert? Welche Befürchtungen gibt es?
- Wie stelle ich mir das Zusammenwirken der kirchlichen Mitarbeiter*innen, Pfarrer*innen und Ehrenamtlichen idealerweise vor? Was kann dem im Wege stehen? Und was würde helfen, dem Ideal näherzukommen?
- Was würde sich verändern, wenn multiprofessionelle Teams in der Kirche die übliche Struktur wären und sich auch die bisher von Pfarrer*innen wahrgenommenen Leitungsaufgaben auf ein Team verteilen würden?

- Wie sähe eine Kirche aus, in der die diakonische und die pädagogische Dimension zentral wären? Was wäre der Gewinn einer solchen Orientierung?

Ein biblisch-bibliologischer Impuls:

Apostelgeschichte 6,1-7: Die Wahl von sieben Männern für die Versorgung von Witwen
In diesen Tagen aber, als die Zahl der Jünger zunahm, erhob sich ein Murren unter den griechischen Juden in der Gemeinde gegen die hebräischen, weil ihre Witwen übersehen wurden bei der täglichen Versorgung. Da riefen die Zwölf die Menge der Jünger zusammen und sprachen: Es ist nicht recht, dass wir das Wort Gottes vernachlässigen und zu Tische dienen. Darum, liebe Brüder, seht euch um nach sieben Männern in eurer Mitte, die einen guten Ruf haben und voll Geistes und Weisheit sind, die wollen wir bestellen zu diesem Dienst. Wir aber wollen ganz beim Gebet und beim Dienst des Wortes bleiben. Und die Rede gefiel der ganzen Menge gut; und sie wählten Stephanus, einen Mann voll Glaubens und Heiligen Geistes, und Philippus und Prochorus und Nikanor und Timon und Parmenas und Nikolaus, den Proselyten aus Antiochia. Diese stellten sie vor die Apostel; die beteten und legten ihnen die Hände auf. Und das Wort Gottes breitete sich aus, und die Zahl der Jünger wurde sehr groß in Jerusalem.

In der Jerusalemer Urgemeinde, die in Kapitel 2 der Apostelgeschichte noch als einmütig beschrieben worden war, gibt es Streit. Die gemeinsame Grundlage des Evangeliums kann nicht mehr überdecken, dass es unterschiedliche Gruppen mit jeweils bestimmten Bedürfnissen gibt, die erfüllt werden wollen. Das Ideal der christlichen Gemeinde funktioniert offensichtlich nicht von selbst – wenn man es der Dynamik des gemeinsamen Lebens überlässt, wer in welcher Weise was tut, dann werden manche Aufgaben einfach nicht erledigt. Was genau das Murren auslöst, bleibt offen: Es mag das Gefühl mangelnder Wertschätzung gegenüber den eigenen Leuten sein, Enttäuschung darüber, dass es auch in dieser Gemeinschaft Bevorzugungen gibt, Sorge um die, die einem nahestehen ...

Die zwölf Apostel, die als Leitungsgremium fungieren, nehmen die Klage ernst. Offensichtlich ist es für sie naheliegend, dass sie eigentlich zuständig gewesen wären – oder es wurde so an sie herangetragen, möglicherweise verbunden mit einem Vorwurf, dass sie hier etwas versäumt hätten. Aber trotz vielleicht schlechtem Gewissen steht rasch für sie fest: Es ist nicht sinnvoll, dass sie sich neben ihren sonstigen Aufgaben auch noch um die tägliche Versorgung von bedürftigen Menschen kümmern. Es würde sie überfordern und zur Vernachlässigung ihrer Aufgaben für das Wort Gottes führen. Gleichzeitig muss sich jemand verbindlich für diese Aufgabe zuständig fühlen. Möglicherweise nach längeren Beratungen (vielleicht auch diese noch einmal konflikthaft) rufen sie die Gemeinde zusammen. Offenbar sind sie zu dem Schluss gekommen, dass die schlichte Bereitschaft für diese Aufgabe nicht ausreicht – sie fragen nicht in die Menge »wer macht's?«. Bestimmte Gaben und Qualifikationen sind nötig: Wer diese Verantwortung übernimmt, soll »einen guten Ruf haben« und »Geist und Weisheit«. Die Personen sollen für alle sichtbar und identifizierbar sein und es sollen keine Einzelpersonen sein, sondern sie sollen eine Gruppe bilden. Der Vorschlag wird – geradezu in einer demokratischen Kultur –

angenommen, von einer Gegenrede wird zumindest nicht berichtet. Sieben Männer (Frauen sind hier offensichtlich nicht im Blick) werden gewählt.

Dieser demokratische Vorgang reicht aber nicht aus. Die sieben bekommen eine explizite Beauftragung durch die Apostel (die ja in besonderer Weise für eine Nähe zu Jesus stehen) in Form der Handauflegung, werden aber durch das Gebet auch in eine direkte Verbindung zu Gott für ihre Aufgabe gestellt. Deutlich ist: Sie sollen in der Gemeinde und für die Gemeinde in Beziehung zu Gott für eine bestimmte Aufgabe tätig werden, für die sie eine besondere Qualifikation mitbringen.

Unmittelbar danach wird berichtet: »Und das Wort Gottes breitete sich aus, und die Zahl der Jünger wurde sehr groß in Jerusalem.« Zwar wird dies nicht explizit mit der Beauftragung der Sieben für den diakonischen Dienst begründet, aber das Wachsen der Gemeinde und die Ausbreitung des christlichen Glaubens dürfte kaum zufällig genau im Anschluss an die Entscheidung der Urgemeinde erzählt werden, Menschen mit bestimmten Qualifikationen bestimmte Aufgaben zu übertragen.

Ohne dass in diesem Abschnitt bereits von Diakon*innen die Rede ist (auch wenn er mit einem späteren Zusatz in der Lutherbibel als »die Wahl der sieben Diakone« überschrieben wird) und natürlich erst recht nicht von Gemeindepädagog*innen, scheint er mir vieles von dem zu enthalten, was die kirchlichen Berufe heute ausmacht: Zuständigkeit für bestimmte Aufgaben, Qualifikation dafür, Beauftragung durch die Gemeinde Gottes, unmittelbare Verbindung zu Gott und die Chance, dass ihr Handeln ausstrahlungskräftig ist und Menschen anzieht.

Eine methodische Idee für die gemeinsame Arbeit in einem kirchlichen Gremium:

Träum dir einen Beruf ...
Die Teilnehmenden werden angeregt, sich ihre ideale Gestalt von Kirche zu erträumen. Damit sie sich nicht zu sehr an dem, was sie kennen und was sie für realistisch halten, orientieren, kann dies in Form einer Traumreise geschehen, z.B. so: »Ich möchte Sie zu einer Reise in die Zukunft der Kirche einladen. Stellen wir sie uns einmal so vor: Es gab eine Phase intensiver Überlegungen und vieler Experimente. Daraus hat sich eine Kirche entwickelt, die viele und ganz unterschiedliche Menschen anzieht. Sie kommuniziert überzeugend und ausstrahlungskräftig das Evangelium auf sehr unterschiedlichen Wegen in Wort und Tat. Sie eröffnet viele Begegnungsmöglichkeiten mit der unendlichen Liebe Gottes zu jedem einzelnen Geschöpf. Menschen jeden Alters und in jeder Lebenssituation fühlen sich sofort willkommen, gleichgültig, ob sie bisher Kontakt mit dem christlichen Glauben hatten oder nicht. Sie erleben, dass die Kirche sich dafür interessiert, was ihnen in ihrem Leben wichtig ist und was sie für ein gutes Leben brauchen. Daran orientiert sie sich in ihrem Handeln. Kirche engagiert sich an ihrer Seite für ihre Belange und Nöte und unterstützt sie darin, selbst aktiv zu werden. Sie bietet ihnen einen Raum, Menschen mit ähnlichen Themen und Fragen zu finden und miteinander in Gemeinschaft zu wachsen und zu leben.

Dies alles wird gefördert von engagierten und kompetenten Menschen verschiedener Berufsguppen. Ihre Fähigkeiten sind genau das, was in dieser Kirche gebraucht wird.

Gehen Sie jetzt bitte für einige Minuten in Ihrer Vorstellung in dieser idealen Kirche umher. Sehen Sie sich um, was dort genau geschieht und welche Fähigkeiten und Qualifikationen dafür gebraucht werden. Welche Menschen sehen sie, was tun diese konkret und welche Fähigkeiten müssen sie dafür besitzen?«

Anschließend tauschen sie sich zunächst in kleinen Gruppen und dann im Plenum über ihre Bilder und Erkenntnisse aus. Dies wird weitergeführt zu der Frage, was dies für die Zukunft der kirchlichen Berufe bedeutet.

Epilog: Plädoyer für eine fehlerfreundliche Kirche

Wie soll die künftige Gestalt der Kirche aussehen? Auch dieses Buch gibt darauf keine eindeutige Antwort. Es bietet Denkhilfen, zeigt unterschiedliche Möglichkeiten auf, macht deren Vor- und Nachteile deutlich und schlägt auch eine Richtung vor, in die die Kirche gehen könnte. Derzeit gibt es jedoch keinen »Königsweg«, der den Herausforderungen auf eine für alle zufriedenstellende Weise begegnen und eine Kirche entwerfen würde, die ihren Auftrag perfekt erfüllt.

Möglicherweise ist dies aber nicht nur aufgrund der aktuellen komplexen Situation, sondern auch von der Sache her gar nicht realistisch. Wenn wir ernstnehmen, dass die konkrete Gestalt der Kirche immer »Menschenwerk« ist und daher nie vollendet sein kann, bleiben die Strukturen und Formen der Kirche immer ein irrtumsfähiger Versuch, möglichst gute Rahmenbedingungen für die Kommunikation des Evangeliums in einem bestimmten Kontext zu schaffen. Ob diese wirklich besonders geeignet dafür sind, dass Menschen und Evangelium sich begegnen und die Wirkung des Evangeliums spürbar wird, muss sich immer wieder neu erweisen – theologisch gesprochen lässt sich der Geist zwar einladen, nicht aber verpflichten.

Dies spricht bereits aus theologischen Gründen für eine Kultur des Experiments und der Fehlerfreundlichkeit in der Kirche. Erst recht ist angesichts der gegenwärtigen wirklich großen Herausforderungen Raum und Unterstützung für Versuche nötig, auf neuen Wegen Begegnungen mit dem Evangelium zu initiieren, ohne zu wissen, ob dies gelingt. Es ist außerordentlich wahrscheinlich, dass sich manche der neuen Formen als weniger sinnvoll erweisen, als sie gedacht waren, ebenso wie sich manche der bisherigen Formen als weniger gut geeignet zeigen. Dies kann und darf nicht die Suche nach gelingenden Kommunikationsformen und -wegen behindern. Theologisch problematisch erscheint in dieser Perspektive einzig das Beharren auf einer bestimmten Gestalt, ohne nach deren Fähigkeit für die Kommunikation des Evangeliums mit vielen verschiedenen Menschen und Bevölkerungsgruppen zu fragen, nicht aber, dass manche Formen sich im Experiment als wenig gelungen erweisen.

Die aktuelle Situation der Kirche braucht den Mut, mit kleinen Schritten zu beginnen, ohne zu wissen, ob sie zu einer langfristig tragfähigen Lösung führen. Dies bedeutet auch eine veränderte innere Haltung, einen »Kulturwandel«. Lange Zeit haben wir die Kirche als recht feststehende Größe erlebt – und nun müssen wir lernen, konstruktiv damit umzugehen, dass die Kirche fluide und im Wandel ist. Diese Haltung müssen wir auf allen Ebenen einüben. Wichtig ist dafür nicht nur eine gute Beratung und Begleitung in den strukturellen Entscheidungen, sondern auch eine theologisch-geistliche Begleitung, die die Orientierung an der Kommunikation des Evangeliums als zentralem Kriterium des Wandels unterstützt.

Auch für diese Haltung kann zum Abschluss noch einmal ein Blick in die Bibel hilfreich sein. Besonders in der Hebräischen Bibel, aber auch in den Erzählungen der Griechischen Bibel wird immer wieder deutlich, dass Gott Menschen auf außerordentlich krummen Wegen begleitet, auf denen vieles ganz und gar nicht gut gelingt. So beginnt die Erzählung der Erzeltern mit einem auch in damaliger Perspektiven ganz sicher nicht gelungenen Versuch, eine göttliche Verheißung umzusetzen: Abraham und Sarah nötigen die Magd Hagar, mit Abraham ein Kind zu bekommen, und jagen Mutter und Sohn später in die Wüste. Ihr Enkel Jakob betrügt seinen Vater und seinen Zwillingsbruder und muss vor dessen mörderischer Rache fliehen. Dessen Söhne wiederum verkaufen aufgrund von geschwisterlicher Konkurrenz ihren Bruder Josef in die Sklaverei nach Ägypten. Daraus entwickelt sich die Knechtschaft des Volkes Israel in Ägypten, das Gott dann unter der Führung von Mose, Aaron und Miriam befreit, das aber in der Wüste immer wieder eigene Ideen hat und nicht der Weisung Gottes folgt. So geht es durch die Erzählungen der Hebräischen Bibel weiter mit Abwegen, Umwegen und Irrwegen des Volkes Gottes. Und auch die Jünger*innen Jesu verstehen die Botschaft und das Handeln Jesu oft nicht, enttäuschen ihn, handeln entgegen seiner Botschaft. Ebenso wird aus den Briefen, die Paulus und andere verfasst haben, deutlich, dass in den jungen christlichen Gemeinden vieles im Argen liegt.

Im Grunde lässt sich die gesamte Bibel lesen als Geschichten von menschlichen Versuchen auf dem Weg mit Gott und anderen Menschen, auf dem manches gelingt und vieles auch nicht. Gott hingegen bleibt bei seiner Zusage und seiner Verheißung und begleitet diese Wege. Dabei zeigt er sich nicht indifferent und leidenschaftslos gegenüber jedem Irrweg, sondern reagiert (zumindest teilweise) mit Kritik und Zorn, wenn seine Menschen es doch besser wissen könnten. Dies hindert ihn jedoch nicht an seiner weiterhin unermesslichen Liebe zu seiner Schöpfung und allen Menschen.

Für die Suche nach Strukturen und Formen, diese Botschaft von der Liebe Gottes zu ganz und gar nicht perfekten Menschen zu kommunizieren, ist daher eine ausgeprägte Fehlerfreundlichkeit ebenso wie die Akzeptanz und Wertschätzung von Umwegen und Irrwegen naheliegend. Die Erzählungen der Bibel zeigen Gott als Begleitung und Unterstützung auf allen möglichen und durchaus krummen Wegen von Menschen – und ebenso begleitet er die Kirche auf ihrer Suche nach einer sinnvollen künftigen Gestalt. Auch dabei geht es nicht um die perfekte Form, sondern um die motivierte und mutige Suche nach Formen, in denen viele unterschiedliche Menschen heute und in Zukunft dem Evangelium begegnen.

Foto: © privat

Uta Pohl-Patalong, Dr. theol., geboren 1965, ist Professorin für Praktische Theologie an der Uni Kiel. Sie beschäftigt sich intensiv mit Zukunftsfragen der Kirche und ist eine viel gefragte Referentin zu diesem Thema in kirchlichen und wissenschaftlichen Kontexten.